ALLAIN BOUGRAIN DUBOURG

On a marché sur la Terre

Journal d'un militant

LES ÉCHAPPÉS

Préface

Est-ce ce vol d'étourneaux traçant de mystérieux dessins à l'horizon, cette vipère aspic aussi inquiète que moi lors d'une rencontre improbable, ce cheval galopant queue en l'air prêt à s'envoler tel Pégase ou ce berger des Pyrénées aussi affectueux qu'encombrant ? Impossible de savoir quel animal m'a invité à embarquer dans l'arche dès mon plus jeune âge. Seule certitude, à l'heure où mes copains souhaitaient devenir footballeurs, pompiers ou pilotes d'avion, je ne me voyais pas d'autre avenir que de « travailler avec les animaux ». Mes résultats scolaires ne me laissant pas l'espoir d'une carrière vétérinaire, j'ai abandonné ma scolarité avec « bac – 1 ». Deux ans plus tard, je retournais à l'école pour donner des conférences, flanqué de buses variables, de couleuvres à collier, de chouettes hulottes et autres renards, plus ou moins apprivoisés. En échange de quelques pièces, j'exhibais ma pauvre ménagerie en invitant les élèves à respecter ces mal-aimés. Les démonstrations effectuées lors de salons ou de foires me valurent le surnom d'« apôtre de la nature ». Quelle reconnaissance pour le militant en herbe que j'étais !

L'encouragement le plus précieux me vint d'une rencontre avec le grand biologiste Jean Rostand alors que je n'avais qu'une vingtaine d'années. Fasciné par son parcours, je me suis plongé dans son ouvrage *Carnet d'un biologiste*. L'humilité du grand homme m'a immédiatement frappé, sa détermination aussi. À travers son vagabondage littéraire, j'ai retenu cette formule de bon sens : « L'obligation de subir nous donne le droit de savoir. » Cette recommandation ne m'a jamais quittée, tout particulièrement lorsque Jean Rostand a décidé d'encourager mon engagement en me soutenant pour le prix de la Fondation de la Vocation Marcel Bleustein-Blanchet. « Je vous tiens pour l'un de ceux qui doivent servir la nature en inspirant le désir de la comprendre et la volonté de la protéger », me dit-il en guise d'exhortation. L'image du vieil homme à la moustache blanche flanqué d'une inséparable pipe m'accompagne encore aujourd'hui, avec le sentiment qu'en son nom, j'ai un devoir à accomplir.

La charge est lourde. Il y a une trentaine d'années, lorsque j'ai accepté d'assurer la présidence de la LPO (initialement pour trois ans), l'association ne comptait que trois mille membres et trois salariés. Aujourd'hui, nous sommes plus de cinquante-cinq mille adhérents, encadrés par quatre cent vingt salariés. Cette PME au service de la biodiversité agit sur tous les fronts avec courage et compétence. Parmi les combats qu'il a fallu mener, je retiens la lutte contre le braconnage des tourterelles dans le Médoc. Trente mille d'entre elles étaient abattues chaque année en pleine période de reproduction. Il a fallu vingt ans d'affrontements avant que l'État décide enfin de faire respecter le droit en mettant un terme à cette pratique. Plus tard, dix ans de procédures furent nécessaires contre Total pour que le préjudice écologique soit reconnu à la suite du naufrage de l'*Erika*. On pourrait ajouter les actions menées dans les Landes contre le braconnage des ortolans et tant d'autres encore.

Souhaitant agir à plusieurs niveaux, mon engagement s'est également porté vers le Conseil économique social et environnemental (CESE), le Conseil d'orientation stratégique de la Fondation pour la recherche sur la biodiversité (FRB), ou encore le Conseil national de la transition écologique (CNTE).

Cet investissement souvent éprouvant, parfois douloureux, voire humiliant, m'a conduit à écrire ce livre. Tout simplement pour répondre à cette question qui m'est souvent posée : « Comment agir ? » Mes armes sont celles de l'indignation, de la révolte face à des situations inexcusables, de l'inclination à ne pas pouvoir détourner le regard ou encore de l'exaltation en vue de victoires potentielles. L'idée de militer s'impose à moi comme une seconde nature. Elle est désormais inscrite dans mon cheminement et ma culture.

Durant un an, j'ai écrit au jour le jour, en m'attardant sur les événements qui me semblaient révélateurs. Je me suis ancré dans le réel pour témoigner de mon investissement. Mais aussi de celui qui est porté par de nombreux militants politiques, associatifs ou simples citoyens. Les coulisses de ce combat témoignent de notre époque. Le courage côtoie la lâcheté, la passion flirte avec l'indifférence et l'espoir épouse la consternation.

Sont également dévoilés dans ce livre des moments de grâce qui revitalisent, une complicité qui rassure et la solidarité qui cimente.

Je n'ai jamais revisité mes textes en fonction de l'évolution d'une situation dans le temps. Les pages qui suivent témoignent du vécu, de l'instant présent, tout simplement. Je souhaite que cet ouvrage apporte un éclairage plus lumineux sur un parcours souvent tourmenté, où l'appréhension rivalise avec la confiance. « Il faudrait essayer d'être heureux, ne serait-ce que pour donner l'exemple »[1], disait Jacques Prévert.

1. Jacques Prévert, *Spectacle*.

« Un seul oiseau en cage la liberté est en deuil »

JACQUES PRÉVERT

1er janvier

Un arrêt sur image

En ce début d'année, l'île de Ré s'offre sans mesure. Elle répand l'iode et les embruns en affichant un ciel plombé par un orage proche qui rayonne d'un bleu minéral. Le lapis-lazuli a quitté ses gisements pour rejoindre les cieux rétais. Les sons de la nature s'invitent au concert porté par les vagues. L'île réveille délicieusement mes souvenirs d'enfance autant que mes sens. Elle m'encourage à écouter, regarder, caresser, goûter… Habituellement curieux de nature, je deviens avide en franchissant le pont. Ce territoire de 85 km^2, dont le point culminant flirte avec les 20 mètres, n'a de source que celle de l'inspiration. Et cette dernière irrigue divinement l'esprit.

Et puis, il y a le peuple des airs. Ces quelque cinquante mille tadornes de Belon, canards siffleurs, sarcelles d'hiver et autres bécasseaux variables, huîtriers pie, pluviers argentés, barges à queue noire et limicoles en tous genres composent la mélodie du vivant. J'avoue être fasciné depuis l'enfance par le ballet des bécasseaux flirtant avec les vagues. Les voilà, courant sur le sable si vite que leurs pattes s'effacent de la vision. Ils glissent au ras de l'estran avant de stopper brusquement pour dégager, d'un coup de bec, un imprudent ver marin. Quel humain pourrait réaliser une telle performance ?

Plus loin, l'exploit est également au rendez-vous avec le cortège de bernaches cravants, ces petites oies qui ont abandonné l'océan Glacial Arctique pour se réfugier sur l'estran rétais. Elles ont effectué 6 000 kilomètres depuis la Sibérie en ralliant le Danemark, puis les Pays-Bas, avant de survoler le golfe du Morbihan et enfin l'accueillante île de Ré. Comment décoder leur langage ? Elles ne cessent d'échanger au sol ou en vol. Leur cri doux, grave et roulé, doit dire tant de messages qui soudent le clan. Je n'ai pas le souvenir de les avoir vues se chamailler. Le soir, elles se rassemblent en mer pour éviter les attaques d'un éventuel prédateur.

Tandis que le silence s'installe dans la colonie, la France s'est métamorphosée durant cette nuit de la Saint-Sylvestre. Oubliant les violences, elle s'est drapée d'un habit d'euphorie. Le jaune contestataire s'est effacé. Je vois à la télévision que sur les Champs-Élysées, plus de deux cent mille personnes n'aspirent qu'aux réjouissances. Quel magicien est passé par là ?

2 janvier
La politique de la déception

Sur la pile de livres que je me suis promis de consulter, celui de Ségolène Royal, *Ce que je peux enfin vous dire.* Que souhaite-t-elle révéler que ses nombreux engagements l'auraient privée d'exprimer ? Va-t-elle faire amende honorable sur son inacceptable comportement au cœur de l'Assemblée nationale, le 25 janvier 2017, alors qu'elle devait se prononcer sur la prolongation de la chasse aux oies au mois de février ?

Ce jour-là, bafouant l'élémentaire devoir républicain au sein de l'hémicycle, elle annonce avec un culot inimaginable que, faute d'autoriser par un arrêté la prolongation de la période de chasse après le 31 janvier, il lui paraît plus fonctionnel de demander aux gardes de l'Office National de la Chasse et de la Faune sauvage (ONCFS) de fermer les yeux jusqu'au 10 février. Sa décision sera heureusement retoquée par le Conseil d'État. Quelques jours plus tard, nous échangeons au téléphone à ce sujet. Celle qui est souvent qualifiée de « tueuse » dans les couloirs de sa gouvernance se montre mielleuse. « Mais Allain, ce n'est pas si simple et pas si grave », plaide-t-elle en substance, comme une gamine retirant ses doigts du pot de confiture.

Non, l'épisode ne figure pas dans son livre qui dénonce pourtant la puissance des lobbies. Pas un mot sur celui de la chasse. Cela dit, dès la seconde page de l'ouvrage, je suis bouleversé par ses propos : « Il y a, entre les violences faites aux femmes et les violences faites à la nature, une vraie ressemblance. » Il y a si longtemps que je partage cette conviction. Membre de la délégation des droits des femmes au Conseil économique social et environnemental (CESE), j'ai été frappé par cette similitude. La condition des femmes, comme celles des bêtes, est victime du mépris des hommes. On estime toujours que d'autres priorités s'imposent avant d'intervenir. J'ai un jour évoqué cette analogie avec Élisabeth Badinter, elle en fut choquée. Pourtant tolérante à l'égard du mélange des genres, elle n'était pas prête à considérer la femme et l'animal dans un même combat. Plus tard seulement, elle admit que l'histoire se répétait, effectivement.

3 janvier
Une France en miniature

Aujourd'hui, j'ai rendez-vous au CESE. Il ne faut pas se fier au nom de l'imposant bâtiment rond, chef-d'œuvre de béton construit en 1939 par Auguste Perret. Le palais d'Iéna n'accueille pas un glorieux monarque, mais une société civile judicieusement représentée au titre du CESE. Sa vocation : conseiller le gouvernement et l'Assemblée nationale sur les orientations des politiques publiques. Nous sommes deux cent trente-trois conseillers représentant les salariés, les chefs d'entreprises, les agriculteurs, les artisans, les organisations de jeunes, les organismes de l'économie solidaire ou encore les associations environnementales, une sorte de France en miniature.

Je fais partie des conseillers environnementaux et fus rapporteur ou corapporteur de cinq saisines (éducation à l'environnement et au développement durable, emplois liés à la biodiversité ou encore stratégie à mettre en œuvre pour le vivant). Chaque saisine consiste à interroger des experts, rédiger des recommandations et faire voter la synthèse en séance plénière.

Je n'oublie pas mon premier dossier : inscrire l'animal au titre d'être sensible dans le Code civil. Je fus fier d'auditionner Boris Cyrulnik, Jean-Claude Ameisen et tant d'autres experts référents dans ce domaine. La majorité d'entre eux m'ont accompagné dans ce projet en soulignant que la place de l'animal dans la société était le miroir de notre éthique en ce début de millénaire. À l'origine, confiant du bien-fondé de ma démarche, je fus bouleversé par l'attitude des membres de notre section. À l'initiative des agriculteurs, des chasseurs ou des entreprises, un vote condamna l'avenir de mon projet. Mon texte ne fut même pas présenté en séance plénière. Quelques mois plus tard, l'intégration de l'animal dans le Code civil fut votée à l'Assemblée nationale.

Le CESE est passé à côté de l'avenir. Je n'en reste pas moins un fidèle contributeur. « C'est pas parce qu'ils sont nombreux à avoir tort qu'ils ont raison », disait Coluche.

4 janvier
Les pièges de l'État

Les piégeurs de petits oiseaux à la glu roucoulent de bonheur. Le Conseil d'État a confirmé la légalité de leur pratique odieuse. Rappel des faits : il s'agit de poser des milliers de baguettes enduites de glu dans une végétation buissonnante pour capturer des grives ou des merles. L'ennui, c'est que d'autres espèces, souvent protégées, sont victimes du traquenard.

Les contrôles réalisés par les bénévoles de la Ligue pour la Protection des Oiseaux (LPO) permettent de mesurer l'hécatombe : gros becs, mésanges bleues, fauvettes à tête noire ou même faucons crécerelles figurent au tableau meurtrier. À l'évidence, ce piégeage n'est pas sélectif. « Nous nettoyons et relâchons les oiseaux protégés », rassurent les pratiquants. En réalité, une multitude de cadavres sont retrouvés dans la garrigue. De plus, les expertises vétérinaires concluent sans réserve que penser qu'une fois délivrés et relâchés les oiseaux sont sauvés et peuvent réintégrer leur environnement sans dommage est illusoire. Bon nombre d'entre eux ont perdu une partie de leur plumage et sont donc incapables de survivre. Indifférent à cette réalité, le ministre de la Transition écologique et solidaire français localise cette pratique en autorisant la capture de quarante mille oiseaux.

Alors que la consultation citoyenne s'impose comme une forme légitime de démocratie, il est révélateur de voir comment le ministère chargé de la biodiversité s'accommode de la voix du peuple. À la suite d'une consultation publique sur les chasses traditionnelles lancée entre le 24 juillet et le 14 août 2018, vingt-quatre mille contributions se sont exprimées pour dénoncer 98 % des piégeages. Que croyez-vous qu'il s'ensuivit ? Le ministre a maintenu ces pratiques ! Et le Conseil d'État n'y voit pas d'inconvénient, laissant le contrôle du braconnage à la police de la nature, déjà surchargée par d'autres missions.

Ce choix rappelle l'épisode de la démission de Nicolas Hulot. Convié à admettre le principe des chasses traditionnelles, au soir du 27 août 2018, Nicolas Hulot m'avait confié en sortant de l'Élysée : « Soit je souscris au plan chasse qui m'est imposé, mais je ne peux m'y résoudre, soit je démissionne. J'en déciderai demain. » On connaît la suite.

Face au piégeage à la glu dénoncé par la LPO, la presse s'est très vite emparée de l'affaire. La bienveillance est au rendez-vous. Les journalistes découvrent avec stupeur cette pratique meurtrière. Je pointe la responsabilité du ministère de la Transition écologique et solidaire qui s'acharne à défendre les chasses traditionnelles, alors qu'il devrait les interdire. Au hasard des nombreuses questions qui me sont posées, une journaliste se risque : « Mais, au fond, à quoi servent les merles et les grives ? » Je suis sans voix. Son interrogation nous renvoie au siècle précédent, alors que la règle consistait à considérer les animaux « utiles » et à lutter contre les autres. Alors que je m'apprête à répondre que la chaîne du vivant ne saurait se passer de ses plus modestes maillons, la réflexion de Victor Hugo me revient à l'esprit : « Le Beau est aussi utile que l'utile. »[1]

7 janvier
Une résolution qui dérange

C'est décidé, aujourd'hui je commence un nouveau régime. Non pas que les fêtes furent trop arrosées et les plats abusivement grassouillets, mais parce que j'ai répondu à l'appel du « lundi vert » porté par cinq cents personnalités, artistes, sportifs ou acteurs.

1. Victor Hugo, *Les Misérables*.

L'idée consiste tout simplement à se passer de viande et de poisson chaque lundi. J'y souscris sans réserve pour plusieurs raisons. D'abord parce que je n'ai pas digéré le mépris des parlementaires lors du vote de la loi agriculture et alimentation en octobre 2018 : pas un seul amendement visant à améliorer le bien-être animal n'a été retenu. Les élus (hormis quelques-uns) n'ont même pas eu la décence de proposer des délais d'application, comme pour le glyphosate. Le couvercle s'est une nouvelle fois refermé sur la marmite des souffrances, en pérennisant par exemple la castration des porcelets sans anesthésie (même punition lorsqu'on leur meule les dents ou ampute la queue). Ailleurs, ce sont les poussins qui continuent d'être broyés vivants. Et que dire des conditions odieuses de transport ou encore des méthodes d'abattage ? N'y avait-il donc pas moyen de faire évoluer la manière de traiter les animaux exploités ? Évidemment que si !

Les parlementaires n'ont pas perçu l'évolution de la société et la volonté des citoyens de ne plus être complices d'images insoutenables, révélées notamment par l'association L214 qui s'est spécialisée dans la maltraitance des animaux d'élevage. Pourtant, la prise de conscience est telle que le mouvement végane se développe au point de générer des menus spéciaux dans les TGV ! Les végétariens, autrefois considérés comme de pénibles provocateurs, deviennent aujourd'hui respectés dans leurs choix.

Avant même que les « lundis verts » ne sensibilisent les citoyens, les réactions contradictoires n'ont pas manqué. D'abord venant de la Fédération nationale des syndicats d'exploitants agricoles (FNSEA), qui s'étonnait que « des hommes ou des femmes célèbres donnent des leçons entre trois allers-retours Paris/New York ». Médiocre argumentaire de la part de la présidente du syndicat, Christiane Lambert, qui, en d'autres temps, se montrait plus ouverte aux questions environnementales. Et puis il y a eu les réseaux sociaux. Là, nous ne sommes plus dans la délicatesse. Les insultes, menaces et autres propos violents se développent au gré des expressions. Le premier reproche est que les citoyens n'ont pas de leçon à recevoir, notamment de la part de « personnalités ». À l'attention des intéressés, je souligne que l'appel n'est pas une injonction mais une simple proposition. Comme l'a dit Victor Hugo : « Rien n'est stupide comme vaincre ; la vraie gloire est convaincre. »[1]

8 janvier
Permission de tuer

10 heures du soir, je raccroche d'un entretien tendu avec Emmanuelle Wargon, secrétaire d'État à la Transition écologique et solidaire. Elle a tenté de me convaincre que le prolongement de la chasse aux oies, voulu par Emmanuel Macron, méritait d'être envisagé.

Le cortège de bonnes raisons est consciencieusement décliné par la ministre : « Les oies sont très nombreuses, ce n'est que pour quelques jours de plus, elles causent des dégâts aux Pays-Bas… » Je m'emporte : « Au point

1. Victor Hugo, *Les Misérables*.

que la France doit venir en aide à cette nation qui serait envahie par les palmipèdes ? » J'ajoute que j'ai évoqué aujourd'hui cette soumission aux chasseurs avec le ministre de la Recherche et celui des Relations avec le Parlement, en précisant que les Français ne comprennent plus cette volonté de tuer toujours plus. Il faut ramener le président à la raison. Il doit comprendre combien le rétablissement des chasses présidentielles à Chambord est malvenu. Emmanuelle coupe mon emportement : « Vous me l'avez déjà dit au ministère, j'ai fait passer le message… » Considérant que ma détermination d'attaquer ce projet devant le Conseil d'État ne sera ébranlée par aucun argument, elle décide d'en finir. Je sens que l'affaire ne fait que commencer.

9 janvier
Lettre ouverte au président

Comme une bouteille à la mer, je décide d'écrire une tribune dénonçant les inacceptables cadeaux du président Macron aux chasseurs. Sans tarder, *Le Monde* accepte de publier le texte qui suit.

Chasse : « Monsieur le président, baissez les armes »

La détermination est une qualité, l'obstination un défaut. A force de s'obstiner à vouloir faire des cadeaux aux chasseurs, le président Macron va finir par y laisser des plumes.

Tout commence en décembre 2017, à Chambord, lorsque, la nuit venue, le président de la République s'engage, devant un parterre de cadavres de sangliers, à satisfaire les désirs du monde cynégétique. A l'occasion de son anniversaire, il se montre généreux. Les chasses présidentielles, abolies par Jacques Chirac en 1995, vont renaître de leurs cendres.

[...] Côté finance, c'est un rabais de moitié du prix du permis qui est accordé à ceux qui veulent chasser en tous lieux (les plus riches) : le tarif tombe de 400 euros à 200 euros, soit un manque à gagner d'environ 20 millions d'euros pour la biodiversité... que les citoyens devront combler en payant leur facture d'eau puisque les agences du même nom sont mises à contribution.

[...] L'heure des étrennes étant venue, il est désormais prévu de prolonger la chasse aux oies jusqu'à la fin février. Contrevenant lucidement aux règles biologiques qui imposent de cesser le feu lorsque la période de reproduction est engagée, le président Macron a garanti aux chasseurs qu'ils pourraient s'exonérer de cette mesure de raison. Bien que, par dix fois, la Ligue pour la protection des oiseaux (LPO) a obtenu que cette tentative de prolongation soit retoquée par le Conseil d'Etat, le président de la République s'estime au-dessus de la Cour suprême et des directives européennes.

[...] Si je ne peux concevoir que l'on retire la vie par simple divertissement, je sais que certains chasseurs attachent plus d'importance à la préservation de la biodiversité qu'à leur gibecière. C'est à eux que je m'adresse, afin qu'ils se désolidarisent d'une déviance cynégétique pathétique qui génère souffrance, médiocrité et dégradation du vivant. La chasse du XXIe siècle doit couper les racines d'une obsession à vouloir tuer toujours plus. Monsieur le président de la République, ne soyez pas l'instrument de l'immobilisme. Baissez les armes !

10 janvier
La fierté d'un rassemblement

Aucun gamin brailleur dans cette rame de TGV, c'est mon jour de chance ! D'autant que je me rends avec bonheur à Rochefort pour rejoindre les salariés de la LPO à l'occasion des vœux. À l'arrivée, vers midi, je dois rencontrer vingt-cinq volontaires du service civique qui ont choisi la LPO comme terrain de formation. Ils ont entre 16 et 25 ans et passeront en moyenne huit mois à nos côtés. J'avoue ma fierté de voir la LPO accueillir des jeunes pleins d'enthousiasme.

Avec plus de quatre cents salariés, la LPO est devenue la première association naturaliste de France. Nous sommes sur tous les fronts de la biodiversité. L'éducation à l'environnement, la révision de la PAC, la préservation des zones humides, les plans d'action en faveur des espèces les plus fragiles, les centres de soins pour accueillir la faune sauvage ou encore les refuges figurent dans nos engagements quotidiens, sans parler des multiples interventions d'urgence. Nous venons de dépasser la barre historique des cinquante mille adhérents et les dons ainsi que les legs prouvent la confiance accordée à la LPO. Les feux sont au vert, sauf que la biodiversité décline de manière alarmante et les abus de la chasse s'ajoutent à ce triste bilan.

Avant de prendre la parole devant les salariés, j'appelle Brigitte Bardot pour que sa fondation nous soutienne afin d'empêcher la prolongation de la chasse aux oies. Elle est lasse, déprimée, et me lâche d'emblée : « Il y a cinquante-six ans, je demandais dans l'émission

Cinq colonnes à la une que le gouvernement agisse pour les animaux. Depuis rien n'a changé, ou si peu. Si j'apprenais aujourd'hui que l'hippophagie était interdite en France et que l'on fermait les abattoirs, je ne le fêterais même pas. Je suis usée d'espérer. » Malgré mon enthousiasme du jour, je partage ce sentiment en lâchant : « Au fond, nos seules victoires d'aujourd'hui, c'est quand on évite une défaite. » Brigitte reprend du poil de la bête : « Je te prends la formule, c'est tellement vrai. »

11 janvier
De la considération à l'action ?

Hier, à 23 h 30, les services du Premier ministre me contactaient pour participer à une réunion sur le Grand Débat national ce matin. Nous sommes aujourd'hui une trentaine autour de la table à représenter les structures associatives, embrassant des thèmes aussi divers que le sport, l'environnement, l'aide aux plus démunis, etc.

Calmement, Édouard Philippe développe les raisons de cette initiative et les limites de l'exercice. Son maître mot reste « la considération », ce qui sous-entend que les revendications seront prises en compte. Il veut savoir si les associations s'engageront à leur mesure. Je confirme que nous ferons remonter les préoccupations environnementales que nous connaissons malheureusement si bien. J'ajoute que nous sommes prêts à lancer de grands débats sur le thème de la biodiversité. Ne mesurant pas vraiment les potentialités de ces échanges citoyens, je ne veux pas passer à côté d'une pareille opportunité. Il est rare d'avoir l'occasion de valoriser la biodiversité.

Durant la réunion, le représentant des chasseurs fait une intervention peu compréhensible en indiquant que le gouvernement aurait dû les consulter avant de limiter la vitesse à 80 kilomètres par heure, en invoquant notamment les collisions avec les sangliers. Je ne sais toujours pas s'il souhaitait une réduction supplémentaire ou une augmentation, mais un mouvement mi-amusé, mi-agacé s'est répandu autour de la table. Quoi qu'il en soit, je suis frappé par l'incroyable patience du Premier ministre qui a toléré des interventions parfois interminables ou redondantes. Peut-être fait-il une formation accélérée « d'écoute » en vue du fameux Grand Débat ?

12 janvier
Un jeu de séduction

La période de reproduction des sangliers tire à sa fin. Elle n'a pas le même prestige que le brame du cerf et pourtant le spectacle ne démérite pas. C'est la femelle, la laie, qui prend l'initiative. Cochonne à souhait, elle bave, éructe et urine dans l'espoir de séduire tous les mâles alentours. Tombant sous le charme des senteurs, ces derniers recouvrent de leurs propres crachats les effluves féminins. Chez les sangliers, c'est signe que l'amour se dessine. Les mâles les plus motivés s'affrontent maintenant pour le privilège de l'accouplement. Il va falloir faire vite, les femelles ne sont réceptives que durant une cinquantaine d'heures. Conscientes du temps limité, elles ne comptent plus les prétendants qui peuvent les satisfaire. Malgré les apparences, il y a de la morale dans tout cela.

Il s'agit du thème de ma chronique sur Europe 1 ce matin, avec Bernard Poirette. Après être intervenu pendant deux ans au côté de Wendy Bouchard, extrêmement motivée par la protection de la nature et des animaux, c'est Bernard qui m'accueille désormais dans la matinale du week-end. Lui aussi est sensibilisé à la cause de l'environnement, même s'il affiche un devoir de réserve à l'antenne. J'aime nos échanges en direct...

13 janvier
Les butineuses du CESE

Le CESE m'a remis un petit pot de miel, comme à chacun des conseillers. Sur l'étiquette, il est indiqué « Ruches du CESE ». Le cadeau est inestimable.

Dès mon arrivée dans cette honorable troisième chambre de la République, j'ai plaidé pour que l'on y installe des ruches, comme au Sénat, à l'Assemblée nationale ou sur le toit de l'Opéra. Au début, l'idée fut purement et simplement rejetée. Les services sociaux du CESE considéraient que les risques d'attaques des abeilles étaient probables, voire inévitables. Le parfum des femmes ne manquerait pas d'attirer l'appétit des butineuses qui finiraient immanquablement par piquer. Le professeur Henri Joyeux vint à mon secours pour confirmer le bien-fondé de ma proposition. Las, il a fallu que j'arrive à faire auditionner l'Union Nationale de l'Apiculture Française (UNAF) afin que les barrières s'estompent. Quelques ruches ont finalement été installées sur les toits du CESE après que fut repoussée l'idée de les mettre sur la pelouse interne du bâtiment. On n'est jamais assez prudent…

Amusé par la situation, je finis par me demander si le CESE n'a pas voulu tout simplement dissimuler le principe de l'enfumage. D'une efficacité redoutable, la démarche consiste à enfumer la ruche pour permettre à l'apiculteur d'agir à sa guise et sans risques. Ce pouvoir suprême est obtenu par un stratagème destiné à tromper la colonie. Dès que se répandent les premières odeurs de cramé, c'est la panique. Les gardiennes, situées aux portes de la ruche, dégagent immédiatement un arôme de venin destiné à alerter le clan. Croyant à l'incendie, les abeilles se gorgent de miel avant de quitter la ruche… pas question de partir le ventre vide. D'autres se réfugient auprès de la reine. En résumé, il suffit d'enfumer son monde pour reprendre le pouvoir. Naturellement, toute comparaison avec une quelconque stratégie politique serait fortuite !

14 janvier
Une lettre et des interrogations

Comme bien d'autres, je me jette sur la fameuse lettre d'Emmanuel Macron consacrée au Grand Débat. Le président espère générer « un nouveau contrat pour la nation ». Pas sûr que les trente-trois questions qu'il suggère suffisent à calmer les ronds-points, l'essentiel n'étant pas tant les interrogations que la mise en œuvre des réponses apportées. Reste que la biodiversité n'est pas oubliée, ce qui relève de l'historique. Mais sa prise en compte conduit en creux à la présenter comme une contrainte : « La question de la biodiversité se pose aussi à nous tous. Comment devons-nous garantir scientifiquement les choix que nous devons faire à cet égard ? Comment faire passer ces choix à l'échelon européen et international pour que nos agriculteurs et nos industriels ne soient pas pénalisés par rapport à leurs concurrents étrangers ? »

Ces propos du chef de l'État m'inspirent au moins deux remarques. La première, c'est que si je souscris évidemment à l'éclairage scientifique, j'ai pour autant la conviction qu'une approche éthique s'impose dans nos rapports au reste du vivant, car science n'induit pas forcément conscience. Par ailleurs, on voit bien que la biodiversité est ici présentée comme une charge économique supplémentaire qui pourrait handicaper les agriculteurs et les industriels dans un marché concurrentiel. Et pourquoi ne pas avoir mentionné le cortège d'espèces qui agonisent ? Les services rendus par la nature ? La valeur patrimoniale de la biodiversité ? Au fond, prendre en compte la biodiversité est louable, mais le faire de manière contraignante est irresponsable. Il va vraiment falloir s'investir dans ce débat !

17 janvier
« L'intelligence, c'est l'imprévisible », Michel Serres

Bonne nouvelle pour ceux qui douteraient de leur charmant minois, l'intelligence est scientifiquement considérée comme l'outil prioritaire de séduction... du moins chez les perruches ! C'est ce que vient de conclure une équipe néerlando-chinoise de chercheurs qui a mis une perruche femelle en présence de deux mâles, en renouvelant l'expérience dix-sept fois avec d'autres oiseaux. En toute logique, des couples se sont rapidement formés. C'est alors que les ornithologues ont appris aux perruches mâles délaissées à ouvrir des boîtes contenant de la nourriture avant d'en faire la démonstration devant les femelles qui les avaient méprisées. Résultat, le cœur de ces dames a balancé vers les petits débrouillards et a rejeté les premiers élus, désormais jugés incompétents. L'intelligence ne démérite pas !

19 janvier
La philosophie au service de la biodiversité

« Ils sont venus, ils sont tous là... » *La Mamma* d'Aznavour me revient en mémoire tandis que plus d'une centaine de représentants de la LPO prennent place au Conseil national d'aujourd'hui. Cette rencontre, qui s'étale sur près de trois jours, permet d'échanger, de partager les expériences territoriales et de renforcer les liens au sein de notre association.

Pour la circonstance, Corine Pelluchon, philosophe, professeure à l'université Paris-Est Marne-la-Vallée et très impliquée dans les relations de la société avec l'animal, a accepté d'intervenir sur le thème de « la médiation faune sauvage ». Pour commencer, elle rappelle le fondamental : « L'éthique, mais aussi la justice envers ces êtres, exigent que nous comprenions que notre habitation, la Terre, est toujours une cohabitation. » Elle s'attarde ensuite sur la notion de *Care* (comprendre « prendre soin ») qui s'est développée depuis les États-Unis et qui vise à respecter les besoins des animaux (et des humains), à les soigner si nécessaire, à anticiper leurs contraintes, etc.

Corine Pelluchon enthousiasme l'assistance, notamment parce qu'elle éclaire sur ses choix sans faire de prosélytisme. « Quand on parle des animaux, on parle beaucoup de soi, précise-t-elle. Il faut être dans un certain dénuement pour être capable de comprendre les animaux, d'être sensibilisé à leur vie, de les recevoir comme des sois vulnérables, qui sont chacun quelqu'un. » En guise de conclusion, elle fait ce constat : « Il y a peu de chance pour que nous parvenions à faire une place aux autres humains si nous n'arrivons même pas à faire une place dans nos vies, dans nos villes et dans nos champs, aux autres vivants qui les peuplent et y élisent domicile. » Comme je partage cette évidence.

21 janvier
La mélodie de l'hormone

Le ciel s'obstine à voiler l'espoir d'une éclaircie. Voici plusieurs semaines qu'il plombe le soleil anémié et pourtant, je sais que la lumière gagne du terrain depuis le 26 décembre. Chaque jour (ou plutôt chaque soir), c'est une à trois minutes supplémentaires qui percent la nuit. La seule idée que le temps joue en faveur d'un ciel lumineux me réjouit.

Les mésanges partagent sûrement ce point de vue. Depuis mon bureau, je les entends de nouveau papoter, ou plutôt « zinzinuler », puisque c'est ainsi que l'on qualifie leur chant. Ce sont les mâles qui s'adressent ainsi aux autres mâles pour leur signifier les limites du territoire, tout en signalant aux femelles qu'ils feraient d'excellents concubins.

Des expériences conduites en captivité ont montré que l'allongement du jour déterminait la période de reproduction, favorisant le taux de testostérone. D'une certaine manière, cette hormone sexuelle est un véritable instrument de musique. En effet, une expérience menée par des chercheurs (qui auraient mieux fait de rester couchés ce jour-là) le prouve. Après avoir castré plusieurs oiseaux mâles, ces derniers ne chantaient plus. En leur injectant de la testostérone, ils se sont remis à vocaliser !

Reste à savoir comment les oiseaux perçoivent les mélodies que répandent leurs semblables. La réponse laisse songeur : alors que notre oreille permet d'entendre une douzaine de notes par seconde, les oiseaux, comme l'alouette des champs, peuvent émettre jusqu'à quatre cents notes à la seconde. J'ai toujours regretté de ne pas avoir la compétence de certains ornithologues qui décryptent admirablement le concert du peuple des airs.

23 janvier
Un débat qui s'impose

« Et si l'on invitait la biodiversité au Grand Débat ? » Son état détermine le nôtre et elle mérite à ce titre une attention bienveillante. Afin d'organiser une conférence sur ce thème, nous décidons avec Yves Vérilhac, directeur général de la LPO, de solliciter le « Club des 14 ». Il s'agit des quatorze associations nationales (du type mammalogistes, herpétologistes, entomologistes, etc.) qui se préoccupent de la conservation de la nature.

Dans la journée, elles confirment leur volonté de s'investir. Même réaction de la Fondation pour la recherche sur la biodiversité (FRB) qui inclut des établissements publics tels que l'Ifremer, le Muséum national d'Histoire naturelle, l'INRA ou encore le CNRS. Dans la foulée, j'interroge la Ville de Paris pour trouver des locaux susceptibles d'accueillir le débat. Là encore, l'accueil est favorable. Reste à orchestrer toutes ces bonnes volontés et à préciser la partition. Faut-il espérer la participation des agriculteurs ? Des chasseurs ? Des aménageurs de tout poil ? Évidemment, puisqu'il s'agit d'un débat.

24 janvier
Un cadeau pour les chasseurs

C'est dans un hémicycle quasiment vide de l'Assemblée nationale (quarante-trois votants sur cinq cent soixante-dix-sept parlementaires) que le projet de loi visant la création de l'Office français de la biodiversité (OFB) a été adopté. Après 15 heures de débat et près de quatre cents amendements étudiés, les revendications cynégétiques ont trouvé écho. Parmi les perles énoncées, un amendement (proposé initialement par le gouvernement) visant à renforcer la sécurité de la chasse a été tout simplement retoqué par les députés chasseurs, sans que le ministère ne s'y oppose ! Autre démarche ahurissante : pour inviter les chasseurs à se préoccuper de la biodiversité, l'État propose de leur donner 10 euros dès lors qu'ils investissent 5 euros dans un programme de conservation. En clair, il faut que l'État paye les chasseurs pour qu'ils agissent en faveur de la biodiversité.

Lors du débat au Conseil national de la transition écologique qui a précédé le vote, j'ai indiqué que la LPO était également prête à donner 5 euros par adhérent afin d'en recevoir le double en échange. Curieusement, l'idée n'a pas été retenue…

26 janvier
Un destin tragique

Si les cochons rabattent leurs oreilles sur les yeux, c'est sûrement pour ne pas voir le douloureux destin qui les attend. Dès leur plus jeune âge, otages de l'industrie de la viande en France, ils subissent une castration sans anesthésie, ainsi que la coupe de la queue et le meulage des dents qui s'effectuent sans autre précaution. Ailleurs en Europe, ces tortures ont été abolies – notamment en Suisse, en Norvège ou encore en Suède. Dans notre pays, le cochon ne serait-il vu que comme une mécanique biologique pour qu'on lui impose un tel traitement ?

Pourtant, les éthologistes le placent dans le top dix des animaux les plus intelligents derrière le chimpanzé, l'éléphant ou le dauphin. Ils estiment également que maître goret a une capacité d'apprentissage remarquable et que ses facultés cognitives sont comparables à celles d'un enfant de 3 ans. Les chercheurs parlent même « d'intelligence machiavélienne » : c'est-à-dire que ces animaux, décidément bien singuliers, auraient la capacité de tromper autrui en donnant de fausses informations. Par exemple, en présence d'un semblable, il peut faire semblant d'avoir découvert une source de nourriture alors que la cachette alimentaire est juste à côté ! L'homme n'a pas le monopole des *fake news*…

La captivité contre nature imposée aux cochons génère aujourd'hui des conséquences sanitaires dramatiques. Depuis l'été dernier, la Chine, première consommatrice de viande de porc au monde, a été frappée par la peste porcine africaine. Six cent mille animaux ont immédiatement été abattus pour tenter de contenir l'épidémie qui touche désormais les élevages de plus de vingt provinces chinoises. Plus près de nous, la terrible épidémie a frappé la Belgique. Les autorités françaises viennent de réagir en dressant une clôture de 43 kilomètres isolant une zone de 140 km^2 et en déclarant la guerre à tout sanglier flirtant avec la frontière belge. Les chasseurs, soutenus par l'armée, passent à l'action. Les six cents sangliers estimés dans la zone doivent être abattus. J'ai le souvenir que l'on a procédé de la même manière pour éradiquer la rage véhiculée par les renards sans grand résultat, jusqu'à ce qu'on admette qu'une vaccination serait plus opportune. C'est ainsi que la rage a disparu de notre territoire. On pourrait procéder de la même manière avec un vaccin administré dans les aliments distribués aux sangliers, mais il paraît que cela coûterait trop cher !

27 janvier
Le sort de la planète

Nous étions peu nombreux en ce dimanche de mobilisation climatique sur la place de la République à Paris. Il faut dire qu'une pluie froide, n'illustrant guère le réchauffement, s'obstinait à maltraiter les manifestants venus dire leur inquiétude.

Retrouvailles avec Noël Mamère et Fanchon, sa femme, qui me surnomme toujours « beau brin d'amour » (ce fut vrai en son temps !). Noël a abandonné son mandat de maire de Bègles mais reste fidèle à ses idées écologiques. Il espère encore une belle fusion avec les forces de gauche pour les européennes. Yannick Jadot, également présent, ne lui laisse aucun espoir : « Les socialistes ne se sont jamais vraiment engagés, il n'y a rien à attendre d'eux », résume-t-il sèchement. Et alors que je lui demande combien Europe Écologie – Les Verts pense faire, il répond sans hésitation : « 15 % » (alors que les sondages le créditent actuellement à 8,5 %), avant d'ajouter : « Quand nous aurons rénové le parti, nous pourrons nous ouvrir de nouveau vers ceux qui sont restés trop frileux. » Pendant que chacun y va de ses commentaires, les manifestants pour le climat échangent avec conviction. Au micro, on martèle que la solidarité climatique ne se fera pas sans la solidarité sociale. Une manière de souligner l'attention portée aux gilets jaunes, tout en évitant que la question environnementale devienne l'otage de la réalité socio-économique.

Puis les organisateurs invitent à réfléchir sur quatre thèmes, « la fin du monde et la fin du mois », « changer Paris et l'Île-de-France », « mobilisations étudiantes » et « Grand Débat ». Difficile d'être force de propositions sous des bâches qui permettent davantage d'éviter la pluie que d'enrichir l'« agora ». Qu'importe, la détermination de chacun n'est pas feinte. Lyon a également compté cinq mille manifestants pour le climat, Cherbourg deux mille et bien d'autres villes se sont engagées.

Par ailleurs, les mobilisations précédentes (8 septembre, 13 octobre et 8 décembre 2018) ont rassemblé, chaque fois, quelque cent mille personnes dans la rue rien qu'en France. En Belgique, ce sont les jeunes qui sortent désormais du rang et l'on voit bien que l'avenir de la planète ne laisse plus les citoyens indifférents. Les valeurs politiques archaïques pourraient bien tourner une page de leur histoire.

28 janvier
Un déjeuner divin

Il ne m'a pas échappé que Dieu restait attentif à chacune de ses brebis. Mais je n'imaginais pas que le père Alain de La Morandais portait la même bienveillance aux ovins. Plus proche du berger que du pasteur, il s'inquiète de la progression du loup dans nos contrées et veut s'en entretenir avec moi. Nous décidons de nous retrouver pour un déjeuner.

L'homme est séduisant. À 83 ans, il a la réplique rapide et un sens de l'humour appréciable. Se retirant périodiquement dans sa bergerie du pays cévenol, il a été approché par des bergers locaux qui ont constaté la présence d'un loup. « Il est derrière ma maison », précise le curé qui avoue ne jamais l'avoir vu. Marie-Paule de Thiersant, présidente de la LPO Auvergne-Rhône-Alpes, qui suit avec attention le dossier loup depuis son arrivée en territoire français, m'accompagne pour faire le point. Les indemnités en cas d'attaques avérées, la protection des patous, les jeunes bergers qui s'engagent dans la profession ou encore la récupération des politiques sont les thèmes abordés sans parti pris. Il est même convenu que nous rencontrions les éleveurs cévenols pour tenter de trouver les moyens d'une cohabitation.

En fin de déjeuner, je trouve le temps de poser une question qui me taraude : « Pourquoi Dieu ne porte-t-il attention qu'aux brebis, voire aux agneaux (au titre du sacrifice), en excluant les béliers ? » L'homme d'Église semble déstabilisé pour la première fois. Il évacue d'un sourire cette question qui, pourtant, ne déméritait pas.

30 janvier
Les oiseaux de mer en péril

Les pauvres oiseaux n'en finissent pas d'agoniser. Même les pélagiques, ceux qui choisissent la haute mer pour s'épanouir, subissent les effets délétères des activités humaines.

La Fondation pour la recherche sur la biodiversité vient de rédiger la synthèse d'une étude sur la compétition mondiale entre les pêcheries et les oiseaux marins. Bilan désolant. Après avoir analysé deux périodes, 1970-1989 et 1990-2010, les chercheurs ont constaté que la consommation alimentaire des oiseaux de mer a diminué de 19 %. Chez certaines espèces, le taux est encore plus élevé : 66 % chez les pétrels plongeurs, 48 % pour les sternes et les frégates… Dans le même temps, les rendements globaux de pêche sont en augmentation sensible. Conclusion, la surpêche ôte la nourriture du bec des oiseaux.

« C'est la communauté des oiseaux de mer dans son ensemble qui est mise en péril par les pêcheries », souligne le document de la FRB qui rappelle qu'avec les autres pressions dont sont victimes les oiseaux de mer (destruction des habitats de reproduction, réchauffement, récolte des œufs…), cette catégorie d'oiseaux est la plus menacée : 38 % des trois cent quarante-six espèces d'oiseaux de mer sont classées par l'Union internationale pour la conservation de la nature (UICN) comme menacées ou quasi menacées. Que fait la LPO ? L'impossible…

31 janvier
Un sentiment de dégoût

Comme prévu, l'arrêté prolongeant la chasse aux oies au-delà de la fermeture du 31 janvier vient de tomber. L'État n'y va pas du bout de la plume puisque François de Rugy (alors ministre de la Transition écologique et solidaire) et Emmanuelle Wargon s'associent pour signer en bas de page cette décision qui a déjà été retoquée onze fois par le Conseil d'État.

En ordre de marche, la LPO a immédiatement engagé un recours en référé devant la Haute Cour. L'audience pourrait se dérouler demain ou lundi. En attendant, les chasseurs se gargarisent de ce nouveau cadeau d'Emmanuel Macron. Cette obsession à toujours vouloir tuer davantage me dégoûte…

« Nous aimons les animaux, parce qu'ils ne mentent pas.
C'est pour cela que l'homme les a mis en esclavage :
ils lui rappelaient la vérité »

Henry de Montherlant

1er février
À la gloire des bêtes

La gendarmerie a décidé de mettre les animaux à l'honneur dans une exposition qui ouvre aujourd'hui. La démarche n'a rien d'irrationnel puisque au cours de ses huit siècles d'existence, les animaux ont toujours été présents dans l'institution.

Les chevaux furent les premiers de l'arche, puisque à l'origine la maréchaussée ne se déplaçait qu'à cheval, les gendarmes devaient même financer leur monture. À ce propos, l'exposition présente un cheval écorché en papier mâché, créé en 1842 afin d'éduquer les jeunes recrues. Cette pièce admirable a été prêtée, pour la circonstance, par l'École vétérinaire de Maisons-Alfort.

Autre animal emblématique de la gendarmerie, le chien, qui intervient dans de multiples fonctions : identification des traces de sang, recherche de personnes, intervention en avalanches, localisation d'explosifs ou de stupéfiants ou encore assaut avec le GIGN. Actuellement, quatre cent cinquante-quatre unités cynophiles sont opérationnelles. Une occasion de rappeler qu'en 1946, un centre d'instruction cynophile a été créé à Gramat, dans le Lot. Ayant réalisé un reportage sur place, j'ai pu apprécier la manière dont les chiens sont éduqués en grande complicité avec leur maître.

La grande saga qui unit l'animal à la gendarmerie se vérifie tout au long de l'histoire. C'est la maréchaussée qui accompagne la fameuse girafe offerte par le pacha d'Égypte à Charles X, lors d'un rocambolesque voyage entre Marseille et Paris. Plus tard, ce sont les dromadaires qui se distinguent avec les méharistes de la gendarmerie ou encore les éléphants dans l'ancienne Indochine. Et que dire des insectes qui sont utilisés aujourd'hui par l'Institut de recherche criminelle de la Gendarmerie pour dater la mort d'un individu ? On trouve beaucoup de « bêteleux » (des personnes naturellement douées d'empathie avec les animaux) chez les gendarmes. « On n'a pas deux cœurs, un pour les hommes, l'autre pour les animaux. On a un cœur ou on n'en a pas », disait Lamartine.

2 février
Un trafic international ensanglanté

L'acte XII des gilets jaunes colore moins l'actualité que la viande rouge en provenance de Pologne. Des images clandestines viennent de révéler le trafic de carcasses de bovins grossièrement lessivées de leur pathologie. Et voilà que 800 kilos de barbaque avariée ont rejoint les réseaux de distribution français ! Il ne faudra que quelques heures avant que le ministère de l'Agriculture nous rassure : « Tout est sous contrôle, seuls 150 kilos ont été vendus à des consommateurs. » Nous voilà calmés jusqu'à la prochaine affaire qui, comme les précédentes, sera jugée exceptionnelle !

Ce qu'il y a de choquant dans cet épisode, c'est le peu de cas fait des bêtes décharnées, usées de fatigue, incapables de tenir sur leurs pattes, au point qu'il faut les tirer par une corde jusqu'à l'abattage. Une fois de plus, la condition animale reste insignifiante face à la santé humaine menacée. Selon une récente étude du Centre de Recherche pour l'Étude et l'Observation des Conditions de vie (CREDOC), la consommation de viande a baissé de 12 % en France en dix ans. Et la maltraitance à l'égard de l'animal n'y est sûrement pas étrangère.

3 février
Un choix d'engagement

Depuis quelques semaines déjà, Aymeric Caron, créateur du Rassemblement des Écologistes pour le Vivant (REV) et moi échangeons sur l'opportunité de nous investir dans les prochaines élections européennes. Rendez-vous pris aujourd'hui avec Delphine Batho, qui préside Génération Écologie. Le philosophe Dominique Bourg fait également partie du premier cercle qui vise à rassembler des mouvements et personnalités sous une même bannière, dont le nom reste à inventer. Ils souhaitent que j'accompagne cette initiative.

Fils d'un député, j'ai grandi dans la mouvance politique et j'ai pu constater combien certains ont servi l'intérêt général au prix de leur propre sacrifice, mais j'ai toujours repoussé les nombreuses sollicitations, préférant la politique citoyenne de la vie associative. Voilà plus de trente ans que je préside la LPO et je refuse d'abandonner cette association apolitique. De même que mes fonctions à Europe 1 ou au CESE. Cela dit, le projet reste passionnant. Delphine et Aymeric sont convaincus que nous vivons une étape historique dont le sort du vivant constitue le socle. Il convient de revisiter entièrement notre cohabitation avec la Terre, les animaux et les plantes. Repenser notre lien à la nature. Ne plus se satisfaire d'une transition, mais engager la conversion immédiate.

Quelques minutes plus tard, Brigitte Bardot m'appelle. Le ton de sa voix souligne son indignation. Elle vient d'apprendre que François de Rugy a autorisé la chasse aux oies en février. En réaction, elle lui a écrit une lettre ouverte qu'elle publiera demain et tient à me la lire : « Monsieur le Ministre, HONTE, vous devriez avoir HONTE… » Suivent des propos révoltés et sans concession : « Vous n'êtes qu'un lâche assassin », accuse-t-elle. Pendant un instant, je suis tenté de dire une nouvelle fois à Brigitte que sa lettre sans nuance risque de pénaliser sa fondation.

Comment négocier avec le ministère sur des dossiers comme les trafics ou les ménageries de cirque après de telles déclarations ? De plus, la messe est dite, la LPO a immédiatement fait un recours en référé au Conseil d'État et je serai mardi à la plaidoirie en espérant que l'arrêté sera retoqué et, en conséquence, la chasse fermée dès cette semaine. Mais au fond, Brigitte reste fidèle à ses défauts qui ont fait ses qualités. Et c'est peut-être très bien ainsi.

5 février
Pas de balance pour la justice

Elle semble bien hautaine, cette femme enveloppée d'une toge rouge, tenant une longue plume de sa main droite et enveloppant un épais livre de l'autre main. Ce tableau imposant trône derrière le juge des référés du Conseil d'État, il s'ajoute à la gravité de l'audition.

Pendant près de deux heures, nous parlons des oies dont la chasse devait se clore au 31 janvier et que le ministère de la Transition écologique et solidaire a prolongée durant tout le mois de février. D'un côté, les représentants du ministère, en complicité avec les chasseurs, de l'autre les associations de protection de la nature qui espèrent une suspension en référé. Le juge se montre méticuleux. Il veut comprendre et évaluer le nombre d'oies concernées, puisque le ministère a fait savoir qu'il n'autoriserait l'abattage que d'une petite quantité (quatre mille oiseaux !). Parlons-nous de la population européenne de volatiles ou de celle qui fréquente l'Hexagone venant d'Espagne et regagnant le Grand Nord ?

Suivent les prétendus dégâts que ces oiseaux occasionnent. En France, pas la trace d'une plainte. Mais ayant appris qu'il pouvait y en avoir en Norvège, Emmanuelle Wargon s'est fendue d'un coup de fil au ministre de l'Agriculture scandinave, qui lui a répondu par écrit : « Si la France veut tuer des oies, elle fait comme elle veut ! » L'argument qui visait à demander une solidarité de la France pour les dégâts qui seraient occasionnés dans le Nord fait sourire le juge. Ce sera le seul de l'audition. Alors que nous nous séparons, je lui demande de m'en dire plus sur le fameux tableau. « C'est la Justice ! » me répond-il. Je me risque : « Mais la balance de la Justice n'apparaît pas ? » « Je n'en sais pas davantage », conclut le haut magistrat que je n'ai guère envie d'indisposer. Il rendra son jugement demain. Dans la cour du Conseil d'État, je croise la représentante chasse du ministère. Je ne peux me retenir : « Pourquoi vous acharnez-vous ? » Réponse confuse. J'enchaîne : « Vous devez mal dormir la nuit. » Elle : « Ça, je vous le confirme. » J'espère que ce sont des remords.

À 18 heures, c'est une grande tapisserie qui invite à l'évasion dans la salle des ministres de l'hôtel Matignon. L'évocation champêtre ne semble pas troubler la concentration des représentants d'associations qui, pour la deuxième fois, sont invités par le Premier ministre afin de faire le point sur le Grand Débat. Chacun regrette le manque d'informations sur le suivi des engagements mais accepte de bonne grâce le pari républicain.

6 février
Une victoire pour la vie

Longue journée. Il a fallu attendre 18 h 30 pour apprendre qu'enfin le Conseil d'État retoquait le ministère de la Transition écologique et solidaire, avec un cessez-le-feu immédiat imposé en faveur des oies migratrices. C'est une victoire pour la LPO !

Quelques instants plus tard, le président de la Fédération nationale des chasseurs fait savoir à ses adhérents qu'il a obtenu une autorisation de tirs pour toute la nuit… Misérable compensation qui permettra d'abattre encore quelques oiseaux, en contradiction formelle avec la décision du juge imposant l'arrêt instantané des tirs. Je me console en imaginant que la médiocrité n'est jamais payante. Et je me réjouis de ce combat pour la vie, gagné avec la complicité de tous ceux qui veulent faire reculer la mort.

7 février
Notre cochon bien-aimé

Tandis qu'il croupit dans ses élevages, la Chine rend hommage au cochon. À l'occasion de la nouvelle année, c'est lui qui incarne les jours à venir dans le vénérable horoscope de l'empire. Il figure parmi les douze animaux qui, selon la légende, auraient participé à une course organisée par l'empereur de Jade. Le rat fut le gagnant, mais au prix d'une tricherie peu glorieuse. Porté par le bœuf, bon prince, pour traverser une rivière avant d'atteindre l'arrivée, il sauta à terre et devança son compagnon ainsi que tous les autres animaux. Quant à notre cochon, il ne fut guère plus exemplaire. En proposant d'être le juge de cette compétition, il se plaça en premier à l'arrivée. L'empereur, apprenant cette tricherie, le dégrada alors à la dernière place.

Quoi qu'il en soit, la brave bête bénéficie d'une image favorable. On lui reconnaît l'honnêteté et la rigueur. On admet qu'il déteste l'injustice et la mauvaise foi et qu'il apprécie la beauté et la liberté. Tandis qu'en amour, il se montre sensuel, possessif, ardent et imaginatif, avec cependant quelques défauts : il aurait tendance à l'égoïsme et à la crédulité.

Alain Delon, Elton John, Michel Sardou ou Gad Elmaleh se reconnaîtront-ils dans ce portrait ? C'est sous le signe du cochon que leur futur se dessine.

8 février
Des menaces en cascade

Il fallait s'y attendre. La décision du Conseil d'État de rejeter la prolongation de la chasse aux oies a mis le feu aux poudres. Les insultes ou menaces de mort qui m'étaient destinées jusqu'alors s'étendent maintenant à la LPO avec une violence insupportable. Au hasard, je regarde les commentaires sur Facebook, comme : « Faut aller foutre le feu au siège de la LPO. » Réponse d'un autre excité : « Entièrement d'accord avec toi, mais attends qu'ils soient en réunion, il y aura beaucoup plus de fesses à cramer de ces encu… »

Dans le même temps, Willy Schraen, le président de la Fédération nationale des chasseurs (FNC), communique à ses adhérents : « N'oublions jamais que sans ces gens-là (il parle de la LPO), nous n'aurions pas autant de problèmes ! » Et il se désole en soulignant : « J'ai senti sur ce dossier une incroyable volonté politique de gagner en s'en donnant les moyens avec la diplomatie française, tant de la part de la ministre Emmanuelle Wargon que du président de la République. » Merci encore pour le zèle du gouvernement à contourner le droit ! Si l'on pouvait en douter jusqu'alors, c'est désormais avéré…

9 février
L'importance du pigeon

Jean-Luc Ourgaud, maire de Montigny-le-Bretonneux, est légitimement fier du bâtiment qu'il a mis à notre disposition. Une ferme du XVIIe siècle, admirablement restaurée, qui accueille aujourd'hui les assises territoriales de la LPO Île-de-France. Cette dernière compte plus de six mille cinq cents membres et dix-sept salariés. Nous nous réjouissons tous d'être rassemblés dans cette commune qui réunit le plus grand nombre de refuges LPO municipaux de France.

Le délégué régional, Frédéric Mahler, orchestre la journée avec efficacité, tandis que je profite du pique-nique pour aller discuter avec les uns et les autres. Martine vient s'asseoir à mes côtés, sur les marches d'un escalier. Tassée par l'âge, elle n'en reste pas moins dynamique et veut me raconter son investissement professionnel d'assistante de direction « dans un grand groupe » :

– C'était dur et c'est grâce aux oiseaux que j'ai pu résister.

– Pourquoi ?

– En les observant, je me vidais l'esprit et aujourd'hui encore, j'ai rendez-vous tous les jours avec eux.

– De quelle manière ?

– Je donne à manger aux pigeons. Je sais que c'est interdit, mais comment peut-on interdire d'aider les oiseaux ?

Martine ne résiste pas au plaisir de me raconter sa dernière interpellation. Alors qu'elle jette quelques poignées de graines, trois policiers lui ordonnent d'arrêter. Ils tentent, dans la foulée, de lui prendre le sac de graines qu'elle serre contre elle. Hurlant : « Vous n'avez pas le droit ! » elle finit par attirer l'attention des passants qui se rangent à ses côtés. En cette période de gilets jaunes, les policiers semblent considérer qu'il est inutile d'y rajouter les amis des pigeons. J'explique pourtant à Martine que la surpopulation de pigeons génère des souffrances plus difficiles à endiguer. Mais j'avoue que c'est sans compter son bonheur inestimable, lorsqu'un vol de pigeons entre en complicité avec elle.

10 février
Les dauphins nagent en eaux troubles

Ce soir, les dauphins ont le triste privilège de faire les titres du *Journal de 20 heures* sur France 2. Les images de cadavres dispersés sur les plages de l'île de Ré sont saisissantes. Il ne s'agit pas d'un échouage dû à une déficience d'écholocation ou aux ravages d'une tempête, mais bien des conséquences d'une pêche non sélective.

Sur les huit cents dépouilles retrouvées l'année dernière, 90 % d'entre elles portaient des traces de blessures ou de mutilations caractéristiques. Rostres brisés, marques de maillages ou de gaffes, amputations de la queue sont autant de preuves indéniables. Tout se joue principalement entre le mois de janvier et le mois de mars, en plein cœur de la saison de pêche au bar et au merlu. Le problème, c'est que les dauphins, profitant aussi du rassemblement de ces poissons, se font piéger dans les vastes filets des chalutiers pélagiques pêchant en « bœuf » (chalut traîné par deux chalutiers).

Rejetés à la mer, morts ou vifs, certains d'entre eux finissent par rejoindre la côte. Les autres (environ 80 %, soit entre trois mille cinq cents et quatre mille morts) coulent et se décomposent en mer. Dominique Chevillon, président de Ré Nature Environnement, l'équipe de Pélagis (UMS-CNRS), ainsi que d'autres acteurs environnementaux, tentent de trouver une solution. L'idée consiste à mettre autour de la table la filière pêche, l'Ifremer, les associations et bien sûr l'État. À ce propos, je viens d'adresser un courrier au ministre de l'Agriculture et de la Pêche pour lui rappeler qu'au plan européen, la France est le seul pays, avec l'Espagne, à avoir refusé de s'engager dans les progrès techniques visant à éliminer les captures accidentelles.

En attendant, on sait que des répulsifs sonores (« pingers ») permettent de réduire d'environ 65 % les captures de dauphins. Certains bateaux n'hésitent pas à s'équiper, c'est preuve que l'on peut limiter l'hécatombe en respectant la filière pêche.

12 février
Le crime de l'indifférence

L'écume de la renommée résiste mal au temps. Il serait bon de le rappeler à ceux qui se surestiment aujourd'hui en se pensant éternels.

Invité à l'émission *C'est à vous*, je fais la connaissance de Vaimalama Chaves, Miss France 2019, d'origine polynésienne. Je ne résiste pas à l'envie d'évoquer l'explorateur Paul-Émile Victor :

– Je connais pas mal la Polynésie ! Il m'a accueilli plusieurs fois sur son *motu* de Bora Bora, lui dis-je.

– Qui ça ?

– Paul-Émile Victor ! Vous savez, l'ethnologue qui a exploré l'Arctique et l'Antarctique.

– Ah non, je ne vois pas..., me lâche Miss France, désolée.

Notre séance de maquillage commune ne me donne pas le temps de lui en dire plus sur l'homme qui a laissé davantage de traces sur la banquise que dans les lagons.

Me voilà ensuite en direct. J'échange un temps avec Anne-Élisabeth Lemoine sur les échouages de dauphins, puis Pierre Lescure m'entraîne sur le thème de la mort annoncée des insectes d'ici la fin du siècle. On parle d'un « effondrement catastrophique des écosystèmes naturels ». Plus de 40 % des insectes sont menacés au niveau mondial, avec une masse diminuant de 2,5 % chaque année. Dans cet épouvantable bilan, on constate que les papillons figurent parmi les plus touchés, enregistrant une dégringolade de 58 % au Royaume-Uni au cours de ces deux dernières décennies. Je souligne que les rapports scientifiques pointent la responsabilité d'une agriculture intensive, flanquée de son cortège de chimie, et que la disparition des insectes annonce le compte à rebours de l'humanité. Étrange paradoxe de voir s'éteindre le petit monde bourdonnant alors qu'on en venait à compter sur lui pour nous alimenter dans l'avenir.

À mes côtés, le philosophe Raphaël Enthoven estime que seule la peur déclenchera une prise de conscience suivie d'effets. Une fois de plus, je martèle que l'indifférence s'apparente à un crime contre l'humanité, tant il est vrai que nous ne pouvons pas nous exonérer du vivant. Marion Ruggieri enchaîne en me faisant réagir sur les images pathétiques de ces ours russes venant faire les poubelles des villages, faute de pouvoir se nourrir sur la banquise. En les regardant, je pense que si les seigneurs de l'Arctique font la manche chez les bipèdes que nous sommes, ils ont perdu plus que leur destin. C'est leur culture qui vient de s'effacer.

13 février
Une escroquerie morale

Une injustice me taraude depuis près d'une décennie. À la suite de la marée noire de l'*Erika*, Total n'a pas assumé la totalité de sa responsabilité. Retour en arrière.

Tout commence en décembre, alors que le poison noir livre ses premières victimes sur les plages bretonnes. La LPO lance alors un appel à solidarité pour organiser les soins aux oiseaux. Il faut agir dans l'urgence. Chaque heure compte, tandis que les guillemots de Troïl (espèce la plus touchée, avec près de cent cinquante mille oiseaux) agonisent en nombre et que les bénévoles ainsi que les moyens d'interventions doivent être gérés immédiatement. Réaction inespérée : des milliers de personnes, d'entreprises et autres associations ou collectivités adressent des dons que nous affectons aussitôt aux moyens d'action. Lorsqu'il a fallu faire les comptes, la justice a certes condamné Total (après une procédure de dix ans !), mais les Fonds internationaux d'indemnisation pour les dommages dus à la pollution par les hydrocarbures (FIPOL) se sont montrés indécents.

À l'époque, la LPO s'est tournée vers cet organisme interprofessionnel afin qu'il compense l'argent investi pour soigner les oiseaux. Réponse de l'intéressé : nous déduirons du budget l'équivalent des sommes que vous avez récupérées grâce aux donateurs. À l'époque, je fus scandalisé par cette démarche qui consistait à s'exonérer de ses responsabilités grâce à la générosité des français. Cette attitude me paraissant d'autant plus injuste qu'il nous fallait trouver des moyens immédiats, alors que les FIPOL n'indemnisaient que deux ans plus tard. En réaction, j'eus l'idée de rembourser publiquement tous les donateurs afin d'obliger l'organisme à payer la totalité de sa dette. Le publicitaire Jacques Séguéla me le déconseilla : « Les gens ne comprendraient pas que tu leur rendes l'argent, même si tu empruntes pour le faire. » Je ne suis pas sûr qu'il ait eu raison, mais j'ai la conviction qu'une telle situation ne doit plus se reproduire à l'avenir. Il s'agit d'une escroquerie morale.

Cette semaine, l'avocat Christian Huglo, qui, avec sa femme, Corinne Lepage, s'est largement investi dans les affaires de marées noires, accepte d'écouter ma requête. Au vu du dossier, il considère que l'on pourrait parfaitement démontrer la responsabilité du FIPOL dans cette affaire. Il souligne par exemple que, concernant les fonds créés pour l'aide aux victimes du terrorisme, les dons ne sont jamais déduits des indemnisations. Peut-être qu'un cavalier législatif rappelant ce principe fondamental pourrait répondre à la situation. Quoi qu'il en soit, si un nouveau désastre venait à frapper, nous mettrions tout en œuvre pour que la générosité ne côtoie pas la malhonnêteté.

15 février
L'agressivité des hommes

Cela devait arriver. Un loup est rentré, non pas à Paris, mais à Bormes-les-Mimosas. Plusieurs médias me demandent une réaction immédiate. Alors que je tente d'en savoir plus, on m'indique que la bête était violente, qu'un homme lui a échappé juste avant qu'elle soit abattue. Pas facile de tempérer les propos en rappelant que, en principe, les loups fuient l'homme et ses habitations ou qu'un pareil scénario relève de l'époque féodale, lorsque les campagnes enneigées n'offraient plus l'élémentaire pitance nécessaire aux meutes.

Et voilà que l'homme qui a échappé au pire s'exprime. Voyant l'animal, il s'est réfugié dans sa voiture avant de prévenir la gendarmerie. En localisant le canidé, les gendarmes ont également conclu à un « comportement agressif ». On imagine l'animal leur faisant face ou s'approchant d'eux. Par deux fois, les forces de l'ordre finissent par tirer… sans toucher la terrible bête qui s'enfuit vers le centre-ville. Elle finira par succomber à de nouveaux tirs.

Au bilan, la formule « comportement agressif » a été employée par tous les médias, ainsi que par le procureur de la République de Toulon. Mais personne n'a décrit cette fameuse agressivité. Le loup a-t-il montré les crocs pour générer un tel vent de panique ? « Il n'est pas de bête si féroce qu'elle ne connaisse quelque pitié. Mais je n'en connais aucune, et donc ne suis pas une bête. », faisait dire William Shakespeare à Richard III. Notre loup connaissait-il la pitié pour être une telle bête féroce ?

17 février
Triste star du trafic animalier

Les journées mondiales sont si nombreuses qu'elles finissent par banaliser les causes qu'elles prétendent défendre. Prenez le thème d'aujourd'hui : « La journée mondiale du pangolin ». Et pourquoi pas de l'agouti, de la roussette ou du renard polaire ? J'avoue avoir trouvé l'initiative contre-productive, jusqu'à ce que j'en apprenne davantage sur cet étrange insectivore.

Je conservais dans ma mémoire d'adolescent l'image de cet étrange animal ramené par un bateau au Muséum d'Histoire naturelle de La Rochelle (la pauvre bête n'avait survécu que quelques jours, malgré la bienveillance des biologistes), mais je ne l'imaginais pas aussi fragile. Cet animal est considéré comme réfractaire à la captivité en raison de son régime alimentaire insectivore et de son comportement singulier. Nocturne, il vit en solitaire et ne rencontre sa bien-aimée que pour l'accouplement. Sa préoccupation première : localiser et capturer des fourmis et des termites grâce à sa langue visqueuse pouvant atteindre les 30 centimètres de long.

Mais plus que cet appendice hors norme, ce sont ses écailles qui le rendent énigmatique. Pierre Desproges le définissait ainsi : « Le pangolin ressemble à un artichaut à l'envers avec des pattes. » La formule qui fit sourire hier épouvante aujourd'hui car les écailles en question font l'objet d'un trafic inimaginable. En une seule année, 41 tonnes d'écailles ont été saisies, ce qui représente plus de trente-quatre mille animaux abattus. Et Interpol souligne que les autorités ne parviennent à mettre la main que sur 10 à 20 % seulement du trafic !

Naturellement, on prête des vertus thérapeutiques ou aphrodisiaques à cette fragile carapace, tandis que la viande de la pauvre bête est considérée comme l'une des plus fines de la faune sauvage. Il n'en fallait pas tant pour que notre tranquille créature fasse l'objet de tous les désirs. Le panda, qui se porte mieux, pourrait bien perdre sa place d'ambassadeur des espèces menacées au profit du pangolin. Au fond, la rançon d'une journée mondiale n'est guère enviable.

20 février
Le sang de la faune coule entre nos doigts

Une journée ordinaire se profile. Au CESE ce matin, nous rendons un avis critique sur le projet de loi énergie. Pour compenser la frilosité du gouvernement, nous souhaitons notamment une baisse de consommation de 40 % des énergies fossiles d'ici 2030.

Je retrouve ensuite Barbara Pompili, présidente du groupe développement durable à l'Assemblée nationale, ainsi que cinq associations, pour déjeuner. Il s'agit de faire un point d'étape sur l'avenir de la biodiversité. Ambiance tendue. Je reproche à la présidente le manque d'enthousiasme des parlementaires de la majorité, elle se justifie en expliquant qu'une trop grande ambition desservirait l'avenir. Nous passons en revue le plan biodiversité qui semble au point mort, l'apport théorique des grands débats ou encore les prochaines élections européennes. Tandis que s'égrènent les dossiers sans cesse ressassés, j'éprouve une douloureuse lassitude. Le sang de la faune coule entre nos doigts et nous nous interrogeons sur les pansements les plus adaptés. Dans le brouhaha du bistro, je vois l'agonie d'une biodiversité dont le cœur palpite chaque jour plus lentement.

De retour chez moi, les réseaux sociaux crépitent. Greta Thunberg, la jeune Suédoise devenue porte-parole pour le climat, est arrivée à Bruxelles. À 16 ans, elle a réussi à entraîner toute une jeunesse bien décidée à se faire entendre. Bons enfants, ils sont des dizaines de milliers à scander l'urgence d'une action, d'une réaction immédiate. Même les professeurs admirent la démarche. Finalement, cette journée n'est pas si banale. Elle souffle un vent d'espoir qui annonce peut-être une bourrasque de renouveau.

21 février
Le temple de la médecine animalière

Il y a une certaine émotion à pénétrer dans la cathédrale de la médecine animalière. En tout cas pour moi, qui ai tant rêvé de devenir vétérinaire avant d'admettre l'évidence : je n'atteindrais jamais le niveau d'études nécessaires. Et me voilà aujourd'hui, répondant à la demande de l'École vétérinaire de Maisons-Alfort pour faire une conférence. L'amphithéâtre d'honneur a été choisi pour la circonstance. Accueil convivial (malgré mon retard) de Christophe Degueurce, directeur général, des professeurs, dont Caroline Gilbert qui m'a invité, et des élèves. Tandis que je dresse le portrait de cette pauvre nature malmenée et du monde animal qui l'est tout autant, le passé me revient.

Quelque vingt ans plus tôt, dans cette prestigieuse école, j'ai présenté pendant un après-midi la mise bas en direct d'une vache. Patrice Laffont, producteur de l'émission *Un sur cinq*, avait trouvé l'idée « géniale » et Jean-Pierre Spiero, le réalisateur, s'était réjoui des difficultés techniques à surmonter. En fin d'émission, le petit veau vint au monde. Alors que je voulais en savoir plus sur son destin, on m'a répondu : « Nous ne pouvons pas élever tous les animaux… il est condamné. » Sans imaginer la moindre solution, je répliquais : « Vous me le donnez ? » Un « si vous voulez » fut lâché sans conviction. Quelques heures plus tard, mon ami Yves Lecoq acceptait de le recevoir dans son château. Le veau de Maisons-Alfort devint une vieille vache entourée d'affection.

En regardant les étudiants présents, je suis frappé par l'écrasante majorité féminine dans la salle. Le temps où l'on considérait les femmes comme trop fragiles pour faire ce métier est révolu. Désormais, il y a 80 % d'étudiantes. De même, alors qu'hier le parcours professionnel s'inscrivait dans une certaine culture familiale, il s'apparente aujourd'hui à une passion, une véritable vocation. Je n'ai aucune difficulté à convaincre la jeune assistance qu'au-delà des espèces, des stocks, des quotas, des populations et autres groupes grégaires, la faune sauvage est avant tout composée d'individus dont chacun doit être pris en compte.

Comment ne pas rendre hommage au conseil de l'Ordre qui a eu le courage de déclarer officiellement son opposition à la tauromachie et à l'abattage rituel ? En fin de conférence, l'idée de créer un refuge LPO à l'École vétérinaire de Maisons-Alfort s'est dessinée. Bonne thérapie contre les désillusions.

23 février
Une nouvelle égérie

Nous toisant de haut, « Imminence » s'affiche dans le métro parisien. Cette vache bleue du Nord, dont la race a bien failli disparaître, incarne l'ensemble de l'élevage français qui va se donner en spectacle à partir d'aujourd'hui au Salon de l'agriculture. Elles étaient cinq cent mille avant la Première Guerre mondiale, il en reste cinq cent soixante-dix aujourd'hui, tandis que des races comme les Massanaises, les Nivernaises, les Cauchoises et tant d'autres se sont éteintes dans l'indifférence.

Belle initiative de rendre hommage à cette vache ch'ti qui semble désormais s'épanouir dans les aimables pâturages du Nord. Sauf que sa situation n'illustre aucunement l'élevage français. Près de 90 % de nos bovins sont cloîtrés en élevages intensifs, conditionnés à la stabulation plus qu'aux grands espaces. L'affiche bucolique d'« Imminence » voile pudiquement une réalité dont les visiteurs n'ont pas conscience dans « la plus grande ferme de France ». À l'heure où la transparence s'impose comme une nécessité, voire comme un devoir, il serait temps que ce grand show agricole se montre tel qu'il est. Y compris avec les tristes réalités qui méritent d'être améliorées ou effacées.

Rançon des stars, « Imminence » a été taguée au feutre épais : « Après le salon, c'est l'abattoir », peut-on lire sur les affiches. Ce ne sera pas immédiat, mais inévitable. Ce constat nous invite à reconsidérer notre cohabitation avec les animaux d'élevage. Lourde tâche lorsqu'on sait que 62 % des mammifères vivant sur la planète sont constitués par le bétail, auquel on peut ajouter 37 % représentés par les bipèdes que nous sommes. Calculez, il reste tout juste 1 % pour les éléphants, les musaraignes, les écureuils et autres mammifères sauvages. Jusqu'à quand la ferme tentaculaire va-t-elle ronger le reste du vivant ? Le temps est venu de mettre les mots de la vérité sur les maux de la société.

24 février
Les mots pour convaincre

Quel rapport existe-t-il entre une avocate, un instituteur, une banquière ou une cameraman ? L'appartenance au Parti animaliste. En ce dimanche après-midi, ils sont nombreux à s'être réunis à la mairie du 2e arrondissement de Paris pour porter les valeurs de la cause animale. Au côté d'Hélène Thouy, avocate engagée dans les affaires d'abattoirs pourris, Marc Giraud, porte-parole de l'Association pour la protection des animaux sauvages, est bien décidé à dénoncer les abus de la chasse, tandis que Jean-Luc Dené, ingénieur consultant, incarne la mobilisation citoyenne.

J'ouvre le débat en tentant de faire le point sur cette biodiversité en sursis. Yaël Angel, en charge de la documentation technique du Parti animaliste, fait passer le micro dans la salle. Un vent de révolte se dessine. Rien d'étonnant, puisque 80 % des Français veulent des mesures concrètes en faveur de l'animal. Or les témoignages soulignent l'indécence de la situation : on habille les mots pour masquer une réalité odieuse. Dans les abattoirs, on parle « d'étourdissement » pour ne pas avoir à décrire la mort à la chaîne (un bœuf doit être tué toutes les minutes). L'éclairage se fait peu à peu grâce aux témoignages apportés par les intervenants. 1 % des élevages sont véritablement contrôlés en France, alors qu'en Angleterre les caméras sont obligatoires dans les abattoirs. Dans un autre secteur, il est rappelé que nos voisins d'outre-Manche ont imposé le dimanche sans chasse depuis 1831, alors que la France refuse toujours cette proposition. Parmi les incohérences, le constat est fait qu'il n'existe pas d'infraction pour un acte de chasse en état d'ivresse. Avec humour, il est dit dans l'assemblée qu'on espère prochainement une véritable séparation entre la chasse et l'État…

À quoi mènera cette réunion destinée à bousculer les consciences ? Avec Paloma Grossi, mon éditrice, nous convenons que la rencontre n'a sensibilisé qu'un public déjà converti. Ce même soir, le journal de TF1 consacre un reportage aux nouveaux fromages véganes à base de noix de cajou. Ils font l'unanimité parmi les consommateurs. C'est sûrement de cette manière que le bien-être animal finira par gagner du terrain.

25 février
La détermination de Jean-Louis Étienne

À la demande de Jean-François Silvain, président de la Fondation pour la recherche sur la biodiversité

(FRB), j'interviens auprès de Jean-Louis Étienne afin qu'il écrive la préface d'un livre consacré aux actions en faveur de la biodiversité. Il s'y engage. Profitant de l'échange, nous refaisons le monde.

Jean-Louis est aussi inquiet pour l'avenir de la planète que ravi de son projet Polar Pod. Il vient d'obtenir les moyens pour réaliser cette prochaine expédition bien singulière. Après avoir atteint le pôle Nord en solitaire, partagé les exploits d'Éric Tabarly, côtoyé l'Himalaya, traversé l'Arctique en ballon, ce médecin hors du commun a mis au point une plateforme océanographique conçue pour dériver autour de l'Antarctique dans les Cinquantièmes hurlants. L'engin, plus haut que la statue de la Liberté, sera capable d'affronter les plus grosses vagues du monde. Que d'épreuves et d'espoirs déçus, que d'énergie sans cesse renouvelée pour aboutir à convaincre les décideurs et les financiers à soutenir son projet. Épuisé par l'épreuve, Jean-Louis n'a jamais baissé les bras. Aujourd'hui, il est soulagé mais fragile : « Le matin, je me limite à écouter les titres de l'actualité, ensuite je passe à la musique classique. Je ne supporte plus d'entendre les conflits et la violence en boucle. » À l'évidence, il s'épanouira davantage dans son vaisseau marin en orbite autour de l'Antarctique pour un périple de 24 000 kilomètres durant deux ans.

En attendant, avant de raccrocher, une bouffée d'optimisme l'anime subitement : « Au fond, qui aurait cru que l'interdiction de fumer dans les restaurants serait passée ? On a accepté cette rupture, on pourra faire de même avec les sacrifices nécessaires pour sauver la planète. »

26 février
Les trophées de la honte

« Le gouvernement du Botswana risque de rouvrir la chasse aux trophées », s'insurge l'éthologiste Julie Lasne, qui me demande d'intervenir. Que puis-je faire ? Tenter de sensibiliser les médias.

L'affaire n'est pas nouvelle. Depuis longtemps déjà, certains pays comme l'Afrique du Sud ou la Namibie ont considéré que la chasse aux trophées pourrait ramener des budgets nécessaires à la protection des espèces. En somme, il s'agit de tuer plus pour protéger mieux ! C'est ainsi qu'un lion peut être négocié 32 000 euros et un éléphant 38 000 euros. Même l'Union Internationale pour la conservation de la nature (UICN) et le WWF (Fonds Mondial pour la Nature) ne condamnent pas cette pratique, ce qui a généré des réactions scandalisées de la part de nombreuses associations de protection de la nature.

L'ancien président du Botswana, Ian Khama, s'était forgé une réputation de grand protecteur de la nature en interdisant ce type de chasse depuis 2014. Son pays abritait alors quelque cent trente-cinq mille éléphants, soit la plus grande population de pachydermes vivants dans un pays. Ce sont eux qui pourraient devenir une nouvelle cible, à moins que l'opinion publique ne s'oppose au projet en menaçant de boycotter le tourisme reposant encore aujourd'hui sur la découverte d'une faune vivant en paix. Partout dans le monde, des voix s'élèvent pour rappeler que le Botswana, qui compte quelque deux millions d'habitants, n'a pas besoin de massacrer sa faune pour survivre. Il dispose d'un potentiel économique en diamants et en tourisme non négligeable.

Morel, le héros du roman *Les Racines du ciel*, était bien décidé à faire cesser le massacre des éléphants. Romain Gary l'avait surnommé « l'homme qui ne savait pas désespérer ». Morel, nous avons besoin de toi !

27 février
L'unité en question

Un texto de Delphine Batho m'annonce sa rupture politique avec Aymeric Caron. Elle le regrette : « Les discussions n'ont pas permis d'aboutir car nous avons une vision plus large des causes de l'écologie qu'il faut d'urgence rassembler et qui ne se limitent pas à la seule condition animale. » Elle admet qu'elle est « évidemment d'accord sur la nécessité d'une nouvelle éthique du vivant ». Delphine va donc poursuivre son chemin avec Dominique Bourg en tentant « d'unir les Terriens », selon son expression.

Je suis désolé de l'échec d'un rassemblement qui aurait pu porter des valeurs fortes et complémentaires. Aymeric Caron, avec qui j'échange quelques instants plus tard, confirme que la charte initialement prévue pour agréger les divers partis n'a pas accordé la place attendue à la cause qu'il défend. Se pose aussi la question des moyens financiers : « On est juste des clochards avec de la bonne volonté ! » lance-t-il en souriant, tout en précisant qu'au minimum, une telle campagne revient à 700 000 euros pour imprimer les quarante-cinq millions de bulletins de vote, les cent quarante mille affiches, sans parler des moyens nécessaires aux déplacements, locations de salles, communication, etc. Je l'encourage à se rapprocher du Parti animaliste pour tenter une nouvelle union, il va explorer cette piste de nouveau en se rappelant que les premiers entretiens n'avaient pas permis de conclure un accord. Dommage que notre vieux pays gaulois attache davantage d'importance aux clans qu'à l'intérêt général.

28 février
Une remise à niveau

Séance d'initiation avec Emmanuelle Wargon qui se targue de faire de la « gestion adaptative » (comprenez « gestion des espèces chassables »). Derrière cette formule sortie du chapeau du gouvernement pour satisfaire l'insatiable besoin de tuer des chasseurs se cache une nouvelle gibecière pleine de cadeaux.

À l'actif de la ministre, il faut lui reconnaître l'attention qu'elle porte aux quatre associations de protection de la nature réunies dans son bureau. D'emblée, je lui rappelle qu'elle ne gère pas le ministère de la mort, mais celui de la vie. En réponse s'installe un silence pesant tandis que les regards se baissent. Nous enchaînons avec la nécessité élémentaire d'avoir une vision précise des « tableaux de chasse » avant d'envisager d'élargir les capacités d'abattage. Nous remettons en cause les comités scientifiques nouvellement créés pour étudier les questions de chasse, alors que certains membres ont des conflits évidents d'intérêts cynégétiques. Les associations plaident aussi pour que les espèces les plus menacées ne soient plus sur la liste des chassables.

Un peu plus d'une heure d'entretien avant de quitter le bureau de la ministre ne laisse pas le sentiment que les choses peuvent changer. Nous nous reverrons pour faire le point. Il me semble que l'indifférence génère une certaine humiliation.

« Si la cruauté humaine s'est tant exercée
contre l'homme, c'est trop souvent
qu'elle s'était fait la main sur les animaux »

MARGUERITE YOURCENAR

1er mars
Des dauphins à l'agonie

De nouveau, l'odeur d'iode m'envahit. En empruntant le pont de l'île de Ré, je laisse sur le continent les regrets et les douleurs qui n'ont rien à faire dans ce lieu de paix. Sacrifiant à la tradition, je m'arrête fidèlement devant la plage de mon enfance. Le cri des bernaches cravants qui pâturent dans les premières mares ressemble à un chant de bienvenue. C'est avec bonheur que j'envisage les prochaines heures. Daphné Hézard, rédactrice en chef de *Regain*, accompagnée du journaliste Victor Coutard et du photographe Paul Lehr, ont décidé de consacrer huit pages du journal au combat que je mène. Nous devons nous retrouver avec ma complice Brigitte Ledey dans la réserve de Lilleau des Niges, au nord de l'île.

L'état de grâce se dissipe brutalement. Dominique Chevillon, président de Ré Nature Environnement, me signale qu'un nouveau dauphin vient de s'échouer sur la plage du village. Avec l'équipe de Pelagis, nous l'autopsierons demain. C'est une jeune femelle de 3 ans qui gît devant nous. Sa tête, si délicatement dessinée, est percée d'un trou béant, juste sous l'œil. Il témoigne d'un violent coup de gaffe qui a permis de la rejeter à la mer après l'avoir découverte dans les filets. Ses poumons marbrés montrent le début d'une noyade. Alors que nous prenons les mesures du cadavre inerte, j'imagine ce corps plein de promesses, de sauts hors de l'eau, de courses dans l'étrave des bateaux. Ce n'était qu'une enfant qui devait donner la vie à l'âge de 8 ou 9 ans. Elle aurait allaité son bébé durant près de dix mois avant d'avoir un autre petit, l'année suivante ou plus tard. Il n'y a pas de sensiblerie dans mes propos. Juste une lucidité qui rappelle ce que ce mammifère ressent, comme nous : la joie, la peine, la douleur, le sens du clan et tant d'autres émotions qui ne peuvent se résumer à un sinistre bilan de mortalité.

En fin de journée, nous déambulons dans la réserve avec Jean-Christophe Lemesle, le conservateur, et Amandine Delory, en charge de la Maison du Fier pour la LPO. J'observe les oiseaux. Les tadornes de Belon sont d'une beauté insolente. Quelques sarcelles d'hiver lancent des cris brefs et clairs pour nous rappeler à leur bon souvenir. Plus loin, les barges à queue noire, qui figurent parmi les oiseaux les plus menacés, se sont regroupées comme si elles ne voulaient pas que l'on oublie leur clan, tandis que des chevaliers gambettes aux longues pattes cramoisies ont aussi trouvé leur place dans le ballet. Le printemps n'est pas encore ancré dans les marais. Il demande quelques semaines supplémentaires avant que les accouplements n'éclaboussent l'hiver.

2 mars
Mise en lumière des rapaces nocturnes

Athéna, déesse grecque de l'intelligence, s'incarne en chouette, tandis que les Aztèques élèvent cette dernière au rang de gardienne de la terre et que les Chinois lui reconnaissent le potentiel de porter bonheur. À ce bilan positif, il faut opposer la mauvaise réputation dont cette reine de la nuit fut victime. Oiseau de mauvais augure, elle s'inscrit dans la magie noire. Au même titre qu'un chat noir, il n'est pas recommandé de la croiser, et pour conjurer le sort, le mieux reste encore de la clouer sur les portes des granges. Lorsque j'étais adolescent et que je courais la campagne en quête de serpents, j'ai vu des cadavres de chouettes desséchés ainsi crucifiés. Je n'ai pas oublié aussi les pièges à mâchoires qui leur broyaient les pattes. La page est tournée. Mieux, elle s'ouvre désormais sur une volonté d'heureuse cohabitation grâce à la « Nuit de la chouette ».

Ce soir, et pendant près de tout le mois de mars, la LPO invite le plus grand nombre à délaisser la télévision pour partir à la rencontre des chouettes et hiboux. Les sorties nature permettront peut-être de rencontrer quelques-unes des neuf espèces de rapaces nocturnes qui peuplent l'Hexagone. Cet événement donne l'occasion de rappeler les nombreuses particularités de ces oiseaux. Étonnantes mécaniques biologiques, ils peuvent tourner la tête jusqu'à 270 degrés. Quant à leur vue légendaire, capable de percer la nuit, elle laisse entrer deux à trois fois plus de lumière que l'œil humain. Mais leur excellence se confirme au niveau de l'audition. Les plumes de la tête, rassemblées en une sorte de parabole, concentrent les sons avant de les conduire aux oreilles. Ainsi, une chouette pourrait entendre à plus de 25 mètres le bruit d'un stylo à bille sur du papier. Pratique pour localiser le moindre petit rongeur de passage…

Du petit duc ne dépassant guère les 90 grammes au grand-duc affichant près de 2,5 kilos sur la balance, les rapaces nocturnes jouent un rôle admirable dans leur écosystème respectif. Il faudrait si peu pour favoriser leur épanouissement : rouvrir les accès aux granges ou aux clochers, poser des nichoirs dans les vergers ou encore lever le pied sur les routes lorsqu'on croise leur vol silencieux.

4 mars
Une traque inconsciente

Pourquoi tant de haine à l'égard du renard ? Des chiffres effrayants révèlent le piégeage ou le tir de quelque huit cent mille goupils par an, auxquels on peut ajouter les victimes de collisions avec les véhicules évaluées à près de deux cent mille.

Cette hécatombe s'explique par la prédation du petit canidé sur les vingt millions d'animaux (lièvres, faisans ou perdrix) élevés chaque année en captivité pour être relâchés devant les fusils. Et peu importe si le renard s'impose comme un auxiliaire précieux de l'agriculture, puisqu'il croque entre trois mille et dix mille petits rongeurs annuellement. La concurrence est jugée si forte par les chasseurs que ces derniers ont obtenu des arrêtés préfectoraux permettant le tir de nuit dans l'Aube, les Ardennes, la Meurthe-et-Moselle et la Moselle. Le Conseil scientifique régional du patrimoine naturel s'est immédiatement opposé à cette disposition, tandis que le collectif Renard Grand Est s'est constitué en fédérant soixante-dix associations demandant la grâce pour le renard.

Devant l'intransigeance de l'administration, guidée par le ministère de la Transition écologique et solidaire, il a fallu porter l'affaire devant les tribunaux administratifs à six reprises ! La bonne nouvelle, c'est que les recours viennent de conduire à une annulation ou suspension des fameux arrêtés préfectoraux. Que de temps, d'énergie et de finances dépensés pour contrer l'incohérence administrative. Que de vies animales auraient également pu être épargnées...

5 mars
Un programme incomplet

La patate chaude vient de rebondir dans le camp de l'exécutif. Alors qu'Emmanuel Macron s'adresse aux citoyens d'Europe pour redessiner les contours de notre futur, Nicolas Hulot, ancien ministre de la Transition écologique et solidaire, et Laurent Berger, secrétaire général de la CFDT, lui recommandent un « pacte social et écologique » en bonne et due forme.

Soixante-six propositions sont au programme, élaborées par dix-neuf associations et syndicats : une « boîte à outils » qui se veut positive, souligne Nicolas Hulot. Il espère ainsi concilier équité et transition écologique. J'avoue que j'éprouve une admiration pour sa capacité à rebondir. Quand il a quitté l'hôtel de Roquelaure la larme à l'œil après sa démission, il s'est ressourcé en jouant avec les vagues, en retrouvant la complicité d'une famille et en renouant avec les chimpanzés d'Ouganda. Et le voilà de nouveau prêt à défendre l'indispensable mutation verte.

Il ne s'agit pas ici d'un premier essai. On se souvient de son pacte écologique lancé en 2006 lors des présidentielles, les candidats l'avaient quasiment tous signé. Plus tard, le Grenelle de l'environnement a été engagé, puis des lois votées, mais la conscience écologique trouva ses limites. Nicolas Sarkozy finit par déclarer : « L'environnement, ça commence à bien faire ! »

Le nouveau programme ne manque pas d'ambition. Plutôt tourné vers la question sociale, il revisite des dossiers aussi sensibles que le logement, la fiscalité, l'exclusion, l'alimentation ou encore l'énergie… en oubliant malheureusement la biodiversité. Comment parler de transition écologique sans aborder cette question cruciale ?

Faute d'être complète, cette initiative a le mérite de témoigner d'une respectable détermination. À l'heure où le président sollicite tant la société pour qu'elle s'exprime sans tabou, le voilà servi. « Il faut additionner les intelligences et cesser de les opposer », concède Nicolas Hulot pour montrer sa bonne volonté. « Nous n'avons certes pas la certitude d'être entendus », tempère Laurent Berger. À eux deux, ils sont sûrs d'être dans la vérité.

6 mars
Has been de la liane

Il y a quinze ans jour pour jour, Claude Nougaro éteignait l'écran noir de ses nuits blanches. En rejoignant l'Assemblée nationale pour une audition sollicitée par le groupe chasse, je repense au texte admirable qu'il m'avait confié alors que l'encre était tout juste sèche. « C'est la mort de la vie sauvage », m'avait-il prévenu avant de se lâcher : « Vieux Tarzan déchu. Has been de la liane. Ma guenon n'est plus. Ai perdu ma Jane… » Et d'enchaîner, révolté : « Ils m'ont tout tué. Par tonnes d'ivoire. Éléphants sacrés. Massacré mémoire. »[1]

Y a-t-il des « chasseurs au gros » parmi les parlementaires qui m'écoutent ? Leur groupe est le plus ancien et le plus puissant à l'Assemblée, avec cent trente députés inscrits. Contre toute attente, je ressens davantage de curiosité que d'animosité dans cette salle d'audience. À mes côtés, Yves Vérilhac partage ce sentiment, tandis que les coprésidents du groupe, Fabien Lainé, député des Landes, et Alain Péréa, député de l'Aude, m'invitent à répondre à cette question : « Comment faire rentrer la chasse dans le XXIe siècle ? » J'avoue que je ne m'attendais pas à ce que l'on me sollicite pour pérenniser cette pratique. Je réponds d'emblée : « Je ne peux concevoir que l'on retire la vie pour le plaisir, mais la LPO est disposée à collaborer avec les chasseurs, chaque fois que ce sera opportun, dans l'intérêt de la nature. »

Et pour prouver notre bonne foi, j'égrène les partenariats déjà engagés : la constitution d'un atlas

1. Claude Nougaro, *Le Cri de Tarzan*.

ornithologique en Aquitaine, la gestion commune d'une réserve en Vendée ou encore l'évaluation de la mortalité sur les routes de Rhône-Alpes. Cette bonne disposition ne convainc pas. Les critiques s'enchaînent ensuite, en prenant pour cible les cormorans qui « envahissent les territoires », en plaidant pour les chasses traditionnelles, en invoquant la nécessité de tirer les pinsons faute d'ortolans, en regrettant que les chats soient trop nombreux…

Avec Yves, nous répondons point par point à ces questions que nous maîtrisons parfaitement. Puis j'en viens à l'interrogation initiale en faisant remarquer que le mal dont la chasse est victime (tous les sondages la condamnent) vient de la chasse elle-même. Si elle ne s'acharnait plus à tirer des espèces à l'agonie, si elle ne nous amenait pas sans cesse à réagir devant les tribunaux, si elle ne relâchait plus ces millions d'animaux élevés pour alimenter les tableaux de chasse ou si elle acceptait un dimanche sans fusil, le conflit s'apaiserait. Je me demande quels mots Claude Nougaro aurait ciselés pour chanter de telles doléances.

8 mars
L'horizon des enfants

Tous les deux ans, la communauté de communes de l'île de Ré associe les enfants aux enjeux de la biodiversité. Dès le mois de janvier, les enseignants travaillent sur ce thème afin d'initier les élèves lors d'animations, de sorties dans la nature, de créations artistiques ou de rencontres avec des experts. C'est à ce titre qu'il m'a été demandé d'échanger aujourd'hui avec des classes de

CM1/CM2 de Sainte-Marie et d'Ars et les CE1/CE2 de Rivedoux. Et voilà cette petite centaine d'élèves réunis dans une salle des fêtes pour m'écouter. Comment trouver les mots qu'ils peuvent entendre ? Alors que j'ai tant fait de conférences devant des publics bien différents, je me rends brutalement compte que ces enfants pourraient ne pas comprendre un discours de grandes personnes.

Pour éviter l'écueil, l'idée d'un jeu me vient à l'esprit : « Dès que je dis un mot que vous ne comprenez pas, vous levez le doigt. » Réaction enthousiaste et joyeuse de l'assemblée. Des doigts se lèveront très judicieusement durant les deux heures d'échange. Je leur raconte que j'appartiens à la « génération lance-pierre », tandis qu'ils incarnent la « génération jumelles ». Emportés par notre volonté de changer les choses, nous convenons que les cirques avec des animaux sauvages n'ont plus leur place dans l'île de Ré. Les enfants promettent qu'ils feront passer le message auprès de leurs parents. Ils n'imaginent sûrement pas combien leur engagement déstabilise les doutes qui me plombent. Je renoue avec le possible. Certes, l'avenir de la biodiversité s'inscrit dans une course contre la montre, mais ces enfants de l'île de Ré viennent de rattraper trop de temps perdu.

9 mars
La force des femmes

Hier, à l'occasion de la Journée des droits de la femme, j'ai été tout particulièrement heureux de retrouver la major Marie Felter, qui commande la brigade de gendarmerie de l'île de Ré. Cette balade dans la réserve me renvoie à un livre que j'avais publié avec Yann Arthus-Bertrand, *Des animaux et des femmes*.

Nous étions partis à la rencontre de ces protectrices de la faune qui intervenaient dans des conditions insupportables sans jamais désespérer. Dian Fossey et ses gorilles incarnaient bien ces personnages qui m'amenaient à poser une question simple : « Pourquoi les femmes surmontent-elles d'incroyables épreuves alors qu'un homme aurait abandonné ? » Modestes, toutes nos héroïnes avaient conclu que leur parcours relevait du hasard, avant d'admettre que leur capacité à donner la vie les poussait sûrement à la défendre avec plus d'exigence.

Lors des différentes COP consacrées au climat ou à la biodiversité, j'ai pu voir au Japon, au Pérou, en Inde, et en bien d'autres lieux de la planète, combien les communautés féminines s'engagent pour dessiner une société durable de partage et de respect. Clamant, chantant, invectivant aussi, des leaders féminines mobilisent des milliers de personnes pour délivrer leur message. Même les hommes les écoutent respectueusement, tandis que les enfants jouent au cœur de ces rassemblements chargés de promesses. La femme n'est pas seulement l'avenir de l'homme, elle est surtout l'avenir de l'humanité.

11 mars
Des mots sur les maux

Certains considèrent que le Grand Débat n'est qu'un vulgaire attrape-mouche incapable de garantir le nécessaire changement. D'autres estiment qu'il a le mérite d'exister, ne serait-ce que pour le contester s'il n'offre pas les perspectives attendues. Je fais partie de cette seconde catégorie, et c'est donc avec bienveillance que je me rends au ministère pour participer au Conseil national de la transition écologique.

François de Rugy et Élisabeth Borne, alors secrétaire d'État aux Transports, plantent le décor devant une salle clairsemée mais studieuse. Sur la base de soixante-quinze propositions reçues, il nous faut voter en faveur de quinze d'entre elles. Promouvoir la fiscalité écologique, favoriser les énergies non carbonées, protéger la biodiversité, concilier l'agriculture et la transition écologique ou encore rendre le commerce international écocompatible s'inscrivent dans les thèmes de réflexion. Au final, rien ne se dégage clairement et l'intervention du Premier ministre en fin d'exercice ne rend pas les choses plus lumineuses. Pire, il tient à préciser que le consensus ne signifie pas que la mesure soit applicable, ce qui n'est guère rassurant pour l'avenir.

Quelques heures plus tard, c'est le conseil d'administration de la Fondation de la Vocation qui m'occupe. Élisabeth Badinter, la présidente, passe en revue l'actualité variée des lauréats. Quelques-uns me paraissent remarquables : Rodrick Barillot a dirigé un concert à la Maison de l'Unesco, Emmanuelle Pouydebat (directrice de recherche au CNRS) prône un regain d'intelligence collective pour que les hommes s'inspirent de la nature, le reportage d'Émilienne Malfatto sur les populations irakiennes yazidis est paru dans *le New York Times* et Jean-Guihen Queyras ainsi que Geoffroy Jourdain sont nommés aux Victoires de la musique classique. Cette année se fêtera le 60e anniversaire de cette belle fondation, créée par Marcel Bleustein-Blanchet. Une occasion de me rappeler que j'en fus lauréat, il y a cinquante ans. Depuis, j'entretiens une profonde reconnaissance envers cette association qui m'a donné la chance de faire de ma passion une activité durable.

18 h 30, retour au Grand Débat, mais cette fois à l'initiative de la LPO et d'une dizaine d'associations naturalistes. Philippe Goujon, maire du 15e arrondissement, nous prête sa superbe salle des fêtes estampillée Louis-Hubert Lyautey afin que nous puissions échanger sur le thème suivant : « Et si on parlait de la biodiversité ? » Patricia Martin et Jean-Jacques Fresko ont accepté d'animer bénévolement la soirée. Quant à Loïc Faujour, il met son talent de dessinateur humoristique au service de notre cause avec la plaisante causticité qu'on lui connaît.

Plus de trois cents personnes remplissent la salle. Non seulement l'assemblée veut s'exprimer, mais elle fait preuve d'une grande connaissance des dossiers en question. Parmi les revendications, je note la nécessité de lutter contre l'artificialisation, de rendre leur place aux prédateurs, de revaloriser les friches industrielles par la biodiversité, de ne plus faire de la mer une poubelle, de lutter contre la pollution lumineuse et même de fermer les abattoirs. En tout, près d'une soixantaine de propositions s'enchaînent. J'avoue ressentir une certaine fierté face à cette émulsion d'idées. Quel soulagement pour Yves Vérilhac, les équipes de la LPO et les bénévoles des associations, qui se sont tant investis dans ce projet. La ministre Emmanuelle Wargon prend des notes, consciencieusement. En fin de soirée, elle synthétise les doléances en affirmant que le gouvernement ne manquera pas de les intégrer dans son bilan. À suivre donc.

Avant de clore la soirée, nous nous retrouvons dans un restaurant, plutôt satisfaits des échanges. Puis la conversation s'évade vers les compagnons de Loïc, la bande de *Charlie Hebdo*. Patricia retrace sa complicité avec Bernard Maris, j'évoque mon affection pour Charb ou Cabu, Loïc raconte pudiquement les derniers instants et la douleur des jours qui ont suivi le drame jusqu'à aujourd'hui. On voudrait le décrasser de cette saleté qui lui colle encore au cœur. « C'est le dessin qui me permet d'effacer », lâche-t-il, comme s'il avait perçu notre compassion.

13 mars
Une nouvelle génération responsable

Descendant d'un bus en provenance des Yvelines, les élèves de l'école élémentaire Michel de Montaigne, à Poissy, pénètrent avec enthousiasme dans l'Assemblée nationale. Joyeux mais respectueux, ils semblent s'emparer de ce lieu sur lequel ils ont si longtemps travaillé. La députée Florence Granjus, à l'origine de cette journée, les attend pour les guider vers la salle d'audience. Anne-Marie Ducroux, présidente de l'Association Nationale pour la Protection du Ciel et de l'Environnement Nocturnes (ANPCEN), et moi les rejoignons quelques instants plus tard pour parler pollution lumineuse et préservation de la biodiversité.

Les enseignants ont fait un travail admirable. Tous les enfants maîtrisent parfaitement les sujets et ont préparé des questions pertinentes qu'ils déclinent durant près de deux heures, sans que l'on distingue la moindre lassitude. Anne-Marie se montre convaincante : « En principe, on devrait pouvoir distinguer près de sept mille étoiles dans le ciel français, Paris ne nous en laisse apercevoir qu'une dizaine. » J'enchaîne avec les raisons du déclin des espèces, le rôle que chacun peut jouer, l'espoir qu'il convient d'entretenir et surtout la détermination qui ne peut s'estomper.

De ce côté, je suis rassuré, les élèves ont pris l'initiative d'une proposition de loi visant la protection de la biodiversité. L'article 1er engage le Premier ministre à déclarer la biodiversité grande cause nationale. Et pourquoi pas ? L'article 2 propose un label permettant aux consommateurs d'identifier les produits n'impactant pas le vivant. Judicieux ! L'article 3 interdit le commerce de produits qui affectent la biodiversité. Audacieux ! Et enfin, l'article 4 souhaite donner des subventions pour les pêches respectueuses. Légitime ! Ces revendications portées par les enfants n'ont rien de puéril. Ce sont eux qui, comme les femmes, secouent les habitudes. Les manifestations des jeunes qui sont amenées à se multiplier annoncent un printemps vert qu'on aurait tort d'ignorer.

14 mars
L'ombre d'une nouvelle marée noire

Le fantôme de l'*Erika* va-t-il frapper de nouveau les côtes atlantiques ? C'est la question que chacun se pose depuis que le cargo *Grande America* a sombré avant-hier par 4 600 mètres de fond à environ 180 nautiques (333 kilomètres) de la Rochelle. Il laisse aujourd'hui une nappe de fioul de 10 kilomètres de long sur 1 kilomètre de large dériver vers les côtes. Poids estimé : 2 200 tonnes. Par bonheur, rien à voir avec le pétrolier *Erika* qui cracha quelque 30 000 tonnes de poison noir. Mais l'affaire doit être prise au sérieux.

Les tristes expériences de la LPO après le naufrage du pétrolier *Torrey Canyon* en 1967, celui de l'*Amoco Cadiz* en 1978, celui du *Tanio* en 1980 et bien d'autres (sans parler des déballastages générant une pollution récurrente), poussent notre association à gérer prioritairement l'impact sur l'avifaune. Une réunion de crise a permis de prendre les mesures d'urgence. Toutes nos réserves naturelles côtières sont en alerte, nos unités mobiles de soins (des semi-remorques aménagés) sont prêtes à intervenir, tandis que les cinq centres de soins qui couvrent l'arc atlantique s'apprêtent à accueillir les victimes.

Après un premier état des lieux, on estime que la nappe de fioul peut toucher les oiseaux pélagiques comme les guillemots, les petits pingouins, les macareux moines, les mouettes pygmées ou les fulmars.

Les fous de Bassan adultes ayant regagné leur site de nidification, ce sont les jeunes qui risquent d'être affectés. Plus près des côtes, les macreuses noires (des canards marins) peuvent être également touchées. On a récemment localisé de grands rassemblements du côté d'Oléron. Mais les sternes, les limicoles et les bernaches cravants qui n'ont pas rejoint la Sibérie risquent aussi de figurer parmi les victimes.

En fin de journée, une seconde nappe de pétrole est identifiée. Les premiers oiseaux englués pourraient toucher les côtes dès ce week-end. Nous sommes à pied d'œuvre en craignant l'insupportable.

16 mars
La planète pleure

« Partez Monsieur, partez, ils sont en train de tout casser. Ils sont devenus fous ! De toute façon, vous ne passerez pas ! » C'est les larmes aux yeux que cet homme me conjure de faire demi-tour pour éviter les Champs-Élysées. Les gaz lacrymogènes qui envahissent la rue de Washington n'y sont pour rien, il pleure la violence et la déraison. Rentrant de la Marche du siècle, je bascule brusquement dans une réalité qui a résisté à ce fantastique élan populaire, espérant un monde guidé par une justice sociale et environnementale.

Quelques instants plus tôt, nous étions quarante-cinq mille (selon la police) à porter, dans un esprit convivial, l'espoir d'une transition écologique. Des enfants enthousiastes, des mamans souriantes, des familles complices, des anciens et des jeunes, des déguisements multiples, tous avancent avec le bonheur de partager une évidence, celle d'une planète durable. Les pancartes brandies dans le cortège sont éloquentes : « L'écologie et la santé avant la finance », « sauvez les poulpes », « la planète pleure », « rendez-nous nos saisons ». Dérision, humour et revendications ponctuent le cortège bon enfant auquel se sont associés de nombreux gilets jaunes. La solidarité, souvent remise en cause, est soulignée par une large banderole : « Fin du monde, fin du mois, même combat. » J'ai savouré ce partage d'un monde meilleur, ces regards complices, cette évidence que les mauvaises habitudes seraient revisitées. Pendant quatre heures, j'ai avancé au pas du bien-être.

Rejoignant l'Ouest parisien, je découvre un tout autre spectacle. Les grenades dispersantes aux effets assourdissants, les lacrymogènes voilant le paysage, les barricades en flammes, le ballet des forces de l'ordre et celui des casseurs ont remis en cause l'heureuse perspective qui m'animait. Pour autant, je me console en considérant que l'ivresse de la violence ne peut générer une ébriété durable.

17 mars
La philosophie en défaut

Au hasard d'un zapping, Michel Serres apparaît sur France 5 dans *C'est politique*. Arrêt sur image. Impossible de résister à l'intelligence souriante de cet homme qui, du haut de ses 89 ans, reste obsédé par un avenir qu'il ne fréquentera pas.

Premier constat, son humilité. « Tous les philosophes, tels Voltaire, Rousseau et tant d'autres, nous préparaient au futur. Même les socialistes utopiques du XIXe siècle traçaient le lendemain. Au XXe siècle, rien », constate-t-il, en précisant que les philosophes contemporains, dans lesquels il se range, n'ont pas su dessiner le chemin à emprunter. Le voilà sévère avec la profession qui s'est peu à peu intéressée à la question climatique. Mais hormis Élisabeth de Fontenay, Corine Pelluchon ou Frédéric Lenoir, il est vrai qu'ils furent peu nombreux à se pencher sur le sort des animaux. Les interventions de ces intellectuels sont déterminantes pour permettre d'instaurer des relations plus respectueuses avec l'animal. Beaucoup reste à faire, il n'est pas exclu que la société devienne l'indispensable levier d'un changement.

20 mars
Le malentendu de La Réunion

« Alors Allain, notre copine a encore dérapé ! » C'est par ces propos désabusés que Mylène Demongeot m'apprend les dernières déclarations de Brigitte Bardot. La presse vient de rendre publique une lettre qu'elle a adressée à Amaury de Saint-Quentin, préfet de l'île de La Réunion, pour dénoncer la maltraitance subie par les animaux du département.

Conformément à ses habitudes, rien n'arrête son indignation. « Les autochtones ont gardé leurs gènes de sauvages », dit-elle avant d'évoquer « une population dégénérée encore imprégnée des coutumes ancestrales, des traditions barbares qui sont leurs souches ». En réponse, un déchaînement de colère balaye immédiatement le fond en condamnant la forme. Les propos « injurieux et racistes » conduisent sans délai le préfet, la ministre des Outre-mer et bon nombre d'associations antiracistes, à porter plainte. Jacques Pradel, journaliste, me prévient : « Elle va en prendre lourd. » Inutile d'appeler Brigitte pour tenter de la raisonner. Je la connais assez pour savoir que, telle une bête traquée, elle va se réfugier dans sa tanière de certitudes. Et de fait, qui pourrait nier le problème animalier propre à l'île ? Un plan de lutte contre l'errance animale a même été lancé par le préfet mis en cause : sur les 222 800 chiens comptabilisés, 73 000 seraient divagants (sans propriétaires identifiés). On compte près de 5 500 chiots qui naissent chaque année et qui ne trouvent pas de famille d'accueil. Cette situation conduit évidemment à des maltraitances inacceptables. Environ 20 000 chiens et chats sont écrasés chaque année sur les routes, sans parler des violences quotidiennes inqualifiables.

Quoi qu'il en soit, la révolte légitime de Brigitte ne peut justifier de tels propos dont elle sait pertinemment qu'ils desserviront sa cause. Alors pourquoi un tel comportement aussi extrême que contre-productif ? Face à la puissance de l'indifférence à l'égard d'une situation trop souvent dénoncée, il lui reste le chemin du « suicide social ». Il s'agit de la mort d'une bienséance, voire d'une popularité. Quel qu'en soit le prix, elle veut faire entendre le silence des bêtes, quitte à ce qu'elle reçoive en retour le tollé des hommes. Il y a un triste gâchis dans ce bilan.

En milieu d'après-midi, c'est un moment d'évasion salutaire qui m'attend. J'ai rendez-vous au jardin Le Ver Têtu dans le 19e arrondissement pour inaugurer l'un des vingt-sept Refuges LPO que nous avons conventionnés avec la Ville de Paris. Le maire, François Dagnaud, et mon amie Pénélope Komitès, adjointe chargée de la nature en ville auprès d'Anne Hidalgo, m'attendent pour la cérémonie. C'est le choc. Coincé au milieu d'immeubles comptant pas moins de mille sept cents logements, le paysage me rappelle la chanson *Le Petit Jardin*. Les paroles résonnent doucement : « C'était un petit jardin qui sentait bon le Métropolitain. [...] De grâce, de grâce, monsieur le promoteur, de grâce, de grâce, préservez cette grâce. De grâce, de grâce, monsieur le promoteur, ne coupez pas mes fleurs... » Jacques Dutronc, tu as été entendu. Si le jardin de la Chaussée d'Antin que tu chantais est devenu un parking, ton message a peut-être généré celui qui m'accueille aujourd'hui, grouillant d'enfants fabriquant des nichoirs, de résidents arrosant les fleurs que personne n'oserait couper, de coups de bêche portés pour que le printemps épanouisse la verdure. On a même donné un nom à ces petits sanctuaires de biodiversité : « Les jardins partagés et solidaires ». Tout est dit.

En fin de journée, je rejoins mon ami, le naturaliste Bertrand Sicard, qui inaugure son exposition *Carpathia Sylvae* à l'ambassade de Roumanie. Une multitude de photos bouleversantes de beauté illustrent les plus vieilles forêts d'Europe, dont quelques lambeaux survivent dans l'arc carpatique des montagnes roumaines. Dans ces sanctuaires préservés, 20 % du bois est mort, mais il constitue pourtant l'éden d'une multitude d'insectes xylophages, eux-mêmes consommés par les oiseaux. Le cycle immuable de la vie est ici à l'œuvre.

Il paraît qu'une nouvelle forme de tourisme fait recette : la sylvothérapie. On fait désormais le voyage pour retrouver la paix de l'âme et du corps au sein des forêts ancestrales. Si Brigitte pouvait s'y ressourcer…

21 mars

« Toute théorie est grise, mais vert et florissant est l'arbre de la vie »[1], *Johann Wolfgang von Goethe*

De toutes les Journées mondiales portant sur la gentillesse, les toilettes, le sourire, ou encore les batailles d'oreillers (authentique, c'est le 7 avril !), je retiens celle d'aujourd'hui qui attire notre attention sur le devenir des forêts.

L'occasion m'est donnée de faire un sort aux idées reçues. La première porte sur les résineux qui l'emporteraient sur les feuillus, rien de plus faux. En réalité, notre forêt française est composée à 67 % de feuillus contre 21 % pour les conifères et 12 % de forêts mixtes. Par ailleurs, il est inexact de dire que nos forêts se réduisent dramatiquement puisque, tout au contraire, on coupe moins de bois aujourd'hui qu'au Moyen Âge. En près d'un siècle, nos massifs ont quasiment doublé

1. Johann Wolfgang von Goethe, *Faust*.

de surface, regagnant du terrain sur les surfaces agricoles abandonnées. Pour les amateurs de précisions, on peut souligner que la forêt métropolitaine compte près de cent quarante essences différentes (plus de mille en outre-mer !) et représente environ 16 millions d'hectares, soit 31 % du territoire. Cela dit, ailleurs dans le monde, la déforestation se montre galopante.

En Amazonie, haut lieu forestier, l'équivalent d'un terrain de football serait ratissé toutes les minutes. Et ce n'est pas le président du Brésil, Jair Bolsonaro, qui va arranger les choses. Il a déjà clamé publiquement son dédain pour Chico Mendes, le protecteur des forêts qui fut assassiné en 1988, et il veut en finir avec les amendes pour atteinte à la protection de la nature. Pas sûr qu'une Journée mondiale des forêts le fasse changer d'avis…

22 mars
Dans l'attente d'un désastre

Le petit bimoteur vient de virer délicatement sur l'aile, révélant à nos pieds la baie de l'Aiguillon délicieusement éclairée par un soleil rasant. Je m'exclame :

– Regarde François, les bouchots, l'élevage de moules !

– Rassure-moi, t'es pas contre cet élevage-là ? me répond le ministre de la Transition écologique dans un grand éclat de rire.

Un peu de dérision ne fait pas de mal à notre déplacement en Charente-Maritime. Tout au long de la journée, nous allons évaluer les moyens mis en œuvre pour réagir à l'éventuelle pollution du *Grande America*.

Dès l'atterrissage à La Rochelle, nous filons en convoi vers le laboratoire CNRS Pélagis en charge de l'analyse des dauphins échoués. Deux cadavres ont été conservés pour montrer au ministre les marques sans équivoque qui témoignent d'une capture « accidentelle ». Depuis le début de l'année, huit cents d'entre eux ont déjà été retrouvés sur les plages, ce qui signifie près de cinq mille cétacés atteints, en comptant tous ceux qui ont sombré en haute mer. Je pense à la petite femelle que nous avons autopsiée sur l'île de Ré il y a quelques jours. « Il faut près d'un demi-siècle pour restaurer une population de dauphins », déplore un biologiste au cours des échanges. L'équipe de Pélagis sait de quoi elle parle. Elle peut se flatter d'avoir déjà réalisé deux cent mille observations en mer sur trente-cinq espèces différentes de mammifères, tortues et oiseaux, ce qui représente près de 4,6 millions de km^2 explorés. François de Rugy promet un « plan d'action dauphins » d'ici la fin de l'année, assure qu'il sollicitera son homologue espagnol pour l'entraîner dans une démarche analogue et accorde 100 000 euros pour que Pélagis poursuive son travail. Un vent d'espoir souffle sur l'assemblée qui refuse de se familiariser avec l'agonie des cétacés.

Nous enchaînons ensuite avec l'évaluation du matériel et des équipes mobilisées pour l'éventuelle marée noire. Les naufrages précédents ont incontestablement généré un professionnalisme remarquable. Tout est prévu. Les boudins, les seaux, les combinaisons blanches et les masques sont alignés dans des hangars avec une sorte de provocation. « On t'attend », semble dire au pétrole ce matériel hétéroclite. La préfecture a pensé au moindre détail, ce qui n'empêchera pas de nettoyer une nouvelle fois « à la petite cuillère » si le poison noir venait lécher le littoral. Sophie-Dorothée Duron, conseillère biodiversité eau mer au cabinet du ministre d'État, entraîne ensuite François de Rugy vers l'unité mobile de la LPO. Il s'agit d'un semi-remorque de 19 tonnes, entièrement aménagé sur le modèle des pompiers pour devenir un lieu d'accueil d'urgence. Yves Vérilhac, Vanessa Lorioux et Anne-Laure Dugué, les référents LPO, nous attendent pour la visite. Le ministre, le préfet Fabrice Rigoulet-Roze et le président du conseil départemental de Charente-Martine, Dominique Bussereau, montent à bord de ce purgatoire à roulette. Nous arrivons à traiter environ deux cents oiseaux simultanément. La chaîne des soins est évoquée avec la pesée, la réhydratation, le nourrissage par intubation, le nettoyage ainsi que le séchage du plumage avant les tests en piscine et l'espoir du merveilleux moment des lâchers. J'en profite pour indiquer au président du Département que nous prévoyons d'ouvrir un centre de soins non loin de Royan et qu'un geste de solidarité serait le bienvenu. « Il faut qu'on en parle », me répond Dominique Bussereau, en politicien aguerri.

Plus tard, nous poursuivons le déplacement avec une escale à l'île d'Aix. Alors que François de Rugy écoute attentivement les protocoles d'intervention prévus en cas de marée noire, je m'échappe vers l'intérieur de la petite île. J'imagine Napoléon marchant ici pour la dernière fois sur la terre de France avant l'exil fatal à Sainte-Hélène. Je repense aussi au petit musée africain abritant un dromadaire dont la légende colporte qu'il aurait servi de monture à l'empereur durant la campagne d'Égypte. Enfant, j'étais venu avec les préparateurs du Muséum d'Histoire naturelle de La Rochelle pour lui redonner un semblant de jeunesse. Le maire, Alain Burnet, grand gaillard à l'allure de Viking, interrompt mes rêveries. « Il est temps de repartir », lâche-t-il avec regret. Spontanément, nous nous embrassons en nous tutoyant avec la promesse de se revoir. Ainsi est née l'idée d'un bien-être à partager.

25 mars
Vol au-dessus d'un nid de flamants

L'acteur Jean-Paul Rouve est heureux, moi aussi. Lui, sur les dernières images du prochain film de Nicolas Vanier, et moi, dans la salle de montage. *Donne-moi des ailes* raconte l'histoire d'un gamin qui, grâce à un ULM, va entraîner un groupe d'oies naines à rejoindre la Camargue en partant du Grand Nord. Objectif : éviter à ces oiseaux, devenus très rares, de survoler les zones de pollution et la présence des chasseurs. Le film devrait plaire, il réunit tous les ingrédients pour satisfaire un public familial.

Lorsque Nicolas Vanier m'a proposé, il y a près d'un an, de monter un partenariat avec la LPO pour la promotion de son film, j'avoue avoir hésité. Sa proximité avec le monde de la chasse et le thème même de son scénario, plus romanesque que scientifique, n'étaient pas de nature à me rassurer. La LPO a fini par en accepter le principe. Quelques jours plus tard, un ULM d'une société d'assistance au tournage survolait en rase-mottes une colonie de flamants roses en Camargue, détruisant, dans la panique, une multitude de nids. Après enquête, la responsabilité de Nicolas Vanier n'était pas en cause, ce qui n'a pas empêché la LPO de porter plainte. J'espère que ce film, qui porte finalement le message de la sauvegarde d'une espèce, effacera les doutes qui ont accompagné sa réalisation.

26 mars
Pollution sans frontière

À la tribune du CESE, Brune Poirson, secrétaire d'État auprès de la ministre de la Transition écologique, plaide pour une économie circulaire s'appuyant sur l'affichage environnemental (il s'agit d'informer les consommateurs sur les impacts environnementaux des produits ou des services). Elle répond ainsi à une saisine portée sur ce thème par la section environnement à laquelle j'appartiens. Le discours est bien ciselé, il déploie même des envolées militantes inespérées. Comment ne pas applaudir à tout rompre au potentiel d'engagement décrit par la secrétaire d'État ? Mais comment ne pas douter ?

Alors qu'elle s'emploie à nous rassurer, des députés et des sénateurs reviennent sur le principe de mettre fin à la commercialisation (hors de l'Union européenne) des pesticides interdits en France. La loi EGalim sur l'alimentation et l'agriculture avait déjà reporté l'échéance à 2022, et voilà que l'on enterre la mesure. Désormais, au nom de l'emploi, on pourra exporter nos poisons chimiques alors qu'on les interdit sur notre propre territoire. Cette irresponsabilité coupable me rappelle l'usage des poteaux creux des télécoms qui se transformèrent en redoutables cercueils pour toute une petite faune cavernicole (oiseaux, lézards, écureuils…) cherchant refuge. Après avoir tenté de boucher ces pièges durant de longues années, les associations de protection de la nature ont fini par en faire interdire l'usage en France. Que croyez-vous qu'il arriva pour les stocks de poteaux meurtriers encore disponibles ? Ils furent vendus dans les pays du Maghreb. Est-ce cela l'économie circulaire ?

La journée s'achève avec la découverte de l'exposition Vasarely, sur invitation d'Enedis. En progressant dans les veines transparentes du Centre Pompidou, Paris éclate d'une beauté lumineuse. Judicieusement éclairés, la tour Eiffel et les Invalides sortent de leur écrin nocturne. La pollution de leur lumière en viendrait à ne plus me choquer. Deux zèbres enlacés figurent parmi les premières œuvres de l'artiste d'origine hongroise. Les traits ciselés du mariage bicolore provoquent la fascination qui accompagnera l'ensemble de son œuvre. Dès la fin des années 1930, il révèle ainsi l'art optique (l'« op art », disent les initiés). Il est émouvant de voir l'original du logo de Renault ou de se replonger dans l'émission *Dim', Dam', Dom'*. Pourtant, le créateur de « l'alphabet plastique » aurait dû m'inquiéter lorsqu'il préconise : « Finissons-en avec la "Nature" romantique ; notre Nature à nous, c'est la biochimie, l'astrophysique et la mécanique ondulatoire. » Qu'il le veuille ou non, je retrouve dans son œuvre graphique l'empreinte d'une biodiversité qu'il faut savoir décrypter. En dix mille œuvres et quatre-vingt-dix ans d'existence, Vasarely célèbre ses forces de l'ondulation en les rendant quasi omniprésentes dans son travail. Il me semble que ces ondulations ne sont pas étrangères à celles que marquent les ricochets dans l'eau, à la forme des forêts d'épineux, aux nuages du ciel ou au vol concentré des étourneaux. Au fond, le talent de l'artiste, c'est de laisser voir à chacun ce qui l'inspire, même au prix d'en ignorer l'intention.

28 mars
L'indispensable relève

– Bonjour, vous êtes bien Allain Bougrain Dubourg ? me demande un passant dans la gare de Lyon-Part-Dieu.

– Oui, lui dis-je.

– Votre braguette est ouverte, lâche-t-il avant de poursuivre son chemin.

Leçon d'humilité pour moi. À vrai dire, je m'attendais à quelques encouragements pour mon engagement en faveur de la nature. J'aime ces instants inattendus de dérision. C'est donc bien joyeusement que je me rends à l'Université catholique de Lyon pour donner une conférence dans le cadre de la semaine du développement durable.

Cet espace d'enseignement supérieur fait référence, avec ses douze mille étudiants et vingt-six unités de formation et de recherches. À la suite de ma rencontre avec Michel Raquet, chercheur et professeur de biologie, et Quentin Blanc, en service civique, je me sens en famille. Ils aiment la vie et souhaitent son épanouissement. Il en est de même pour Béatrice de Montera, qui, après avoir été chercheuse à l'INRA, dirige ici un groupe éthique des sciences. Tous s'enthousiasment pour le combat à mener. Nous tentons de comprendre ce qui freine l'indispensable prise de conscience, nous partageons nos expériences, les sentiments de solitude et le bonheur d'agir collectivement.

L'amphithéâtre qui m'accueille compte de nombreux jeunes. Je les vois prendre des notes tandis que j'évoque la disparition des lézards vivipares victimes du réchauffement climatique ou le manque de courage de certains élus. En les imaginant faire écho à mes propos, j'ai le sentiment fugitif d'être utile. Mes complices de la LPO, présents dans la salle, participent évidemment à nos réflexions. Aux plus jeunes, je lance en guide de conclusion : « Vous êtes l'indispensable relève », comme s'il s'agissait d'un terrible héritage auquel il est impossible d'échapper. Mais, au fond, il s'agit bien de cela.

29 mars
De l'animalité à l'humanité

Longue conversation avec Brigitte Bardot. Elle revisite la situation socio-économique sans concession et se désole de retrouver Paris polluée et bruyante lors d'un rapide passage dans la capitale durant la semaine dernière. Revenant sur la lettre qu'elle avait adressée au préfet de La Réunion, elle m'explique avoir tempéré ses propos. « Je suis désolée d'avoir blessé ceux qui ne blessent pas les animaux » a-t-elle déclaré, en me précisant : « Voilà vingt-quatre ans que je me bats pour que le sort des animaux de La Réunion soit enfin pris en compte. J'ai rencontré François Baroin, Annick Girardin, Jean-Jacques de Peretti et tant d'autres sans qu'ils bougent quoi que ce soit, c'est désespérant... » Elle est effectivement désespérée, mais il lui faut pourtant continuer le combat.

Ce même jour, *Le Monde* consacre une double page titrée : « L'animalisme va-t-il trop loin ? » En clair, il s'agit d'analyser la percée des antispécistes qui interrogent autant qu'ils dérangent. Dépassant ce qui est devenu un vieux débat, la philosophe Corine Pelluchon nous rappelle à l'ordre de manière indiscutable à propos des animaux : « Leur existence nous oblige », résume-t-elle en invitant au respect.

Probablement au nom de la parité des pensées, un tiers de page est aussi accordé à un autre philosophe, Francis Wolff, qui s'est flatté d'avoir contribué à inscrire la corrida dans l'inventaire du patrimoine culturel. Je tente de comprendre, sans y parvenir, les thèses qu'il défend. À propos du rapprochement entre l'homme et l'animal, il prévient : « À vouloir personnifier davantage les animaux, nous risquons d'animaliser les êtres humains. » J'avais reçu cet argument comme une gifle odieuse lorsqu'au CESE, il avait conduit à rejeter la saisine que je portais pour intégrer le statut de l'animal dans le Code civil. Le philosophe enchaîne en soulignant : « Nous ne pouvons pas traiter tous les êtres vivants de la même façon. » Je prétends le contraire : nous devons traiter tous les êtres vivants avec l'inépuisable compassion qu'il nous est donné d'offrir. Plus loin, l'homme d'esprit met en garde à propos de la cause animale : « Il ne faudrait pas qu'elle en fasse oublier d'autres, qui sont plus importantes. »

Pourquoi véhiculer des médiocrités aussi défraîchies aujourd'hui ? Par bonheur, il y a bien longtemps que la démarche visant à hiérarchiser les priorités a prouvé qu'elle conduisait à l'ignorance des causes des plus faibles. Je ne suis pas sûr que Francis Wolff favorise le bonheur de l'homme en ignorant celui de l'animal. Au final, je suis même certain du contraire.

30 mars
Les Assises de la protection animale

Osez l'autonomie ! nous propose Jean-Louis Étienne dans son dernier livre. Cette perspective lui vaut d'être le rédacteur en chef du *Journal Inattendu* de RTL, au côté de Vincent Parizot. Aujourd'hui, il a souhaité m'inviter en studio pour un échange. Comment ne pas s'enthousiasmer à l'idée d'une complicité partagée à l'antenne ?

Sans pudeur, j'avoue l'amour que je porte à cet homme qui a multiplié les combats, souvent victorieusement, dans le seul intérêt général. Il me rappelle

Alain Bombard, mon mentor, qui fut docteur en biologie humaine. Provocateur, déterminé, cultivé, toujours en quête d'un trait d'humour, il avait bravé l'océan pour démontrer les capacités de survie des naufragés. Jean-Louis, à sa manière, a bravé les pôles pour nous engager à respecter la planète.

Après l'émission, en me rendant aux premières Assises de la protection animale de Saint-Mandé, je me demande si la recherche d'autonomie n'est pas un vœu pieux. Chacun d'entre nous a-t-il cette capacité ? Ne sommes-nous pas condamnés à la dépendance ? Il faudra que je me plonge dans le livre de Jean-Louis pour me faire une idée. En revanche, j'ai déjà la certitude que les animaux sauvages, soumis à la volonté de l'homme, n'ont plus le privilège de l'autonomie. La soumission qui leur est imposée exclut le libre arbitre.

À Saint-Mandé, la salle des fêtes est pleine à craquer, signe que l'animal ne laisse pas indifférent. Prenant la parole, j'ose l'autonomie sans réserve. Je pointe l'indifférence inacceptable des élus qui s'éclipsent dès lors qu'il faut voter pour le bien-être animal. Je rappelle les promesses non tenues du président de la République, la souffrance animale banalisée avec dédain et tant d'autres raisons de révolte. Cette triste lucidité emporte l'adhésion de la salle qui partage de tout cœur mon avis.

« Je me sers d'animaux pour instruire les hommes »

JEAN DE LA FONTAINE

1er avril
L'ombre du zèbre n'a pas de rayures

Petite pause dans les brumes de l'actualité. Le 1er avril invite, en principe, à la dérision. Le monde animal peut y contribuer à travers des questionnements joyeux, voire judicieux.

Ainsi :

– La mémoire de l'éléphant peut-elle le tromper ?

– Le cafard peut-il avoir le moral ?

– Le requin-marteau est-il devenu fou ?

– Le ver à soie lit-il Verlaine ?

– Les hippocampes font-ils des tiercés ?

– Pourquoi l'abeille n'a-t-elle jamais le bourdon ?

– L'ours polaire peut-il perdre le nord ?

– Le Facteur Cheval était-il bien monté ?

– Faut-il être patient pour être dauphin ?

– Si le rhino c'est rosse, l'homme c'est quoi ?

– Est-ce parce qu'il a le bras long que le poulpe est tentaculaire ?

– Un éphémère peut-il trouver le temps long ?

– Le serpent à lunettes est-il myope comme une taupe ?

– Le grand-duc est-il chouette avec les hiboux ?

– Pourquoi la mante religieuse ne cohabite-t-elle pas avec le phoque moine ?

On peut même ajouter l'évocation d'un livre que mon ami Jacques Pradel n'a jamais écrit, mais dont il se réjouissait du titre : *Y a-t-il des arbres à pain aux îles Sandwich ?*

2 avril
L'État en accusation

Tous les anniversaires ne se fêtent pas nécessairement dans l'euphorie. Ce matin, voilà quarante ans que l'Europe créait la « directive oiseaux », suivie plus tard par la « directive habitat » visant à protéger leur biotope. Cette heureuse initiative permet aujourd'hui un double bilan : l'Europe a magnifiquement contribué à sauvegarder la biodiversité grâce à ces réglementations, tandis que la France a fait preuve d'un mépris inacceptable. C'est pourquoi la LPO a décidé de porter plainte contre elle auprès de la Commission européenne.

Trois volets principaux justifient cette condamnation : premièrement, la chasse d'oiseaux en mauvais état de conservation. Dix-huit espèces présentes sur la liste rouge de l'Union internationale pour la conservation de la nature (UICN) sont encore chassables ! Parmi les plus fragiles il y a notamment la tourterelle des bois, qui a perdu près de 80 % de sa population et que la

France continue de tirer, alors que l'Europe a demandé un moratoire. La seconde critique de la LPO porte sur l'usage du piégeage à la glu, interdit dans le reste de l'Europe, et la dernière sur la chasse aux oiseaux migrateurs après la fermeture théorique du 31 janvier.

Pour toutes ces affaires, nous sommes allés plus de dix fois devant le Conseil d'État et trente fois devant les tribunaux administratifs. Chaque fois, nous avons eu gain de cause, chaque fois la France récidivait l'année suivante. Je constate que lorsqu'un citoyen recommence un acte déjà condamné, sa peine est alourdie. Elle peut même conduire à la prison en cas de récidives multiples. Mais lorsqu'il s'agit de l'État, il peut réitérer la faute sans être inquiété ! La Commission européenne entendra-t-elle notre supplique en faveur des oiseaux ? J'ose le croire. En attendant, les médias n'ont pas boudé notre déclaration, ce qui s'apparente à un début de victoire.

3 avril
Exploration marine

On a marché sur la Lune, on a flirté avec Mars, mais on n'a exploré que 5 % des océans. Tel est le constat révélé par la dernière exposition du Muséum national d'Histoire naturelle qui ouvre ses portes aujourd'hui. Cela dit, l'affaire n'est pas simple. Je pense au sous-marin *Le Nautile,* conçu par l'Ifremer, qui peut plonger jusqu'à 6 000 mètres de profondeur et qui doit résister à des forces d'environ 600 kilos par cm^2. On est loin d'Alexandre Le Grand qui, selon la légende, aurait plongé à – 10 mètres grâce à un tonneau en bois recouvert de peaux d'ânes. C'était en l'an 325 avant notre ère !

On considère qu'il y aurait encore près de deux millions d'espèces marines à découvrir, pratiquement autant que celles que l'on connaît sur terre. Mais lorsque l'on explore le monde si bien décrit par Jules Verne, on court le risque d'être pris de vertige. Par exemple, les biologistes estiment qu'il y a cent millions de fois plus de bactéries dans l'océan que d'étoiles dans l'univers. La science s'enveloppe parfois d'un manteau poétique.

Moins romanesque, le bilan de l'état de l'océan nous ramène à une triste réalité. On a beaucoup parlé des soupes de plastique qui affectent les eaux marines, leur accumulation est désormais évaluée à 150 millions de tonnes. Le problème de l'acidification devient également très préoccupant. En résumé, l'océan absorbe un quart du CO_2 que nous émettons, ce qui génère un phénomène de corrosion sur certains organismes comme les coraux, les huîtres ou les crustacés. Faut-il également évoquer la pêche non durable ? 80 % des poissons commerciaux sont considérés comme surexploités.

Pourtant, il reste un « océan de promesses ». Le Muséum national d'Histoire naturelle en fait la démonstration en mettant en avant les potentialités thérapeutiques du monde marin. Ainsi le cône magicien (c'est son nom), un coquillage extrêmement venimeux, a permis de produire un médicament antidouleur beaucoup plus puissant et moins addictif que la morphine. Des chercheurs ont également démontré que la protéine fluorescente verte, issue d'une méduse, pourrait constituer un apport crucial à la lutte contre le cancer. On peut aussi citer les œufs d'étoiles de mer qui permettraient de lutter contre la mucoviscidose, ou encore l'arénicole, un petit ver marin qui favorise la conservation des greffons. Comment rester indifférent, voire méprisant, devant la générosité de la mer ?

4 avril
Les enfants de la science

En prévision de la Nuit de la biodiversité, organisée à l'occasion de la venue des scientifiques de l'IPBES (Groupe international d'experts sur la biodiversité) en France, la Fondation pour la recherche sur la biodiversité (FRB) m'a demandé d'intervenir dans une vidéo. Nous nous sommes donné rendez-vous à l'Institut océanographique, inauguré par le prince Albert Ier de Monaco en 1911. Le bâtiment est resté dans son jus avec le célèbre amphithéâtre de cinq cents places, dont les murs racontent l'épopée océanographique du prince, tandis que les locaux gardent l'image émouvante des cabinets de curiosités.

Je découvre à cette occasion le grand salon, perché au troisième étage, au côté de la bibliothèque. Une mappemonde géante invite au voyage et à la découverte et des bocaux pieusement conservés témoignent des collectes de coquillages de l'époque. Un pareil cadre engage à revisiter le passé. Je rappelle que nous sommes les enfants de Buffon, Cuvier, Lamarck et de tant d'autres grands naturalistes. Une fois n'est pas coutume : vive la France, vive la recherche surtout, qui, manquant singulièrement de moyens, conserve une place appréciable dans le concert du savoir.

C'est aux contributeurs bénévoles, discrets et souvent anonymes, que je veux rendre hommage. La plateforme « Faune France », créée par la LPO, compte trente-cinq mille observateurs de quarante-cinq associations différentes. En moins de dix ans, elle a collecté plus de soixante millions de données qui viennent enrichir les travaux des établissements publics comme le Muséum national d'Histoire naturelle ou le CNRS. Cet engagement est exemplaire au niveau mondial. En complicité avec l'équipe de la FRB, nous nous réjouissons que la prochaine Nuit de la biodiversité porte nos messages d'espoir.

En retournant au bureau, un texto m'alerte : « Cette nuit, le Sénat a voté pour que les chasses traditionnelles, comme la glu, s'inscrivent dans le patrimoine culturel français. » Une multitude d'amendements inacceptables font la part belle à la chasse. La réjouissance est plus courte que l'existence d'un éphémère.

5 avril
L'art et la manière

Yann Wehrling, ambassadeur délégué à l'environnement et la biodiversité, que je croise dans la rue de l'Université, me fait part d'une bonne nouvelle à la suite de son déplacement en Malaisie. Les palmiers à huile qui ont ratissé les forêts (territoires des orangs-outangs) pourraient engager un retrait. Plus exactement, certains producteurs d'huile de palme sont prêts à reforester pour créer des corridors de quelques centaines de mètres de large, permettant aux primates d'accéder aux divers massifs forestiers aujourd'hui isolés. Yann s'est beaucoup investi dans cette initiative et la pression de l'opinion publique a joué un rôle indéniable.

Je n'ai pas vraiment le temps d'apprécier cette belle perspective. On me signale que l'artiste Christo a prévu d'emballer l'Arc de triomphe en 2020. Voilà soixante ans qu'il en a eu l'idée et qu'il attend le feu vert accordé avec le soutien du président de la République et des monuments nationaux. Très franchement, la maquette qu'il propose ne me paraît guère séduisante. 25 000 mètres carrés de tissu argent bleuté ficelé par 7 000 mètres de cordes rouges semblent davantage évoquer le suremballage d'une société de consommation étouffante qu'une invitation à la « performance » artistique.

Mais le problème n'est pas là. Le diable se cachant dans les détails, c'est la date de cette singulière prestation qui n'est pas acceptable : avril. Il s'agit précisément du moment où un couple de faucons crécerelles s'installe fidèlement sur l'honorable édifice, plus exactement au pied du bas-relief illustrant la bataille d'Alexandrie, face à l'avenue de Wagram. En principe, la femelle, nettement plus grosse que le mâle, teste ce dernier en vérifiant ses capacités à lui rapporter des proies. Après d'admirables vols acrobatiques en plein ciel, la parade nuptiale est suivie d'accouplements qui conduiront la femelle à pondre jusqu'à six œufs en dix jours. Pendant que madame couve, monsieur lui apporte son repas quotidien et la remplace si nécessaire durant quelques instants pour quelle puisse se toiletter, s'étirer, se détendre.

Toute cette période de reproduction prend du temps, pas loin de trente jours pour la couvaison, puis cinq semaines avant l'envol des jeunes. Autant dire que le projet de Christo n'est pas compatible avec le calendrier des faucons crécerelles. Le projet est d'autant plus regrettable que la population de ces rapaces a chuté de 40 % en dix ans dans Paris intra-muros. Évidemment, j'ai immédiatement contacté la ville pour lui demander de reporter cette initiative au mois de mai, voire juin. L'affaire relève du ministère de la Culture, me répond-on. Je sens qu'une partie de patate chaude vient de démarrer !

6 avril
La dérision est salutaire

« Les cons, ça ose tout, c'est même à cela qu'on les reconnaît », disait Michel Audiard dans *Les Tontons flingueurs*. En fait de flingueurs, c'est le site www.chassons.com qui titre en une : « Allain Bougrain-Dubourg : la chasse, j'ai arrêté parce que je loupais tout. » Une confidence que j'aurais faite au journal britannique *The Geographical Journal* en soulignant que, dans ma famille, nous avions la passion de la chasse et que, faute d'avoir été bon tireur, je devins la risée de la tribu. Je me serais vengé en reprenant la présidence de la LPO quelques années plus tard.

Un ami me fait passer cette *fake new* en ajoutant qu'elle inonde les réseaux sociaux. Comment démentir ? En regardant de plus près, j'observe que l'information date du lundi… 1er avril. « L'humour, c'est quand on rit quand même », disait Kurt Tucholsky.

7 avril
La pêche en eaux troubles

En matière de bien-être animal et de protection de l'environnement, l'Europe nous tire incontestablement vers le haut. Mais à quel prix ? Il lui faut surmonter la charge des lobbies qui ralentissent, chaque fois que possible, l'horizon de l'intérêt général. L'avenir de la pêche européenne en est une déplorable illustration.

Il y a une quinzaine d'années, une série de mesures avaient été prises pour enrayer la pêche excessive dans les eaux communautaires. Méprisant cette sagesse, les eurodéputés viennent d'approuver le retour des subventions permettant de financer de nouveaux bateaux plus puissants et donc plus impactants sur les ressources (poissons), que l'on considère pourtant à 69 % surexploités !

Ainsi, sur les 6 milliards d'euros consacrés à la pêche, 60 % iront vers le suréquipement et 15 % seulement aux recherches pour une meilleure connaissance de la faune marine, tandis que 25 % seront consacrés à la protection des milieux. En choisissant les eaux troubles, l'Europe ne s'est finalement pas grandie.

8 avril
Le bilan du débat

Du haut de la verrière du Grand Palais, trois mois de débat national nous contemplent. En trois heures, le Premier ministre va en faire la restitution. Une cascade de chiffres rassurants est déversée en introduction : 720 000 idées exprimées, 16 300 communes impliquées, 10 000 réunions locales, 20 000 cahiers citoyens, 1 500 000 participants. On a le sentiment qu'aucun citoyen n'a échappé au Grand Débat, mais le collège des garants prévient : « Ce n'est pas un sondage. » Autrement dit, les chiffres qui ponctuent ce bilan ne correspondent évidemment qu'aux citoyens qui ont bien voulu s'exprimer. Quoi qu'il en soit, nous sommes curieux d'en savoir plus.

Le thème de la transition écologique est traité en premier. Une idée forte se dégage : « Il faut agir plus vite et plus fort, l'action n'est pas à la hauteur des enjeux. » Dans la représentation ministérielle, je cherche le regard de François de Rugy. Il est absent. Brune Poirson, sa secrétaire d'État, prend des notes. Curieusement, les réponses aux inquiétudes environnementales ne pointent pas forcément la responsabilité de l'État. 86 % des témoignages indiquent que chacun peut contribuer à protéger l'environnement. 77 % pensent même que la vertu environnementale permettrait de faire des économies. Consensus intéressant sur l'interdiction des pesticides, la protection de la biodiversité, le reboisement, l'alimentation saine et… le bien-être animal. En tout, quelque quatre-vingt-dix mille idées se sont portées sur l'écologie.

Ces exigences – et toutes celles qui concernent la démocratie, l'économie, le pouvoir d'achat ou encore l'éducation – seront-elles entendues ? La règle du jeu est claire, c'est le président de la République qui tranchera dans quelques jours. Mais Édouard Philippe a prévenu en conclusion de cette matinée : « Toute frilosité serait à mes yeux impardonnable. » Chiche !

10 avril
Le défi du Haut conseil pour le climat

Audition passionnante au CESE ce matin. Nous recevons Corinne Le Quéré, nommée récemment présidente du Haut conseil pour le climat par Emmanuel Macron. Professeure en sciences climatiques, elle est chargée d'évaluer la cohérence de la stratégie bas-carbone de la France avec les objectifs que notre pays s'est fixés. Première remarque de sa part : « Cela fait vingt-cinq ans que je travaille sur la question climatique et je n'ai jamais vu un tel engouement de la société à travers les manifestations, l'engagement des jeunes ou encore la pétition qui accuse l'État d'inaction climatique rassemblant plus de deux millions de signatures. La société est donc prête à accueillir les recommandations visant à faire baisser les gaz à effet de serre. »

Sauf que le rejet de la taxe carbone par les gilets jaunes a démontré le contraire (même si c'est la pénalisation des plus démunis qui généra la contestation), ce qui a poussé le gouvernement à abandonner cette imposition. Selon le Haut conseil pour le climat, il faut pourtant revenir sur cette taxe pour que la France puisse atteindre l'objectif de la neutralité carbone. Le rapport de force ne tarde pas à s'imposer. Le Haut conseil aura-t-il les moyens d'influencer le gouvernement, voire de dénoncer son manque d'engagement ? Son rapport annuel, à l'instar de celui de la Cour des comptes, devrait pointer les insuffisances de l'exécutif. C'est ce qu'espère Corinne Le Quéré, qui, en attendant l'inévitable bras de fer, constate que la France fait référence dans le monde entier.

La réussite de la COP21 en 2015 et l'objectif d'atteindre la neutralité carbone en 2050 lui donnent une réputation quasi exemplaire. Cela dit, la baisse des gaz à effet de serre stagne depuis quatre ans et la France pourrait bien perdre son honorable réputation, prévient la présidente. Quoi qu'il en soit, le Haut conseil semble disposé à relever le défi sans douter de l'avenir.

11 avril
« Et vous serez pensifs sous les arbres profonds »[1]*, Victor Hugo*

La cour des miracles existe, je l'ai rencontrée. Quoi de plus miraculeux que ces arbres vénérables qui ont résisté au temps ? Pour eux, un siècle ou deux relèvent de la prime jeunesse. Ces patriarches flirtent parfois avec les 1 000 ans d'âge. Ni les sécheresses, ni les bombes, ni les incendies, ni les haches ou les tronçonneuses n'ont eu raison d'eux. Les voilà décharnés, fendus, ridés, tordus,

1. Victor Hugo, « 1er janvier », *L'Année terrible*.

flanqués de branches alourdies, mais tellement beaux. Si dignes, malgré des corps tourmentés par le temps.

L'association Arbres Remarquables, Bilan, Recherche, Étude et Sauvegarde (ARBRES) leur rend hommage à travers un film qui témoigne de la diversité de ces survivants d'exception, *Les Arbres Remarquables, un patrimoine à protéger,* réalisé par Georges Feterman, Jean-Pierre Duval et Caroline Breton. À travers leurs images, on découvre que dans les Corbières catalanes, un genévrier de 1 000 ans trône au cœur des vignes. À y regarder de plus près, il s'agit de quatre-vingt-quinze arbres qui se sont soudés pour n'en faire qu'un. Aux îles Marquises, c'est un banian qui accueillait les ossements humains avant de les envelopper de sa propre carcasse avec les années. Il aurait 600 ans aujourd'hui et s'est épaissi de 60 mètres de circonférence. À Cagnes-sur-Mer, c'est le père de Renoir qui s'éprend d'oliviers, dont le destin les transforme en ronds de serviettes. Il achète ce qu'il considère comme des aristocrates, afin de leur épargner la vulgarité d'un commerce pour touristes.

Le peuple des Pygmées Baka, isolé dans les profondes forêts camerounaises, me revient en mémoire. J'avais été frappé de constater combien les vieilles personnes comptaient dans cette société. Non pas seulement par devoir à l'égard des anciens, ni par attention pour l'expérience qu'ils pouvaient encore transmettre, mais parce qu'ils étaient eux, tout simplement. Chez les Pygmées, on aime les vieux comme ailleurs on aime les enfants. Les arbres vénérables sont considérés avec le même respect par l'association ARBRES. Mais cette attention permettra-t-elle à ces patriarches de poursuivre leur épopée ?

La solution passerait peut-être par un texte de loi permettant de reconnaître ces arbres au titre de patrimoine naturel, comme c'est le cas pour les châteaux inscrits au patrimoine culturel. En attendant, la région Île-de-France vient de s'engager à identifier tous ses arbres exceptionnels (il y en aurait entre cent et cent cinquante) afin de les labelliser. Une première étape dans la volonté de pérenniser ceux qui nous survivront.

12 avril
L'épopée du roi

On aurait pu dire « honneur au roi des animaux » en parlant du lion, si l'exercice n'avait pas imposé un retour en arrière d'environ quarante-six mille ans. À l'époque, le félin ne méritait pas encore le trône mais il fascinait déjà l'homme moderne. En témoignent les représentations pariétales de la grotte Chauvet qui comptent plus de soixante-quinze peintures du félin, un animal plus puissant qu'aujourd'hui mais dépourvu de crinière.

En Ardèche, la réplique de la fameuse grotte vient d'ouvrir une exposition intitulée *Des lions et des hommes*, avec pour objectif de revisiter les relations de nos ancêtres avec les félins. Pour la circonstance, un lionceau retrouvé dans le permafrost de Yakoutie en 2015 a traversé toute l'Asie afin de rejoindre le sud de la France en étant maintenu à – 20 °C. Une première !

Plus près de nous, Babylone s'impose. Les sublimes bas-reliefs de lionnes, de plus de 2 000 ans avant

Jésus-Christ, rappellent qu'elles incarnaient la sexualité et la guerre. Je pense également aux « fauves au regard furieux », autrement dit les lions de l'Égypte antique. Déifiés, ils représentent la protection et la destruction. Plus tard, Aristote note qu'il existe aussi des lions en Grèce, probablement réfugiés dans les montagnes.

Du côté de l'Asie, pas question de s'attarder sur le lion, il est quasiment absent du territoire. En revanche, un millénaire avant Jésus-Christ, les tigres et les panthères apparaissent comme des animaux protecteurs. Ils figurent en bonne place sur les harnachements des chevaux ou les ceinturons de guerre. Outre-Atlantique, c'est le jaguar qui occupe la première place parmi les prédateurs (avec le puma). Très présent dans l'art précolombien, on lui accorde des pouvoirs surnaturels dont certains chamans peuvent s'emparer pour apporter la sagesse ou communiquer avec les esprits du monde des morts.

Si dans quarante-six mille ans les historiens se penchaient sur l'influence des félins aujourd'hui, ils concluraient sans aucun doute que le chat les a tous supplanté, en faisant sûrement moins son bonheur que celui des hommes.

13 avril
Le Grand Nord s'estompe

Dernier week-end avant les sondages radio Médiamétrie. À Europe 1, on devine des résultats décevants. La matinale de Bernard Poirette, à laquelle je collabore, semble échapper à l'ambiance morose. Cela dit, ma chronique ne va pas réchauffer l'atmosphère, elle porte sur le colloque « La nature arctique dans un climat d'urgence » qui s'engage à la Cité des sciences et de l'industrie. C'est mon ami Rémy Marion, grand spécialiste des ours polaires, qui, avec son association Pôles Actions, veut faire le point sur la situation du moment.

Premier constat, l'Arctique se réchauffe deux fois plus vite que le reste du globe, ce qui entraîne des bouleversements comme la réduction du volume de la banquise de plus de 50 % en un demi-siècle. Quant au permafrost (le sol dont la température se maintient en dessous de zéro), il fond sur une surface grande comme l'Allemagne et la France. On assiste à une première depuis le basculement climatique brutal à la fin de l'ère glacière, il y a près de onze mille ans. Évidemment, les animaux ne sont pas épargnés par le changement. Le lemming, par exemple, qui compense une faible population par une explosion de reproductions tous les trois à cinq ans, ne connaît plus ces indispensables cycles. Le réchauffement pourrait lui être fatal. Et qu'en est-il du fameux « suicide collectif » propre à ce petit mammifère ? Trop nombreux, les animaux mettraient fin à leurs jours en se jetant dans l'océan. Cette légende vient du film de Walt Disney, *Le Désert de l'Arctique* (1958), où l'on voyait des lemmings sauter d'une falaise pour se « suicider » dans les eaux. En réalité, la séquence a été tournée en Alberta où il n'y a pas de lemmings. Les animaux ont été amenés pour les besoins du tournage avant d'être précipités dans le vide par les assistants du film…

Autre idée reçue qui mérite d'être revisitée : l'ours polaire décharné qui dérive sur un bloc de banquise.

En fait, la population de ces géants atteignant les 600 kilos se stabilise. C'est la bonne nouvelle de ce colloque, qui regrette cependant qu'au nom de la protection des espèces on emprisonne de plus en plus d'ours polaires dans les parcs zoologiques.

15 avril
La ville lumière enfumée

18 h 50. Paris brûle-t-elle ? Oui, puisque Notre-Dame s'embrase. Effacées les conclusions du Grand Débat qu'Emmanuel Macron s'apprêtait à révéler. Oubliés ces murmures grandissants visant à interpréter par avance ce qui allait peut-être changer la société. C'est le silence qui se répand, telle une communion agrégeant les différences.

L'union sacrée accompagne les flammes s'élevant dans le ciel parisien. Les mots « bouleversant », « stupeur », mais aussi « solidarité » retissent doucement les liens du dialogue. Chaque jour les drames, les guerres, les conflits et les violences climatiques offrent l'image d'un monde en feu, ce soir Notre-Dame en devient peut-être la vitrine.

16 avril
Les vestiges de la vie

Chaque mardi, le Muséum national d'Histoire naturelle ferme les portes de son sanctuaire de la biodiversité.

Paris Match en profite aujourd'hui pour faire une séance photo réunissant le réalisateur Nicolas Vanier et moi, à l'occasion de la sortie de son prochain film *Donne-moi des ailes*.

Entièrement déserte et pieusement éclairée, la grande galerie invite au recueillement. De la plus modeste des créatures aux majestueuses girafes, chaque présentation métamorphose le visiteur en curieux de la nature. Au-delà du grand spectacle de la vie, ici figée par la mort, une salle me bouleverse tout particulièrement, celle des espèces disparues, dont les représentants font office de reliques. Il me semble entendre l'agonie qui se dégage des vitrines inanimées.

J'entraîne notre petite équipe vers le pigeon migrateur américain. Chaque fois que possible, je lui rends visite et comme toujours, j'en suis bouleversé. Il semble statufié, hagard, pétrifié par un injuste destin. Son regard refuse de croiser le mien. Il est ailleurs. Peut-être revoit-il la terrible histoire dont son espèce fut victime.

Au XIXe siècle, on rapporte que les vols de ces colombidés en comptaient plusieurs millions, obscurcissant le ciel qu'ils traversaient. Les bâtons, les pièges et les fusils finirent par avoir raison de ces oiseaux dont on pense qu'ils furent les plus nombreux sur la planète. C'est ainsi que le dernier pigeon migrateur américain s'est éteint au zoo de Cincinnati en 1914. Pourtant, quelques années plus tôt, on pouvait encore en compter quelques dizaines de milliers. Alors pourquoi un aussi violent déclin ? Tout simplement car, contrairement à la légende de l'Arche de Noé, un mâle et une femelle ne suffisent pas toujours à pérenniser une population animale. Certaines espèces grégaires, comme les pigeons migrateurs américains, ont besoin d'être en nombre suffisant pour envisager l'avenir. Faute de quoi, elles préfèrent tourner définitivement la page.

En quittant le muséum, je repasse devant Notre-Dame auréolée de badauds recueillis. L'esprit vagabond m'entraîne vers d'autres cathédrales, vertes celles-là. Combien de cathédrales de nature laisse-t-on brûler dans l'indifférence ? La compassion devrait être universelle.

18 avril
L'arche de Notre-Dame

En marge du débat sur la rénovation de Notre-Dame de Paris opposant ceux qui veulent la reconstruire à l'identique et les partisans de la modernité, la presse s'est attardée sur le sort des oiseaux qui occupaient l'espace. Je suis bien involontairement à l'origine de cette compassion pour le peuple des airs.

À la suite de l'incendie, l'INA a exhumé un reportage que j'avais fait en 1976 pour l'émission *Les Animaux du monde*. Plutôt lyrique, j'indiquais qu'« en dessinant cette carte postale qu'est la cathédrale de Notre-Dame, l'homme a sans le savoir construit une pyramide écologique ». La vénérable église a, en effet, toujours abrité des populations d'oiseaux à divers étages. Les moineaux, pigeons, choucas et bien sûr les faucons crécerelles identifiés dès 1840 ont occupé les lieux avec plus ou moins de bonheur. Aujourd'hui, les choucas se sont effacés du paysage, les moineaux ont chuté de

73 % depuis 2003 et les faucons (évalués à cinquante couples nicheurs en 2000) sont désormais moins de trente couples que l'on retrouve aux Invalides, au Musée de la vie romantique, sur l'Arc de triomphe ou encore à l'Observatoire de Paris.

Reste à savoir si le couple de rapaces fréquentant Notre-Dame a été touché par l'incendie. Ayant entamé leur période de reproduction, les oiseaux ont été contraints de fuir le sinistre. On ne sait pas s'ils ont pu s'installer ailleurs, mais ils ont échappé aux flammes. Le devenir des trois ruches situées sur la sacristie, adossées à la cathédrale, a également ému les observateurs. L'apiculteur en charge des quelque deux cent mille butineuses a rassuré l'opinion, elles n'auraient pas été gravement affectées. Peut-être faudrait-il imaginer une future gargouille en forme de phénix pour garder en mémoire l'indispensable cohabitation entre la culture et la nature ?

20 avril
Une terre d'accueil

Doigt de terre pointant Aix, Oléron, Ré et le fort Boyard, Fouras-les-Bains a conservé sa réputation de station balnéaire chargée de promesses. Lors de mon rendez-vous avec la maire de la ville Sylvie Marcilly, cette dernière tempère mon émerveillement. « Il y a encore beaucoup à faire et la LPO peut m'aider dans cette démarche », propose-t-elle en me montrant sur la carte un parking à réduire sensiblement, des espaces verts à aménager, des circuits nature à imaginer et tant d'autres projets qui se perdent dans l'enthousiasme de l'élue.

À ses côtés, Stéphane Villain, président de Tourisme & Territoires, confirme le potentiel de la commune et veut l'étendre à une démarche nationale. Avec Yves Vérilhac, nous soulignons que la France peut devenir une terre d'accueil exceptionnelle grâce à sa biodiversité. Du reste, nous ne cachons pas le prosélytisme que nous avons engagé de longue date pour séduire les Britanniques, les Hollandais ou encore les Norvégiens, dont on connaît l'intérêt qu'ils portent au *bird watching*.

Le temps d'un déjeuner en bordure de mer, nous réinventons un monde que nous avons l'ambition de mettre en œuvre. L'énergie positive ne peut malheureusement s'accumuler dans une batterie pour dynamiser de nouveau lorsque les doutes s'installent, mais elle a le mérite d'activer un indispensable moteur.

21 avril
L'œuf ou la poule ?

Jour de Pâques. Alors que la quête des œufs transforme délicieusement les enfants en explorateurs, les adultes, plus sérieux, en viennent à se poser cette question éternelle : « Qui de l'œuf ou de la poule est arrivé en premier ? »

Aristote s'interrogeait déjà sur ce sujet, sans apporter véritablement de réponse. « Il ne pouvait y avoir un premier œuf pour faire naître un oiseau, ou il y aurait eu un premier oiseau pour faire un œuf, puisque les oiseaux viennent des œufs », disait-il, de manière un peu énigmatique. Plus tard, Thomas d'Aquin, Diderot ou encore Darwin ont également débattu sur ce thème, sans qu'il soit possible de trancher. Jusqu'au jour où la parenté entre les dinosaures et les oiseaux est apparue comme une évidence. Les archéoptéryx, considérés comme les premiers dinosaures à plumes (autrement dits les ancêtres des oiseaux) ont vécu il y a quelque cent cinquante millions d'années. Or les plus anciens œufs datent d'environ cent quatre-vingt-dix millions d'années et furent pondus par des dinosaures. Conclusion, l'œuf est apparu avant l'oiseau.

Pour autant, il faudra attendre encore bien longtemps avant que les gallinacés qui engendreront les poules se dessinent dans l'arbre généalogique de l'aviculture. Les premières volailles furent domestiquées il y a environ six à huit mille ans, notamment avec les coqs sauvages (dits *bankiva*) résidant en Inde, au sud de la Chine, à Java ou encore à Sumatra. À cette époque, les poules ne pondaient que cinq à dix œufs par an (comme beaucoup d'oiseaux sauvages), mais les croisements génétiques ont conduit certaines races à en pondre cent soixante à cent quatre-vingts par an dans les années 1950. Aujourd'hui, la production peut dépasser les trois cents œufs annuels (ce nombre décline d'année en année pour une poule, jusqu'à ce qu'elle arrête définitivement de pondre vers l'âge de 6 ans).

La France se flatte de produire près de 14,3 milliards d'œufs chaque année. La majorité provient des odieuses batteries qui entassent les pauvres volatiles dans des conditions de souffrance inacceptables. Le Comité National pour la Promotion de l'Œuf nous rassure en affirmant que la production industrielle a diminué de moitié en dix ans. C'est encore trop, pas de quoi faire « cocorico » !

24 avril
Plaidoyer pour la faune sauvage

Si l'art de la politique est de savoir concilier les différences, François de Rugy va pouvoir exercer ses potentialités sur le thème de la condition animale. Il lance aujourd'hui un groupe de travail autour de ce sujet, au ministère de la Transition écologique et solidaire. Je lui souhaite des résultats plus satisfaisants que ceux de Michel Barnier en 2008, alors ministre de l'Agriculture et de la Pêche, qui avait tenté l'exercice avec les rencontres « Animal et société » et dont le bilan n'est guère satisfaisant.

Quoi qu'il en soit, le ministre a réuni les représentants de cirques, parcs zoologiques, élevages de visons et autres delphinariums. Face à eux, les délégués des principales associations de protection animale auxquelles s'ajoutent ceux de l'administration, des mairies, de l'Assemblée nationale ou encore de l'ordre national des vétérinaires. En tout, une soixantaine de personnes sont présentes. L'assemblée est attentive aux propos de François de Rugy, qui évoque la nécessité de faire évoluer la situation actuelle avant de passer la parole à Louis Schweitzer. L'ancien patron de Renault s'est investi avec détermination dans la cause animale en acceptant la présidence de la Fondation Droit Animal, Éthique et Sciences (LFDA). S'appuyant sur des sondages qui condamnent très majoritairement les ménageries, les delphinariums et les élevages de visons, il propose une transition engageant les professionnels à envisager une évolution radicale. Je souscris pleinement à cet objectif de bon sens.

Prenant ensuite la parole, les intéressés campent sur leurs positions avec parfois un aplomb invraisemblable. Il est dit, par exemple, que ce sont les delphinariums qui nous en ont appris le plus sur les dauphins, ou encore que jamais les visons ne se sont échappés des élevages. Avec la même assurance, les associations de protection animale déclinent un point de vue radicalement différent. Pour ma part, je souligne qu'avant de parler de bien-être, il faudrait commencer par reconnaître la sensibilité de l'animal sauvage, au même titre qu'elle le fut pour l'animal domestique. Car enfin, un chien serait sensible et pas un renard ? En attendant que le Code civil accueille cette évidence, les réunions se poursuivront dans l'espoir de faire évoluer la condition animale. Si les parties restent campées sur leur position, François de Rugy devra trancher d'ici la fin de l'été. Il l'a clairement promis. « La personne la plus hésitante à faire une promesse est celle qui la respectera avec le plus de foi », disait Jean-Jacques Rousseau. Le ministre n'a plus qu'à démentir le philosophe.

25 avril
« Le réchauffement climatique, c'est l'injustice ultime », Nicolas Hulot

Alors que le président de la République entame sa conférence de presse sur le Grand Débat, je rejoins le campus Sciences-U Paris de Montrouge à la demande de Juliette Méadel, ancienne secrétaire d'État de François Hollande, pour participer à un événement sur le thème de la révolution écologique. Chargée en 2015 de l'aide aux victimes après les attentats, elle a conservé sa capacité de conviction. Avocate et haut fonctionnaire, elle veut mettre son énergie au service d'une société épanouie et solidaire. Avec elle, l'utopie n'a rien d'effrayant.

Pour ce débat, elle a réussi à convaincre Nicolas Hulot de s'exprimer, ainsi qu'Yves Blein, président de la Fédération Léo Lagrange et député du Rhône, l'économiste Aurélie Piet et Daphné Roulier, qui anime nos prises de paroles. Je suis heureux de plaider pour la biodiversité au cours de cette soirée qui se penche davantage sur le devenir de nous autres, les bipèdes. Nicolas Hulot envisage les perspectives d'une société durable, sans s'attarder sur les lobbyings qui ont endigué ses ambitions. Ses propos sont percutants : « L'ultime injustice, c'est l'impuissance écologique. Le monde s'est connecté mais n'est pas relié. » Il termine par : « On a tous les outils, sauf le temps. »

À voix basse, Daphné Roulier m'avise que le président vient enfin d'évoquer la question environnementale, quarante minutes après le début de son intervention. Il ne la considère visiblement pas prioritaire, alors qu'elle figurait parmi les quatre réflexions essentielles qu'il avait soumises au Grand Débat. Dès le lendemain, *Le Monde* résume : « Écologie, la grande absente. » Pas un mot sur la biodiversité, alors que la France accueille dans quelques heures l'IPBES (l'équivalent du GIEC pour la biodiversité). En revanche, Emmanuel Macron annonce qu'il veut impliquer cent cinquante citoyens tirés au sort pour « redessiner toutes les mesures concrètes d'aides aux citoyens sur la transition climatique ». Comme s'il fallait, de nouveau, imaginer de quelle manière lutter contre les gaz à effet de serre, alors que l'on connaît parfaitement les solutions depuis bien longtemps. Seule manque la détermination politique pour les mettre en œuvre. Faire appel à des citoyens tirés au sort relève d'une démagogie désolante, permettant au mieux de gagner du temps avant de se retrouver, une nouvelle fois, devant le mur.

26 avril
Le courant passe avec RTE

Nous n'étions pas faits pour nous entendre. D'un côté, Réseau de Transport d'électricité (RTE), dont les pylônes meurtriers affectaient le peuple des airs, de l'autre la LPO, qui ne pouvait se satisfaire de la situation. J'ai le souvenir d'avoir envisagé de traîner l'établissement public devant les tribunaux. Au fond, à chaque aigle, chaque grue ou chaque vautour détruit par la chaîne de pylônes, la sanction pouvait être lourde

(150 000 euros d'amende). Nous avons finalement fait le pari de la confiance et du dialogue. Quelque vingt ans plus tard, le conseil d'administration de la LPO se réunit aujourd'hui dans les locaux de RTE, avec qui nous avons fini par établir une convention de collaboration.

L'affaire n'est pas anodine, puisque 20 % des coupures d'électricité en France proviennent d'une interaction avec les oiseaux. Plusieurs situations en sont à l'origine : l'électrocution d'oiseaux entre deux lignes, le décollage brutal d'un groupe (souvent des étourneaux, qui, en s'envolant, font toucher deux fils), ou encore l'installation de nids au-dessus d'une chaîne d'isolateurs. À chaque événement, c'est parfois jusqu'à cinq heures d'interruption de courant avant de remettre en circuit le réseau. Pour faire face à ces difficultés, la LPO et RTE ont mis en place un guide portant sur l'équipement de matériel anticollision, les périodes les plus opportunes pour entretenir des pylônes, ou encore l'installation d'un dispositif qui émet une lumière UV donnant l'impression aux oiseaux que le site prend feu. Même l'aménagement de nids fonctionnels pour certaines espèces qui trouvent leur bonheur au sommet des pylônes a été envisagé. C'est ainsi qu'en moins de quinze ans, près de soixante couples de cigognes blanches ont choisi de s'installer sur les pylônes RTE en Charente-Maritime. Nous avons eu bien raison d'opter pour la concertation plutôt que l'affrontement.

27 avril
De la conscience aux actes

Même une sardine n'aurait pu s'ajouter à l'amphithéâtre plein à craquer de l'Institut de la Mer. La Nuit de la biodiversité, lancée par la Fondation pour la recherche sur la biodiversité (FRB), est incontestablement un succès. Peut-être parce que le débat porte sur les solutions à trouver, tandis que les interventions attendues viennent d'institutions mondiales. Le public est jeune, signe réjouissant que le futur ne laisse pas indifférent la nouvelle génération.

Parmi les pistes encourageantes, Pierre Comizzoli, chercheur en biologie, souligne que de multiples disciplines s'agrègent désormais pour favoriser l'épanouissement du vivant. La bioéconomie se conjugue avec la biopolitique ou les biomathématiques, et bien d'autres spécialités enrichies par les spécificités bios. Mary Hagedorn, directrice d'un programme international pour la reconstruction du corail, et sa collègue, Laetitia Plaisance, du Smithsonian Institut, rappellent que cinq cents millions de personnes dépendent directement des récifs coralliens.

Au cours de la soirée, l'idée d'introduire des citoyens tirés au sort dans les stratégies d'action ou de créer le « Conseil de défense écologique » semble emporter l'adhésion, car cela favoriserait la transversalité entre les divers ministères. Je ne partage pas ce point de vue et m'en explique publiquement. D'abord parce que, contrairement à ce qui est indiqué, un pareil conseil n'a rien d'inédit. En son temps, Jean-Pierre

Raffarin avait créé le Conseil national du développement durable. Les conférences environnementales, créées par François Hollande, réunissaient également tous les ministres qui devaient faire part de leurs feuilles de route environnementales devant les corps intermédiaires.

Le problème n'est donc pas de créer encore un nouvel outil, mais de savoir si ce dernier peut avoir autorité sur Bercy ou encore le ministère de l'Agriculture. Seul le rapport de force permettra de mesurer les potentialités d'action. Quant aux citoyens tirés au sort, qu'ajouteront-ils à ce que l'on sait déjà ? Tant sur le plan climatique qu'à propos du déclin de la biodiversité, la question n'est plus de sensibiliser les Français, les sondages prouvent bien qu'ils ont conscience de la réalité et qu'ils attendent une réaction urgente de la part de l'exécutif. Au fond, il faut seulement du courage et de la détermination pour dessiner le nouveau paradigme qui s'impose.

30 avril
L'oiseau de mon cœur

C'est son sifflement qui m'a bouleversé. Entre mille, je reconnaîtrais cet appel céleste qui annonce la présence de l'as du ciel. Le martinet noir est de retour. Et voilà qu'enfin il me parle.

Les bioacousticiens n'ont pas encore décodé son langage, mais moi je saisis son message. « Me voilà de nouveau, Allain. Et avec moi l'été qui s'annonce », dit celui qui a abandonné ses terres africaines pour venir donner la vie, ici, en France. Lorsqu'en juillet il s'effacera soudain, le silence pesant me sera aussi insupportable que son chant d'aujourd'hui m'est précieux. J'attends chaque année ses « srrrriiiih, srrrriiiih », ou si vous préférez « swiirr » lorsqu'il s'agit des femelles, et « srrii » pour les mâles (précisions des ornithologues compétents !).

Oiseau de tous les records, le martinet noir me fascine à plus d'un titre. D'abord, il vole dix mois sans se poser ne serait-ce qu'un instant. Il mange dans les airs, se rassasiant de plus de trois cents espèces d'insectes différents en évitant, semble-t-il, ceux qui piquent. À la manière d'un Canadair, ratissant la surface de l'eau, il boit aussi en vol. Côté séduction, c'est après d'acrobatiques démonstrations aériennes qu'il s'accouple dans le ciel. Une brève union lors d'une descente vertigineuse avant la séparation et voilà le couple prêt à fonder une famille. Refonder, devrais-je dire, car chez les martinets, on se désire pour la vie.

Et puis il a la plus étonnante des singularités. À l'heure où le soleil s'efface, les oiseaux s'élèvent jusqu'à 3 000 mètres d'altitude pour entrer dans un demi-sommeil qui alterne entre de courtes phases de vol glissé et de lents battements d'ailes. Tout simplement magique : le martinet dort dans le ciel, comme le dauphin sommeille dans l'eau. Les lois de la nature lui ont cependant imposé d'avoir les pieds sur terre, le temps de pondre ses deux à trois œufs, de les couver et d'élever les jeunes. Ensuite, ces derniers se jettent à leur tour dans le vide pour en apprécier l'abstraction. Non seulement je reste fasciné par le ballet aérien des martinets, mais j'avoue mon addiction. Il y a des dépendances qui s'apparentent aux étrennes de la vie.

« Le jour viendra où le fait de tuer un animal
sera condamné au même titre
que celui de tuer un humain »

LÉONARD DE VINCI

1er mai
Le massacre des tourterelles

Le colza ne s'est pas fait attendre. Il jaunissait pleinement du côté d'Abbeville dès la mi-avril, alors que son or éclatant ne s'affirme généralement qu'en début du mois de mai.

Chaque année, il prend pour moi plus d'importance que le muguet. Non pas parce que l'un, pudique, se dissimule en forêt, tandis que l'autre s'exhibe en campagne, mais car le colza épanoui annonce le retour des tourterelles des bois. Retour sanglant pendant près de vingt ans, alors que plusieurs milliers de braconniers attendaient ces oiseaux venus donner la vie chez nous, après 4 000 kilomètres de migration. L'immuable rendez-vous meurtrier était fixé le 1er mai, la chasse étant pourtant fermée. Qu'importe, juchés sur des pylônes, les tireurs pratiquaient un véritable barrage de feu face à ces oiseaux de 150 grammes épuisés par leur long voyage. L'hécatombe pouvait compter près de trente mille victimes par an, avec la bénédiction des autorités nationales ou locales qui fermaient les yeux sur ce massacre.

Fraîchement nommé président de la LPO, j'ai eu la naïveté de croire que cette terrible habitude cesserait dès lors que je pourrais en faire état aux journaux télévisés. Certes, la presse n'a pas manqué de relayer notre indignation, surtout lorsque Brigitte Bardot, Sophie Marceau, Anémone, le scientifique Théodore Monod ou l'astrophysicien Hubert Reeves nous accompagnaient, mais le braconnage se poursuivait d'année en année. Pire, les médias attendaient le 1er mai pour assister aux échanges parfois violents avec les braconniers, tandis que les CRS et les gendarmes se contentaient de s'interposer sans tenter de faire respecter le droit.

Quand j'ai mentionné cette situation inqualifiable à François Mitterrand, quelques mois après son élection en 1981, il me répondit avec aplomb : « Je ne peux rien pour vous, il s'agit d'une tradition trop enracinée dans la région. » C'est vrai que sa résidence à Latché n'était pas loin, mais je ne pouvais imaginer que le chef de l'État s'accommoderait du non-droit. Il faudra attendre l'arrivée d'un préfet courageux, Jacques Gérault, pour qu'en trois ans la page soit enfin tournée. Aujourd'hui, la tourterelle des bois figure sur la liste des espèces les plus menacées au monde. Elle a perdu près de 80 % de ses populations en une quinzaine d'années, au point que la Commission européenne a proposé aux pays membres un moratoire sur la chasse de cette espèce. Que croyez-vous que la France a répondu ? Non !

2 mai
Léonard, le naturaliste

Il y a cinq siècles, jour pour jour, s'éteignait le grand Léonard de Vinci au château du Clos Lucé à Amboise. Cet événement a été représenté par de nombreux peintres (dont Ingres), afin de montrer les derniers instants de l'artiste dans les bras de son protecteur François Ier. En réalité, le roi était au château de Saint-Germain-en-Laye ! Jusqu'à l'ultime instant, le parcours de Léonard de Vinci est marqué de contradictions, d'ambiguïté et surtout d'inconnues.

On s'est davantage attardé sur *La Joconde* ou sur son escalier à double révolution réalisés à Chambord, qu'à l'attachement qu'il portait à la nature et aux animaux. Pourtant, dès l'enfance, l'artiste montre une attention toute particulière aux chevaux et aux bovins qui l'entourent, qu'il dessinera plus tard avec l'admirable talent qu'on lui connaît. Mais la singularité de cet homme d'exception, c'est peut-être qu'il considère la planète comme un ensemble vivant. Il parle « d'ingénieuse nature » et, dans ses carnets, on retrouve à propos de la Terre : « Sa chair est le sol, ses os sont les roches successives qui forment les montagnes, son sang est l'ensemble des eaux jaillissantes. »

Léonard de Vinci croit également en la métempsychose (réincarnation de l'âme après la mort dans un corps humain, animal ou dans un végétal), ce qui le conduit probablement à devenir végétarien. Un choix alimentaire renforcé par l'attention qu'il porte aux bêtes. On lui prête cette jolie formule : « Le jour viendra où le fait de tuer un animal sera condamné au même titre que celui de tuer un humain. » Cohérent avec ses principes, il ne manque jamais d'acheter des oiseaux encagés pour leur rendre la liberté. L'admiration qu'il porte au peuple des airs le conduira à construire les fameux ornithoptères, ces machines volantes inspirées par les oiseaux, les poissons volants ou les chauves-souris. « Va prendre tes leçons dans la nature, c'est là qu'est notre futur », suggérait-il.

Emmanuel Macron n'a pas dû entendre cette recommandation lorsqu'il a décidé de relancer les chasses présidentielles en initiant la première à l'occasion de l'anniversaire de la mort du génie. Je suis intervenu, jusqu'à l'Élysée, pour condamner cette incohérence navrante, sans avoir de retour sur une éventuelle annulation. En attendant, le pauvre Léonard doit se retourner dans sa tombe…

3 mai
Un espoir politique ?

Derrière un minois qui pourrait s'avérer frondeur, Gabriel Attal, jeune secrétaire d'État à l'Éducation nationale, veut enrichir la stratégie du gouvernement. Il connaît ses dossiers et les porte avec enthousiasme. Je ressens l'envie spontanée de lui faire confiance. Peut-être parce qu'il m'annonce d'emblée son attachement au bien-être animal et à la biodiversité, en convenant que le gouvernement « peut mieux faire ».

Pragmatiques, nous ne tardons pas à lister les pistes de collaboration.

Il s'agira notamment pour la LPO d'accompagner davantage les volontaires en service civique. Cinquante-trois jeunes ont reçu une formation à la LPO en 2018, on peut en accueillir davantage. De même, nous pouvons jouer un rôle de sensibilisation dans le cadre du nouveau service national volontaire (SNV). Et parmi les projets enthousiasmants, le ministre retient l'idée d'un brevet de secouriste nature ainsi que la création de Refuges LPO dans les établissements scolaires. Il y a longtemps que je n'ai pas ressenti le potentiel rassurant d'actions en faveur de la nature en sortant d'un ministère.

4 mai
Nature en fête

Non loin de Grenoble, Saint-Étienne-de-Saint-Geoirs vit aujourd'hui en communion avec l'environnement lors d'une fête dédiée à la nature. La maire Liliane Dico m'a demandé de venir accompagner cette démarche, portée par la LPO Isère. Avec une belle partie du conseil municipal ainsi que les élus du département et de la région, nous déambulons dans les rues d'un stand à l'autre. Ici, c'est un éleveur d'oies qui guide son troupeau en complicité avec son chien. « Évidemment, je ne les gave pas, je ne les mangerai même pas ! » m'affirme-t-il, en m'expliquant que seules les démonstrations de complicité entre son chien et les palmipèdes motivaient sa présence. Partout dans les vitrines, nous découvrons des décors réalisés par des artistes pour représenter la nature.

Au stand de la LPO, c'est l'équipe de l'Association pour adultes et jeunes handicapés (APAJH) d'Isère qui m'attend. Voilà quinze ans qu'elle participe à des ateliers pour fabriquer et mettre en place des nichoirs. Parmi les opérations référentes, l'éducateur souligne celle qui permet d'accueillir les chouettes chevêches et effraie ainsi les faucons crécerelles, pour limiter le développement de campagnols. L'association a rendu de la dignité à ceux qui s'estimaient exclus, la fierté qui se lit sur leur visage en témoigne.

Ailleurs, j'observe des expositions de photos ou des présentations botaniques de la flore locale et plus loin, l'étang de Chanclau. S'étalant sur 8 hectares, il est devenu Refuge LPO en 2012. Aujourd'hui, cette volière à ciel ouvert accueille une multitude d'oiseaux au destin incertain. Le blongios nain, le balbuzard pêcheur, les trois espèces de rousserolles ou le bruant des roseaux s'épanouissent en paix. D'autres projets occupent nos discussions tandis que nous cheminons en bordure de l'étang. Trop souvent affaibli par les doutes, je me ressource par tant d'initiatives prometteuses.

5 mai
Des mots d'amour

Il y a quelques heures, quatre cent cinquante roquettes ont été lancées par le Hamas sur le sud d'Israël. Un record. En réponse, le Premier ministre Benyamin

Netanyahou poursuit ses frappes massives. L'escalade de la violence se déploie tandis que Marianne, ma fille, m'appelle pour me rassurer. À moins qu'elle n'espère s'apaiser en m'écoutant. Sa voix calme se veut sereine, mais je sais son angoisse dignement refoulée.

En charge de la production de la chaîne info i24News, elle a connu de nombreux conflits en assurant la nécessité de l'information et l'impératif de la sécurité pour les équipes lancées en première ligne. C'est sûrement par pudeur que je ne m'attarde pas davantage sur les pensées qui me soudent à ma fille. Et pourtant, elles sont constantes. Malgré les distances, moi à Paris, elle à Tel Aviv, nous sommes en communion sans nécessairement éprouver le besoin de se confier. En revanche, nous nous adressons périodiquement des « tu me manques » avec la constance d'un métronome.

Et lorsque le son de nos voix nous fait défaut, de longues conversations s'installent avec tendresse et dérision. Ma fille se montre paternaliste et je suis bien souvent maternel. Elle me guide avec assurance dans les choix qui s'imposent, tandis que je la rassure autant qu'il est possible. Ce n'est pas seulement parce que mon sang coule dans ses veines qu'elle irrigue ma vie. Marianne m'enivre de bonheur à bien des égards. Du reste, lorsque je lui adresse un texto, la formule « je t'aime » s'affiche instantanément sur mon portable qui sait tout de moi.

6 mai
L'envol des gypaètes

Que de souvenirs engrangés dans ces massifs cévenols, dont les roches ont joué au plus fort durant tant de millions d'années. Le ventre de la terre s'exhibe ici au grand jour au point que, lors de ma première visite, j'en vins à m'étonner que les grands canyons de l'Arizona puissent encore rivaliser.

Les Cévennes m'ont ouvert la porte d'une rencontre avec les chevaux de Przewalski, vestiges d'une espèce en sursis. Ailleurs, au sommet d'une falaise sans fond des Grands Causses, j'ai rencontré les premiers vautours qui furent conservés avant que la cage ne soit enfin ouverte, dans l'espoir de réanimer le ciel déserté. Ils furent surnommés à l'époque « Daladier », « Chirac » ou « Pompidou », un clin d'œil aux dirigeants de l'époque. La Route du sel, que j'ai si souvent parcourue à cheval depuis les Saintes-Maries-de-la-Mer jusqu'à Rodez, empruntait aussi les chemins cévenols chargés de l'héritage des Templiers. Les vers à soie se sont également inscrits dans les escales de ce territoire qui ne se fréquentent jamais par hasard. Que de souvenirs…

Aujourd'hui, j'ai de nouveau rendez-vous en Lozère, au cœur du parc national des Cévennes, pour envisager l'avenir. Il s'agit de relâcher trois jeunes gypaètes barbus, nés dans un centre d'élevage espagnol, pour renforcer la population en créant un corridor reliant les Pyrénées, le Massif central et les Alpes. L'opération, baptisée « LIFE GYPCONNECT », est financée par l'Europe. L'espèce relique réfugiée dans les Pyrénées il y a quelques décennies compte aujourd'hui une soixantaine de couples en France, grâce à des opérations comme celle d'aujourd'hui.

Admirable, avec près de 3 mètres d'envergure portant 5 à 7 kilos, il est surnommé le « casseur d'os » car il se nourrit à 75 % des os qu'il récupère après que les autres vautours ont mangé les chairs des cadavres trouvés ici ou là. Mais la plus grande singularité du gypaète barbu, c'est qu'à l'initiative de la LPO et du parc national, il a réussi à agréger toutes les différences et les compétences. Il génère l'union.

C'est le président d'une société de chasse qui m'accueille avec un plaisir affiché. Les éleveurs de brebis sont également satisfaits car nous récupérons les cadavres des ovins pour les offrir aux vautours. L'office du tourisme apprécie évidemment ces géants du ciel qui attisent la curiosité. Tenant dans mes bras un jeune gypaète que je vais conduire dans une corniche du causse Méjean, je sens son cœur battre la chamade.

Durant tout son élevage, les biologistes ont pris grand soin qu'il n'y ait aucun contact avec les soigneurs afin qu'il conserve un comportement sauvage et non familier. Il rencontre pour la première fois le peuple des hommes qui a conduit les siens à la disparition. Mais aujourd'hui, c'est la bienveillance qui nous rassemble. Je le dépose dans son repaire, face à une vallée prodigieuse de beauté. Il s'empare de son nouveau territoire avec confiance. Dans quelques jours, il survolera ce décor grandiose avec l'assurance du maître des airs qu'il va enfin devenir.

7 mai
L'éphémère dicte l'agenda

Tel un feu d'artifice après son bouquet final, l'IPBES est monté en puissance avant de disparaître face à nos regards perplexes. Hier soir, répondant aux critiques d'indifférence, Emmanuel Macron recevait enfin la fine fleur du monde scientifique afin de s'attarder sur le constat d'agonie de la biodiversité. C'est un signe encourageant. Reste que ce matin, la page semble déjà tournée.

Certes, je suis invité à débattre sur ce thème à CNews et à Public Sénat où l'on tente de faire le point, mais on sent bien que l'éphémère va dicter l'agenda. Aurons-nous conscience durablement de la situation historique que nous vivons ? Garderons-nous en mémoire le constat affligeant des 40 % d'espèces d'amphibiens menacées ? Des 33 % des récifs coralliens et des 1/3 des mammifères marins en danger ? Des mille races d'animaux domestiques également sur la liste rouge et de tant d'autres acteurs du vivant relégués dans les coulisses d'un spectacle pathétique ? Au fond, il ne s'agit pas seulement de sauver telle ou telle espèce par intérêt ou par éthique, mais de constater que le tissu du vivant que nous déchirons conduira à des drames comparables à ceux qu'annonce le réchauffement climatique.

Actuellement, 40 % de la population mondiale n'a pas accès à l'eau potable et huit cents millions de personnes sont confrontées à l'insécurité alimentaire, nous alerte l'IPBES. La destruction de la planète frappe les bêtes comme les hommes. J'ai trop souvent rencontré ces laissés pour compte lors de mes reportages. L'admirable dignité que j'ai toujours perçue lors de nos échanges ne pourra étouffer longtemps leur nécessité de survie. Lorsque le désert ronge la forêt, que l'eau vient à manquer ou que les criquets ravagent la précieuse végétation, la mutinerie pousse à l'espoir. La biodiversité, notre bien commun, doit de nouveau illuminer la planète tel un feu d'artifice, sans bouquet final.

9 mai
Des animaux gadgets

À l'initiative de Sabrina Krief, vétérinaire spécialiste des chimpanzés et professeure au Muséum national d'Histoire naturelle, je signe volontiers une tribune au côté de Laurence Parisot, vice-présidente de la Fondation Brigitte Bardot, du député Loïc Dombreval, ainsi que du sénateur Ronan Dantec. Il s'agit d'alerter l'opinion publique sur les photos qui mettent en scène des personnalités avec des bébés tigres, lions ou chimpanzés.

Le footballeur André-Pierre Gignac s'exhibe ainsi avec un tigre, au prétexte qu'il joue dans l'équipe des Tigres au Mexique. Quant au joueur Bafétimbi Gomis, il a reçu deux lionceaux d'un prince saoudien en hommage à son surnom « la panthère ». D'autres « fauves » furent récupérés à Champigny, Valenton, Marseille ou au Havre. En novembre dernier, un jeune lion a même été saisi dans une voiture de luxe sur les Champs-Élysées. Et la semaine dernière, un jeune tigre blanc était également découvert par les gendarmes près de Brignoles. Le trafic de la faune sauvage qui génère tant de misère ne peut être entretenu par des célébrités inconscientes. Nous espérons être entendus.

10 mai
Les chevaux quittent Montréal

« Montréal très à cheval sur la souffrance animale » titre *Le Monde*. Valérie Plante, maire de la métropole québécoise, n'admet plus les mauvais traitements dont sont victimes les chevaux tirant les calèches.

J'ai le souvenir de ces attelages qui étaient au nombre d'une cinquantaine dans les années 2000 et j'ai regretté de les voir peinant et accablés. Mais leur sort me semblait pourtant plus enviable que celui des équidés décharnés, condamnés à l'épreuve jusqu'à leur dernier souffle en Afrique du Nord. Alertée par les plaintes, la mairie de Montréal a commencé par réduire le nombre d'attelages qui fut limité à trente-cinq cochers, puis elle a interdit que les chevaux travaillent sous une température supérieure à 30 °C. D'autres contraintes ont été imposées, jusqu'à ce que la cavalerie soit limitée à vingt-quatre calèches.

Fin 2020, la page sera définitivement tournée. Le bruit des sabots ne fera plus écho place Jacques Cartier ou dans le parc de Mont-Royal. Dépossédés, les cochers vont-ils se séparer des chevaux en les conduisant à l'abattoir ? Ils pourraient toucher un peu plus de 500 euros par animal. Considérant une pareille hypothèse, la mairie propose 665 euros pour chaque équidé qui finirait ses jours à la Société pour la Prévention de la Cruauté envers les Animaux (SPCA).

Valérie Plante est la première femme qui accède au poste de maire à Montréal. Elle doit notamment son élection à l'engagement dont elle a fait preuve au bénéfice des plus démunis, luttant contre la pauvreté et favorisant la participation citoyenne. L'attention qu'elle porte aujourd'hui aux animaux s'inscrit dans une démarche analogue. Durant sa campagne électorale, elle avait prévenu que le bien-être animal s'inscrivait dans son programme, elle a tenu parole. Beaucoup d'élus français seraient bien inspirés d'en prendre exemple.

12 mai
Une nuit sous terre

Lorsque j'ai connu Cyril, il avait 12 ans. Myopathe, il accepta un pari fou pour le Téléthon : passer une nuit au plus profond de la terre, dans le gouffre de Sault de Vaucluse. Et voilà que, trente ans plus tard, Dominique Naud et Daniel Penez débarquent dans mon bureau pour retracer cette aventure. Je ne reconnais pas ces spéléologues chevronnés, mais nous nous embrassons comme si nous venions tout juste de sortir d'un gouffre.

À l'époque, Dominique Naud avait proposé au réalisateur Jean-Pierre Spiero, à Michel Drucker et Claude Sérillon de tenter d'établir un direct à – 520 mètres, un record toujours pas battu aujourd'hui. Sophie Davant assurait la liaison en surface, tandis que je descendais dans l'aven de Jean Nouveau, non sans une certaine appréhension. D'abord parce que, malgré toute la bonne volonté du petit Cyril, la progression demandait une grosse organisation de sécurisation, ensuite car le puits d'entrée qui nous invitait à pénétrer dans le ventre de la terre mesure 167 mètres de profondeur.

Partis le vendredi 8 décembre 1989 à 19 heures, nous avons cheminé en direct. Dormant avec Cyril lors d'une première étape, j'ai poursuivi le chemin seul jusqu'à la prodigieuse « salle de la lune ». À 1 heure du matin, j'atteignais une cascade dont la puissance repousse les boyaux de la terre. Le dimanche, vers 15 heures, je rejoignais enfin la surface.

De cette expérience, je retiens le courage de Cyril qui a perdu l'usage de ses jambes vers l'âge de 18 ans. Comment ne pas évoquer aussi avec émotion la solidarité extraordinaire des spéléologues qui, avec autant d'attention que de discrétion, ont permis que ce défi soit réussi ? À ce souvenir, j'ajoute l'engagement sans faille des équipes de la SFP qui, dans l'ombre, ont fait la lumière sur notre exploration. Rarement le privilège d'avoir des muscles, face à la dépendance du petit Cyril, ne m'est apparu aussi inestimable que durant ces heures inoubliables.

14 mai
Sous les projecteurs

Monter les marches demande bien souvent un effort que l'on assume en serrant les dents. Mais lorsqu'elles sont recouvertes d'un épais tapis rouge, étendu sur la Croisette, l'exercice devient aérien. La contrainte ne s'exerce plus dans les jambes, mais dans le sourire qu'il convient d'afficher sans même regarder ses pieds.

Pour l'ouverture de cette 72e édition du Festival de Cannes, la chorégraphie des marches reste conforme à la tradition. En observant ces ténors du grand écran se donner en spectacle, je n'oublie pas que les animaux furent aussi de la fête dès les premiers coups de manivelle. En même temps qu'il invente le cinéma, Louis Lumière devient le pionnier du genre animalier en 1895. À l'époque, il est inutile de courir le monde pour satisfaire la curiosité du public, il suffit d'orienter la caméra vers un aquarium. Ainsi naît le film animalier *La Pêche aux poissons rouges.* En 1897, Ernest Normandin, concurrent des frères Lumière, monte la première expédition animalière en filmant une basse-cour, qu'il coloriera image par image. Parmi les précurseurs, Étienne-Jules Marey réussit à décomposer les mouvements, en mettant en scène l'admirable vol des oiseaux par la chronophotographie. Suivront bien d'autres productions animalières, dont les deux cents documentaires de Jean Painlevé.

Plus près de nous, on ne peut oublier l'historique *Monde du silence* de Jacques-Yves Cousteau et Louis Malle, qui décrochèrent en 1956 la Palme d'Or du Festival de Cannes. À l'époque, les spectateurs sont fascinés par les images qui révèlent les profondeurs marines avant d'en être, plus tard, horrifiés. Durant les années 1990, une polémique s'installe à la vue de ce jeune cachalot lacéré par l'hélice de la *Calypso*. Il faut l'achever à la carabine. Et lorsque les requins viennent se gaver de sa carcasse, c'est à leur tour de finir dans un bain de sang. C'est aussi un récif corallien qui est dynamité pour les besoins du film. Ce massacre en eau trouble, révélé par les critiques, conduira à un jugement sans concession de la part de Gérard Mordillat : « *Le Monde du silence*, un film naïvement dégueulasse. » Effectivement, même l'homme au bonnet rouge n'avait pas la conscience écologique qui s'impose aujourd'hui.

Frédéric Rossif, référent du grand écran, n'a guère brillé, lui non plus, par son goût de l'éthique. Dans *La Fête sauvage* (1975) et surtout *Sauvage et beau* (1984), il tourne essentiellement des ralentis pour faire de la nature un spectacle esthétique. Sauf qu'il en vient à mettre des lions en enclos en attendant l'inévitable bagarre qui permettra d'avoir des gros plans d'une sensualité troublante, sans s'embarrasser de la souffrance des fauves.

Jacques Perrin, producteur et réalisateur d'une série de films animaliers, a très heureusement tourné la page de ce cinéma sans conscience. Au-delà de l'esthétisme, il veut porter le message du respect du vivant et nous alerter sur la fragilité des espèces. De plus, il s'est investi sans compter dans la protection de la nature. Il mérite bien les marches de la gloire, celles qui conjuguent l'être et le paraître.

15 mai
Des bêtes et des mots

Lorsqu'en 2015, nous fûmes quelques-uns à demander à l'Académie française d'ouvrir les portes de son dictionnaire au mot « sentience », une fin de non-recevoir fit écho à notre lettre. Madame la secrétaire perpétuelle, Hélène Carrère d'Encausse, nous a conseillé d'utiliser ce mot, de le promouvoir, en résumé de lui donner vie, afin qu'il s'intègre judicieusement dans le langage commun. Recommandation efficace puisque *Le Petit Larousse* vient de l'associer aux soixante-trois mille cinq cent quarante mots figurant dans sa version papier en 2020.

En deux décennies, le dictionnaire a accueilli près de cinq mille entrées qui ont coloré notre nouveau vocabulaire. Dans la mouvance écologique, on note « bioclimatique », « croissance verte », ou encore « décarboner ». Même la préoccupation qui se dessine en faveur du monde animal s'illustre de nouvelle manière : on parle désormais de « bientraitance animale », de « véganisme », de « médiation animale », d'« antispécisme » et enfin de « sentience ». Il est cependant possible que ce dernier mot ne soit guère familier au plus grand nombre. Voici donc la définition qui vient de lui être donnée. « Sentience n.f. (du lat. *sentiens*, ressentant) : pour un être vivant, capacité à ressentir les émotions, la douleur, le bien-être, etc. et à percevoir de façon subjective son environnement et ses expériences de vie. »

En ouvrant ce mot au monde animal, on lui reconnaît les « substrats neurobiologiques nécessaires pour la conscience », comme l'ont affirmé les neuroscientifiques lors de la signature de la Déclaration de Cambridge sur la conscience en 2012. Ce jour-là, les mammifères, les oiseaux, les reptiles et les céphalopodes sont entrés, d'une certaine manière, dans la cour de l'antispécisme. Comme le chantait France Gall : « C'est peut-être un détail pour vous, mais pour moi ça veut dire beaucoup. »[1]

16 mai
Meyzieu fait feu

Il me faut prendre une décision immédiate. Soit j'assiste au 130e anniversaire de la tour Eiffel, en enchaînant le lendemain un rendez-vous avec Geoffroy Roux de Bézieux (président du Medef), soit je réponds favorablement à l'appel d'une petite association qui s'oppose au massacre de corbeaux freux, dans un massif forestier de Meyzieu, près de Lyon.

Avec Yves Vérilhac, nous choisissons l'action de terrain au nom de la LPO. Jacqueline Pélerins (juriste) et Gisèle Souchon (professeure de philosophie) nous accueillent chaleureusement pour cette intervention. Entourées d'une poignée d'amis de la nature, elles se sont déjà opposées à un premier massacre mais, ce matin, l'intervention des chasseurs risque d'être plus violente

Après avoir progressé durant un petit kilomètre dans les bois, nous atteignons une clairière bruyante. Une quarantaine de chasseurs et d'agriculteurs sont rassemblés au pied de tracteurs et d'une citerne de lisier qui laisse présager un arrosage odorant. CRS et gendarmes sont également présents. Je tente le dialogue. Alors qu'il est impossible de se faire entendre par certains, d'autres – dont Stéphane Peillet, vice-président de la

1. France Gall, *Il jouait du piano debout*.

Chambre d'agriculture – acceptent de nous écouter. Si je reconnais que les corbeaux freux peuvent impacter les plantations de maïs, je condamne sans réserve les méthodes employées pour limiter les populations de l'espèce. En clair, il s'agit de tirer sur les oiseaux en pleine période d'élevage des poussins, ce qui signifie que ces derniers, devenus orphelins, sont condamnés à agoniser durant de longues heures. C'est inacceptable.

Christophe Quiniou, maire de Meyzieu, cherche à tempérer la situation mais refuse de faire suspendre les tirs. Notre présence permet cependant de gagner du temps. Pendant que nous tentons de négocier, les fusils restent au pied, tandis que, dérangés par nos conciliabules, les corbeaux nous survolent sans imaginer que leur sort se joue sous leurs ailes. En fin de matinée, les chasseurs décident de tirer pendant que les forces de l'ordre nous évacuent. Quelques coups de feu résonnent autant qu'ils me révoltent. Par bonheur, peu d'oiseaux seront touchés.

Désireux d'offrir une autre image de sa commune, le maire me demande de le rejoindre en mairie pour témoigner de son engagement en faveur de l'environnement. C'est vrai qu'il s'est investi, notamment dans la valorisation des sites naturels, mais son attitude est plus que méprisable à l'égard des corbeaux, elle est coupable.

17 mai
Dans les pas de Vinci

Malgré ses dimensions imposantes et sa cheminée monumentale, la salle du duc Jean de Berry du palais ducal à Bourges invite à l'intimité. J'imagine le jeune roi François Ier échangeant avec Léonard de Vinci. Alors que ce dernier achève un dessin représentant un jeune homme debout dans une attitude angélique, l'index tendu vers le ciel, un sourire ambigu et le membre dans une joviale érection, le roi lui demande quelle étrange prière fait cet adolescent. Le maître lui répond sur-le-champ qu'il s'agit d'agréger les domaines de la science, de la sensualité et de la philosophie. Le compositeur Patrick Scheyder rapporte les propos de l'artiste : « Sire, j'explore la verge car elle a des rapports avec l'intelligence humaine. Parfois, elle possède une intelligence propre. » On raconte qu'il fut bien agréable au roi insatiable de songer que son désir matinal fût, en quelque sorte, une excroissance de son intelligence.

À l'initiative du conseil départemental du Cher, Patrick Scheyder, les acteurs Michael Lonsdale et Ugo Pacitto, le violoniste Mostafa Fahmy et moi-même, retraçons le parcours de Léonard de Vinci dans cette salle, bien trop petite pour accueillir les trop nombreux spectateurs. « Je regrette que le temps des découvertes n'ait pas été celui de l'homme », rappelle Michael Lonsdale, de sa voix faiblement exprimée mais si puissamment portée, avant de préciser : « L'homme agrandit ses conquêtes mais son ignorance est d'autant plus flagrante. Qui donc s'est préoccupé d'agrandir l'empire de l'Esprit ? » C'est un lieu commun que de rendre hommage au génial visionnaire, mais comment pourrait-il en être autrement ?

18 mai
La proximité littéraire

En principe, la réussite d'un salon littéraire dépend d'au moins deux facteurs : la fréquentation dans les allées et la convivialité qui rassemble les auteurs. En arrivant à la première Fête du livre de Saint-Raphaël, je ressens un fumet de succès semblable à celui qui se dégage d'une belle recette provençale.

À mes côtés, avec son accent inimitable, Vladimir Fédorovski indique à chaque acheteur : « Vous avez fait le bon choix ! » devant l'étalement de ses publications. Plus loin, c'est Bernard Werber qui impose le respect. À peine arrivé, il génère une file interminable d'admirateurs. Comme pour s'en excuser, il m'adresse un sourire complice avant d'engager les dédicaces. Serge Moati n'est pas loin. Alors que je vais le saluer, je retrouve celui qui incarna la puissance socialiste devant un seul livre sur une table vide : « J'ai tout vendu », lâche-t-il avec une fausse modestie. Je n'ose lui demander combien de ses livres étaient en vente et préfère disserter sur l'état de la gauche actuelle. Visiblement meurtri, Serge Moati se console en préparant un film sur la chute de la gauche :

– Et comment se termine ton film ?

– Je n'ai aucune idée, me répond-il, le vague à l'âme.

Je croise alors Nelson Monfort qui me demande, toute affaire cessante : « Il faut que nous fassions une photo ensemble. Tu présenteras mon livre et moi le tien ! Tu es OK ? » Évidemment. Quelques instants plus tard, la photo part sur les réseaux sociaux. Andréa Ferréol est aussi de la fête. Chaque fois que nous nous rencontrons, je ne manque pas de condamner sa gloutonnerie pour le foie gras et son goût pour la tauromachie. Je clame haut et fort notre irréconciliable différence en reconnaissant notre complicité, malgré les critiques sans concession.

Henri-Jean Servat ne dément pas mon point de vue. Noyé devant des piles de beaux livres consacrés à Alain Delon, Brigitte Bardot, Romy Schneider et tant d'autres comédiens admirables, il me raconte en détail les difficultés qu'il doit assumer pour porter la liste animaliste aux européennes. Malgré son carnet d'adresses riche en vedettes multiples, il n'a drainé qu'une quarantaine de soutiens et surtout, peu de moyens financiers. Brigitte Bardot, qui vient exceptionnellement d'accepter d'intervenir devant une caméra, permettra peut-être de relancer la participation durant cette ultime semaine précédant les élections. Quant à Franz-Olivier Giesbert, qui partage les valeurs du respect animal, il semble n'avoir pour horizon qu'un constat d'échec pour cette question, qu'il juge pourtant essentielle.

Pour la première édition de cet événement littéraire, nous sommes une petite cinquantaine d'auteurs à avoir répondu présent. Je présume que d'autre éditions suivront, car tous les ingrédients d'une longévité sont réunis.

19 mai
Une victoire amère

En temps normal, je n'aurais pas perdu une seconde pour relater l'événement. Mais voilà que j'ai attendu plus de trois jours pour l'intégrer à ce livre, comme si, à l'avoir trop espéré, il en avait perdu de sa saveur.

Je veux parler du braconnage des ortolans. Pour la dernière fois, je l'espère, car la LPO a été jusqu'à la Cour de cassation afin d'obtenir gain de cause. Nous avons fait condamner douze braconniers, dont Dominique Graciet, président de la Chambre d'agriculture des Landes, qui n'a cessé de vomir sa haine à l'égard de notre association. Cette victoire tourne définitivement la page d'un long combat dont les ortolans furent les otages. Certes, la justice nous a donné raison, mais en tout état de cause, la maltraitance de ce petit passereau serait arrivée à son terme faute de combattants.

À force d'être agressés de toute part, notamment par la perte de lieux favorables à la reproduction, ces oiseaux ont perdu une large part de leur population. Les travaux conduits par Frédéric Jiguet, du Muséum national d'Histoire naturelle, montrent un déclin de 20 à 30 % avec une diminution de mille cinq cents couples chaque année. Le braconnage ne pouvait plus durer. Un problème reste cependant présent : les « matoles ». Ces pièges en grillage qui permettaient de capturer les ortolans sont toujours autorisés pour les alouettes des champs. Là encore, le bilan pour cette espèce se montre catastrophique. Elles ont perdu 30 % de leurs effectifs en quinze ans. Et l'on continue d'autoriser l'abattage au fusil de deux cent mille alouettes, auxquelles s'ajoutent onze mille oiseaux capturés par le piégeage. Cette situation indécente n'apparaît évidemment pas lorsque nos ministres affirment, la main sur le cœur, qu'ils mettent tout en œuvre pour enrayer le déclin du vivant.

23 mai

Le retour des libellules

– Elle s'est payé toutes ses nouvelles dents et hop, elle est morte !

– C'était bien la peine.

À mes côtés dans le TGV, quatre cousines commentent à haute voix la récente disparition d'une tante.

– Moi je ne peux pas regarder les photos de l'enterrement, ça me fait pleurer. Je ne vais pas les garder.

– Ben moi, j'ai photographié toutes les fleurs et c'est très beau…

– En tout cas, on a bien mangé.

– Elle laisse 1 000 euros, mais je ne sais pas si c'est le total ou pour chacune de nous ? C'est quand même pas pareil.

Je descends à Aix-en-Provence, l'histoire s'arrête là.

Bernadette Moreau, responsable du développement durable de Vinci France, m'attend avec son équipe pour me conduire non loin de Gap, dans les Hautes-Alpes. Après plus de dix ans d'aménagements réalisés par la LPO Paca, le temps est venu d'inaugurer un espace de 6,5 hectares devenu une admirable zone humide. À l'origine, quatre espèces différentes de libellules furent identifiées sur le site. Aujourd'hui, on en compte plus de quarante. Par ailleurs, un circuit pédagogique a été aménagé pour accueillir toutes les écoles de la région. La collaboration s'est montrée constructive. Reste que certains observateurs peuvent légitimement s'interroger sur notre partenariat.

Vinci devait devenir l'opérateur de Notre-Dame-des-Landes et ce groupe veut toujours réaliser le contournement de Strasbourg, malgré les attaques frontales des associations de protection de la nature qui s'opposent au projet depuis des décennies. Ces différences n'ont pas échappé à la LPO. Nous avons clairement combattu Vinci en certaines circonstances, mais nous avons aussi jugé, avec la même détermination, que nos divergences ne devaient pas écarter des opérations favorables à l'épanouissement de la biodiversité. C'est ainsi que nous avons travaillé ensemble sur les « écoponts », afin de permettre à la faune de traverser des autoroutes. Ces ponts végétalisés de 12 à 25 mètres de large sont devenus un boulevard pour les blaireaux, martres, hérissons, renards, grenouilles, chevreuils, et même chauves-souris, qui évitent ainsi les collisions avec les véhicules.

J'aime ces rencontres positives qui montrent, de manière concrète, comment on peut agir ensemble. Elles m'offrent aussi l'occasion d'échanger avec tous les bénévoles qui font un travail remarquable. C'est dans leur exemple admirable que je puise l'énergie positive nécessaire…

25 mai
Le dévouement parental

Demain, c'est la fête des Mères. Ma maman bien-aimée, qui m'observe affectueusement de là-haut, ne s'offusquera pas que je me tourne vers mère nature pour fêter cette dernière.

Habituellement gonflé de mépris, l'homme préfère lui faire sa fête que la lui souhaiter. Voyons aujourd'hui les choses autrement en rendant hommage aux animaux, dont on ne devine pas l'abnégation. En haut du podium, c'est une mère araignée, étudiée par les biologistes israéliens, qui mérite l'admiration. Sacrifice suprême, elle va donner sa vie pour que naissent ses petits. Elle leur offre, pour commencer, une sorte de bouillie formée de ses propres organes internes qui s'autodissolvent. Et lorsqu'elle en finit avec ses tripes, les jeunes l'escaladent pour lui percer l'abdomen et extraire les derniers sucs maternels. En deux semaines, cette maman aura offert 95 % de sa masse corporelle en agonisant pour la génération future.

De manière moins expéditive, la femelle orang-outang se montre également très dévouée. Ne pouvant avoir qu'un seul jeune tous les huit ans, elle s'investit totalement en faveur du petit, qui ne dépasse pas 1,5 kilos lorsqu'il vient au monde. Il restera quatre ans accroché à la fourrure de sa mère et continuera de téter jusqu'à l'âge de 7 à 8 ans. Il n'y a pas d'équivalence chez les primates ! On a calculé que, durant l'enfance du petit orang-outang, sa mère aura préparé quelque trente mille nids pour passer la nuit à ses côtés.

À Monterey, en Californie, les biologistes marins ont aussi été témoins d'une abnégation maternelle exemplaire. Par 1 400 mètres de profondeur, une femelle de pieuvre est restée quatre ans et demi auprès de ses œufs avant de mourir épuisée auprès de ses cent soixante enfants. C'est la plus longue « couvaison » jamais enregistrée dans le monde animal.

Les comportements remarquables ne doivent pourtant pas éclipser certaines démarches notables chez les pères. Ainsi, le mâle manchot empereur couve l'œuf déposé par la femelle durant soixante jours sans s'alimenter, l'hippocampe mâle engrange les deux mille œufs de sa femelle dans sa poche avant « d'accoucher » dix jours plus tard. Quant au mâle de jacana, un oiseau aquatique d'Australie, il construit le nid, couve les œufs et prend même soin des poussins alors que la femelle caracole avec d'autres mâles. Certains mâles jacanas prennent même parfois soin des œufs fécondés par d'autres mâles. À ce point-là, il conviendrait de consulter le vétérinaire !

26 mai
Les urnes plébiscitent la nature

20 heures. Alors que le bilan des élections européennes s'affiche, Europe Écologie – Les Verts fait une percée inattendue. En troisième position, le mouvement environnemental a été porté par la jeunesse et son succès se vérifie également ailleurs en Europe.

Yannick Jadot n'a pas démérité. Je lui avais recommandé l'idée du rassemblement plutôt que l'engagement personnel. Fatigué, voire agacé, il m'avait rappelé combien « les partenaires » se contentaient d'exister en « collectif » lors des campagnes, mais gardaient leurs vieilles habitudes une fois la messe dite. Douché par des expériences déplorables, il considérait que, finalement, il fallait en revenir aux valeurs fondamentales de l'écologie et qu'il convenait de rejeter les arrangements entre amis.

Dès lors, une fois le message écologique agréé dans les urnes, il serait possible de se rapprocher des forces qui auraient obligation à se soumettre aux principes environnementaux, s'ils voulaient envisager une gouvernance commune. Pari risqué, mais potentiel intéressant. Il est désormais possible pour Yannick Jadot d'accueillir toutes les sensibilités voisines prêtes à suivre ses pas.

À noter que le Parti animaliste, qui en a fait sourire plus d'un, engrange 2,2 % des voix devant Lutte Ouvrière, les Patriotes ou encore les Gilets Jaunes. Il a même réussi à talonner le PCF (2,3 %) ou l'UDI (2,6 %) avec un handicap de poids : la distribution des bulletins de vote qui ne semble pas avoir été conforme. Quoi qu'il en soit, la question animalière progresse dans l'opinion publique et les décideurs seraient bien inspirés d'en prendre conscience.

27 mai
L'usage de la bonne foi

Tandis que je croise deux jeunes dans la rue, l'un dit à l'autre : « Ils ne savent pas qu'il y a une vie après la vie ! » J'envie leur assurance.

En poursuivant mon chemin, l'image de ma grand-mère maternelle me revient en mémoire. Je la revois à Sauveterre-de-Guyenne, allongée dans un vaste lit encadré d'imposants bougeoirs. La lumière incertaine qu'ils diffusent semble annoncer le dernier souffle de la mourante. Et, cependant, alors que les secondes semblent comptées, le visage de ma grand-mère devient de plus en plus lumineux. Il rayonne d'une étrange puissance, capable de faire de l'ombre aux candélabres. « Approche-toi, me souffle-t-elle. J'ai rendez-vous avec le Christ. J'ai attendu cet instant si longtemps. Mon histoire d'amour s'épanouit enfin. Ne sois pas triste, mon petit Allain. Pour rien au monde je voudrais que l'on me retire ce bonheur tant espéré… » Sans rougir, j'avoue ma frustration de ne pas être habité par cette foi capable de transcender le malheur de disparaître en bonheur de renaître.

Mon vagabondage me renvoie maintenant à un autre usage de la foi, celui de croire qu'un puissant divin aurait orchestré le vivant de la planète. Aux États-Unis, le mouvement créationniste est né au XIXe siècle, en réaction à la théorie de Darwin sur l'évolution. Bruno David, président du Muséum national d'Histoire naturelle, me confiait tout récemment son inquiétude face aux créationnistes qui gagnent du terrain. Une enquête IPSOS le confirme sur vingt-quatre pays étudiés. Ainsi, en Arabie Saoudite, 75 % des personnes interrogées croient au créationnisme, en Indonésie 57 %, en Afrique du Sud 56 %, aux États-Unis 40 %, tandis que 9 % des Français en sont également convaincus. Il est important de se rappeler qu'en 1925, quinze États américains sur quarante-huit condamnèrent l'enseignement de la théorie de l'évolution. Par bonheur, ces interdictions furent retoquées en 1967 au nom de la liberté d'expression. Au fond, plus que la bonne ou la mauvaise foi, c'est le bien-fondé qui doit éclairer.

28 mai
Borloo, le renard

Les louanges pleuvent en faveur de Yannick Jadot. La dernière est affichée par Jean-Louis Borloo qui ne trouve plus les mots pour dire combien l'ancien patron de Greenpeace s'est montré admirable lors du Grenelle de l'environnement. « C'était un interlocuteur remarquable, estimé de tous les acteurs de l'événement », déclare-t-il dans *Le Parisien.*

Aimable souvenir qui met sous le tapis les bras de fer que nous avons eus avec la FNSEA ou le Medef. À l'époque, Yannick Jadot s'apparentait davantage au grain de sable qu'à l'huile dans les rouages. Qu'importe. Alors que j'adresse un mot à Frédéric Mouchon, auteur de l'article dans *Le Parisien*, pour le féliciter d'avoir sorti le renard Borloo de son terrier, il me répond avec force un *smiley* souriant : « Il ne perd pas une occasion de tacler Macron en faisant les louanges de Jadot. » Sacré goupil.

30 mai
Toujours plus haut

En ce jour de l'Ascension, il n'est pas sacrilège de laisser vagabonder l'esprit jusqu'au plus haut des cieux en faisant escale sur le toit du monde. C'est là, à près de 9 000 mètres d'altitude, que la chaîne de l'Himalaya accueille le vol d'oies à tête barrée. Véritable prouesse pour ce palmipède de 2 à 3 kilos qui résiste à une pression atmosphérique réduite à un tiers de celle enregistrée au sol. Par ailleurs, cette contrainte limite la portance du vol et impose une respiration éprouvante, puisque chaque bouffée d'air est trois fois plus pauvre en oxygène qu'au niveau de la mer. Ajoutons des températures capables d'atteindre les – 50 °C et l'on conviendra que toutes les contraintes s'associent pour rendre ces vols de l'extrême impensables.

Et pourtant, l'exploit est battu par un vautour de Rüppell qui a percuté un avion à 11 300 mètres d'altitude. Il est désormais considéré comme le champion du monde de l'altitude. Impossible de résister à la tentation d'Icare. On éprouve le besoin de rejoindre l'infime point noir qui, tout là-haut, s'estompe dans le ciel azur. On s'imagine planant de concert avec lui, conformément aux parades nuptiales lorsque le couple de vautours se superpose dans une parfaite intimité. Dans ce miroir aérien, chaque oiseau renvoie l'image magistrale de l'autre. C'est alors que nous apprécions la portée de chaque plume capable de se cambrer en son extrémité pour plus efficacité. L'harmonie est si raffinée que les engins spatiaux en deviennent vulgaires.

Naturellement, la question se pose de savoir pourquoi et comment l'oiseau atteint de telles hauteurs. Les grands voiliers utilisent, avec dextérité, les courants ascendants qui les portent sans grands efforts. On dit qu'ils « pompent » en grimpant ainsi vers les sommets. Quant aux raisons qui les conduisent à emprunter les grandes altitudes, elles sont identiques à celles d'un avion. Aller haut pour avancer plus loin !

N'empêche que cette logique n'explique pas comment les oiseaux réussissent à surmonter les incroyables contraintes physiologiques. Sans aucun doute l'ascension relève-t-elle d'un certain miracle.

31 mai
Une liberté encadrée

Il fut un temps où les parcs exotiques rivalisaient avec les cabinets de curiosités. En gambadant dans une apparente liberté, des animaux tels que les grues couronnées, les oies d'Égypte, voire les wallabies d'Australie, égayaient un décor rigoureusement dessiné. Et chacun s'extasiait devant une nouvelle espèce miraculeusement vivante après une expédition meurtrière. Le goût de la collection justifiait tous les pillages puisqu'il participait au développement des connaissances.

Le parc de Clères, en Normandie, vers lequel je me dirige pour y lire des textes sur la nature, s'inscrit dans cette saga ambiguë. Jean Delacour (docteur en biologie) y avait aménagé, dès 1920, un véritable parc zoologique rempli d'animaux capturés de l'Asie du Sud-Est à Madagascar, en passant par les États-Unis. On lui prête la saisie de trente mille oiseaux et huit mille mammifères, qu'il redistribua dans d'autres parcs à Paris, Londres ou New York. Ses activités discutables comptèrent peu face à sa prodigieuse connaissance ornithologique, à tel point qu'il fut nommé président de la Ligue pour la Protection des Oiseaux en 1921. Impensable aujourd'hui !

La carrière de Jean Delacour s'est également épanouie aux États-Unis lorsqu'il obtient la direction du Muséum d'Histoire des Sciences de Los Angeles. De même, il a laissé des traces au zoo du Bronx, ou encore au Muséum d'Histoire naturelle de New York. Adoptant la nationalité américaine, il offrira cependant le parc de Clères au Muséum national d'Histoire naturelle, qui le confiera finalement au conseil départemental de la Seine-Maritime.

J'ai tourné des reportages dans ce site riche en histoire qui abrite l'une des plus rares collections de gallinacés au monde. Aujourd'hui, le parc fait figure de conservatoire et je ne cache pas mon émotion de fouler, de nouveau, le parc de ce château qui a tant résonné du concert d'une faune en sursis.

« Tout comme l'homme, les animaux ressentent
le plaisir et la douleur, le bonheur et le malheur »

CHARLES DARWIN

1er juin
La thérapie par la nature

Ce matin, la Normandie se montre séductrice. L'herbe est si grasse qu'on envie les vaches. Le ciel a balayé quelques moutons blancs et les vallons, les bocages, ainsi que les massifs forestiers, rivalisent de fantaisie dans ce tableau bucolique. Partout, les clochers s'étirent avec une telle grâce vers le divin qu'on aurait tort de s'inquiéter pour la rénovation de la flèche de Notre-Dame. Amoureux de la Bretagne, j'en viens à me demander comment je n'ai pas succombé au charme de sa voisine. De village en village, je me dirige avec bonheur vers le manoir d'Argueil. Sur le chemin, un bateau de pêcheur, ancré dans la campagne, invite à penser que la mer n'est plus très loin.

Construit de briques et de pierres blanches, le château témoin de l'art normand du XVIe siècle domine quelque 9 hectares arborés. C'est ici que j'ai rendez-vous avec l'association L'Envol qui vient en aide à des enfants touchés par de redoutables maladies. Plus de cinquante pathologies affectent les adhérents de l'association qui, depuis plus de vingt ans, offre l'évasion comme exécutoire. Il s'agit de multiplier les sorties culturelles, divertissantes ou pédagogiques.

Aujourd'hui, soixante personnes m'attendent pour un échange sur l'état de la biodiversité et la condition animale. La directrice générale de l'association Joanna Jammes les a conviées sous un bosquet de tilleuls, au coin d'un feu éteint. La flamme reste pourtant vive dans les cœurs. J'avoue ne pas savoir par quoi commencer. Ce que j'ai à dire n'a rien d'exaltant. Le déclin de la biodiversité, la maltraitance animale ne peuvent participer au réconfort. Peut-être vaudrait-il mieux évoquer les prouesses de la nature ? La sterne arctique qui vole d'un pôle à l'autre avec dextérité, le puma capable de bondir à 5 mètres de haut, l'autruche sprintant à 70 kilomètres par heure…

Finalement, je me lance. Les familles sont venues écouter l'état des lieux, c'est ce qui les motive. Nous passons plus d'une heure à échanger sur le constat et les solutions. J'ajoute à mes propos le texte admirable du chef indien Seattle, datant de 1854, ou encore la chanson bouleversante de Claude Nougaro sur le « vieux Tarzan déchu ». Le courant passe, les questions sont judicieuses. Je me sens soulagé. Joanna Jammes, à qui j'avais confié mon appréhension, me souffle : « Ils se sont évadés vers d'autres misères. C'est l'évasion qui compte. »

Nous nous dirigeons maintenant vers les animaux de la petite ferme pédagogique qui allège bien des cœurs malades. Après avoir nourri une truie et ses porcelets, c'est au tour des petits moutons d'Ouessant d'accueillir les enfants. Faisant suite à quelques tentatives maladroites, le petit Bernard réussit à garder la main ouverte, malgré la chatouille des lèvres des brebis qui veulent avaler goulûment une poignée de graines. Et si, en cet instant magique, la maladie était enfin dominée ? Non pas vaincue, mais reléguée, voire oubliée. C'est un triomphe fugitif de la vie.

4 juin
Un sillon commun

Yves Vérilhac et moi savons que nous n'avons pas grand-chose à attendre de ce rendez-vous avec Christiane Lambert, présidente de la Fédération nationale des syndicats d'exploitants agricoles (FNSEA). En arrivant au cinquième étage de l'imposant bâtiment du syndicat, elle nous accueille entourée de trois collaborateurs. Au programme : conjuguer nature et agriculture. Spontanément, j'opte pour la dérision : « Je t'ai beaucoup manqué, n'est-ce pas ? » Du tac au tac, Christiane me renvoie : « Autant que je t'ai manqué. »

Il faut dire que nos premières rencontres remontent à quelques décennies, alors que nous souhaitons créer l'agriculture FARRE (Agriculture Raisonnée, Respectueuse de l'Environnement). Cette idée fut très mal perçue par nos adhérents respectifs. Côté agriculture, Christiane Lambert était jugée vendue aux écologistes, tandis que nombre d'adhérents de la LPO n'admettaient pas que nous puissions pactiser avec la FNSEA. Ce qui fut considéré comme du *greenwashing* à l'époque finit par faire son bonhomme de chemin et a incontestablement contribué à faire évoluer les mentalités des producteurs agricoles. Je n'oublie pas qu'ensuite, Christiane Lambert s'est battue pour faire retoquer ma saisine sur la condition animale au CESE. La déception, panachée d'une terrible humiliation, n'a toujours pas cicatrisé.

Le rendez-vous d'aujourd'hui porte notamment sur les dégâts provoqués par certaines espèces. Le renard, par exemple, est dans la ligne de mire. Au nom des dommages qu'il pourrait causer dans certains élevages ici ou là, on le sanctionne dans tous les départements. Christiane Lambert me rejoint sur cette injustice et nous décidons de nous retourner vers le ministre de la Transition écologique et solidaire pour réviser le « plan nuisible ». N'osant croire en une si belle nouvelle, j'enchaîne sur l'attribution de budget aux chasseurs pour financer de bons comportements environnementaux du type plantations de haies, aménagements de bandes enherbées ou encore de mares. Pourquoi l'État financerait-il exclusivement les chasseurs ? La FNSEA et les associations naturalistes méritent tout autant lorsqu'ils engagent de bonnes pratiques.

Évidemment, la question de l'élevage ne peut être éludée. Je tente d'expliquer à Christiane qu'elle doit finir de s'arc-bouter face à une opinion publique qui n'admet plus la maltraitance. Elle souligne les nombreux efforts engagés par son syndicat pour faire évoluer les techniques d'élevage. Je plaide pour l'urgence du changement. Le temps n'est plus à l'interminable transition, mais à la rupture avec des techniques barbares. Il faut désormais donner des signaux forts, établir un échéancier, s'inspirer des pratiques positives réalisées dans le reste de l'Europe. Cela dit, comment lutter économiquement lorsque des pays comme la Pologne utilisent encore des élevages en batterie effrayants qui rendent les efforts réalisés en France non concurrentiels ? Vraie question. Mais je crois dans la solidarité alimentaire dès lors que les éleveurs jouent le jeu. En clair, les consommateurs se tourneront vers la qualité. Après une heure et demie de réflexion, nous n'avons évidemment pas clos les dossiers. Mais contre toute attente, il n'est pas exclu que nous progressions ensemble.

6 juin
Une mode canine

Le « dégagisme » a encore frappé. Voilà maintenant que les races de chiens dont nous sommes les plus complices en subissent les effets. Pour la première fois depuis 1946, le berger allemand, qui fut toujours considéré comme l'un des chiens préférés des Français, quitte le trio de tête pour être relégué à la cinquième place. L'humiliation est d'autant plus pesante que c'est un petit nouveau qui prend désormais la première place.

Avec douze mille naissances enregistrées, le berger australien (dont l'origine est en réalité américaine) se hisse en haut du podium, nous annonce la Société Centrale Canine. Le berger belge passe à la seconde place, suivi par le Staff bull terrier. Le golden retriever reste également populaire, tandis qu'à la dernière place (ou plutôt à la vingtième du classement), on retrouve l'aimable shih tzu, qui lui aussi a pourtant connu des heures de gloire. Reste à savoir pourquoi le berger australien est devenu aussi populaire.

L'effet de mode est universel. Tout le monde lui trouve des qualités remarquables, à commencer par ses yeux qui peuvent être vairons. Il lui arrive même d'avoir plusieurs teintes dans un œil. On pourrait entendre Jean Gabin s'exclamer : « T'as d'beaux yeux tu sais ! » Pas très grand, joyeux et robuste, le berger australien a séduit son monde assez rapidement puisque la Fédération cynologique internationiale n'a reconnu la race qu'en 1996. Quoi qu'il en soit, l'engouement pour les chiens de race fait incontestablement de l'ombre aux braves bâtards qui ne déméritent pourtant pas dans les refuges.

Près de deux cent trente-quatre mille chiens de races ont été inscrits au dernier recensement du Livre des Origines Français (LOF), soit une progression de 40 %. Et puisque nous en sommes aux bilans, je ne résiste pas au plaisir d'évoquer l'expertise de l'université de Colombie-Britannique au Canada qui a porté sur l'intelligence des chiens. Le border collie est premier sur le podium, suivi par le caniche royal, le berger allemand et le golden retriever. Pour tout dire, j'ai connu beaucoup de bâtards dans les refuges qui donnaient autant d'intelligence que d'amour.

7 juin
Quand la nature se déchaîne

1 h 33. Un assourdissant roulement de tonnerre annonce la tempête Miguel. Il est rapidement suivi

par d'autres qui déferlent en cascade tandis que la pluie, telle une armée de fantassins, occupe progressivement l'espace. Plus tard seulement, le vent entre en scène. Sa puissance est conforme aux prévisions. Les branches se couchent sur son passage sans avoir la force de se redresser. Résisteront-elles à ce bras de fer ? Cette nuit, seule la nature s'exprime, débarquant de nulle part, puisqu'elle est partout chez elle. Très vite, la bourrasque perd de sa superbe. La voilà qui faiblit au point de s'estomper fugitivement. Même la pluie retient ses gouttes. Fausse alerte.

Durant la matinée, un nouveau cortège incessant de nuages pluvieux défile dans un ciel plombé. Les arbres se tordent, les plantes s'affaissent. La domination du vent n'épargne même pas l'herbe condamnée à se coucher. Tout est astreint, modelé, infléchi, dompté par la vigueur du souffle. La girouette perd le nord. Une tourterelle et deux merles tentent pourtant de trouver leur pitance au milieu de cette tourmente. Fatigués, ils se réfugient sous un tamaris. En fin de journée seulement, la prétention éolienne s'essouffle en giflant de temps à autre la nature sans conviction.

Vient le temps de l'évaluation des dégâts. Bien sûr, quelques cicatrices feront place aux panaches verdoyants du vieux *Cupressus*. Mais c'est peut-être l'olivier qui gardera le plus en mémoire la violence qu'il vient de subir. Prometteur de milliers de petites fleurs blanches annonçant une récolte inespérée d'olives pour l'automne prochain, le voilà déshabillé. Sa sexualité s'est envolée. Humiliation suprême, il ne peut cacher sa nudité. Non loin, les feuilles des vignes grimpantes semblent avoir brûlé. Inlassablement frappées, elles ont perdu leur panache et pendouillent pitoyablement, tandis que les grappes annonçant des grains de raisin généreux se sont rabougries. Même les inoxydables bignones n'en mènent pas large. Que de sève vigoureuse faudra-t-il à ce paysage meurtri pour qu'il puisse promettre de nouveau ?

8 juin
Conjuguer culture et nature

Non loin de Poitiers, dans le délicat bocage viennois, Sanxay conserve les vestiges éloquents d'une puissance gallo-romaine. Plutôt gauloise ou romaine ? À cette question, la conservatrice du site me répond que la cohabitation de l'époque, il y a neuf siècles, permettait aux bourgeois gaulois d'apprécier les entrepreneurs romains. Seul Astérix résistait, un peu plus haut en Bretagne !

C'est ainsi qu'une ville et ses dépendances, couvrant près de 25 hectares, ont intégré un amphithéâtre adossé à flanc de coteau capable d'accueillir plus de six mille cinq cents spectateurs. On raconte que le spectacle incluait également des combats de gladiateurs ou des confrontations avec des fauves. Sa mise au jour permet aujourd'hui d'en admirer la grandeur. Chaque année, en août, les « Soirées lyriques de Sanxay » habillent les vestiges antiques de multiples gradins pour offrir de prodigieux opéras qu'on me demande bien souvent de présenter.

Un orchestre, comptant plus d'une centaine de musiciens et d'interprètes, donne ainsi écho à *La Traviata*, *Carmen*, *Nabucco*, *Aida* et tant d'autres chefs-d'œuvres. Quel privilège d'en être le témoin ! Côtoyant l'amphithéâtre, un complexe thermal de 6 000 m^2 autorisait les bains chauffés avec un confort inimaginable pour l'époque. Ce complexe historique, que je rejoins aujourd'hui, me procure d'autres joies. Le Centre des monuments nationaux (CMN) qui le gère a accepté d'en faire un refuge LPO. Bernard Le Magoarou, administrateur du site, me dit son plaisir d'une telle collaboration. Nous nous réjouissons de constater qu'il est judicieux de conjuguer le patrimoine culturel et le patrimoine naturel. J'en viens même à lancer l'idée improbable d'instituer, à l'université de Poitiers, une chaire qui pourrait former des guides polyvalents portant les deux patrimoines de concert. « Pas si fou », me répond-on du côté de l'université.

9 juin
Un coup d'éventail marin

Nonchalante ballade ce matin sur la plage abandonnée. La tempête Miguel a signé son passage en rehaussant le sable venu gonfler les dunes. La violence peut aussi se montrer généreuse. En revanche, une multitude de petites méduses ont achevé leur ballet en trébuchant sur l'estran avant de s'aplatir piteusement. Ces chairs aqueuses, définitivement informes, m'inspirent compassion. Leur grâce va manquer à l'entre-deux-eaux.

Un peu plus loin, des gorgones, surnommées « éventails de mer », sont également venues s'échouer dans les laisses de mer. Elles n'ont rien de commun avec les créatures fantastiques malfaisantes de la mythologie grecque, dont le regard pétrifie les personnes qui les regardent. De couleur blanche, rose éclatant, violet ou encore ébène, leurs cadavres racontent l'ultime scène dans le linceul de sable. Victimes de la disgrâce des flots, elles paient un tribut défigurant. Décharnées, squelettiques, amputées, étouffées d'algues rouges et vertes, martyrisées, elles gisent sur la côte, loin de leur résidence marine. Que reste-t-il de ces coraux en forme d'arbre de vie ? Leur adaptation les avait invités à se fixer perpendiculairement au courant pour capter le plus modeste des planctons. Cette stratégie les amenait à mépriser le soleil inutile et à conquérir des espaces plus profonds. La tempête n'a pas épargné leur improbable cachette. Secoués par les courants, ils ont fini par céder avant d'expirer définitivement.

Ce qui appartient à la mer doit rester aux flots, mais je ne résiste pas au désir d'offrir une deuxième vie à ces misérables gorgones. Une à une je les recueille, tente de leur redonner l'apparence superbe des belles profondeurs. Bientôt, je les offrirai à des amis, en racontant le destin précaire de ces êtres si étrangers à la mythologie grecque.

10 juin
Belle de jour comme de nuit

Convenons-en, cette terre-là n'a rien d'accueillant. Sèche, grumeleuse, empierrée, arrosée d'embruns, elle manque singulièrement de générosité. Et c'est pourtant dans cet agglomérat douteux que va naître la délicieuse plante nommée « belle-de-nuit ».

Dans l'île de Ré, voilà déjà près d'une semaine qu'une modeste pousse d'un vert flamboyant a percé la terre, encouragée par la lumière et motivée par la chaleur. À ses côtés, d'autres cherchent encore à s'élever, telle une forêt de vie. Partout des feuilles s'épanouissent pour emplir l'espace, tandis que des tiges puissantes en viennent à porter la ramure. Une cathédrale de la nature prend corps avec sa forêt de supports qui maintiennent un bosquet désormais imposant. En quelques jours, un buisson compact a recouvert toute autre forme de vie. C'est sur ce lit de promesses que la belle va dessiner ses atouts. Elle offre désormais son sexe en spectacle, impudique. Mais peut-on lui faire le reproche de l'exhibition alors qu'elle attend que s'efface le jour pour déployer sa beauté ? De même, elle se délestera de tous ses pétales chatoyants lorsque le matin viendra.

Pourquoi être belle de nuit ? Un botaniste m'a répondu : « Peut-être parce qu'elle doute de ses facultés d'attraction. En plein jour, elle devrait rivaliser pour que les butineuses la fréquentent. De nuit, les visiteurs sont moins nombreux mais plus consciencieux. » Quoi qu'il en soit, lorsqu'elle fut ramenée du Pérou, vers la fin du XVIe siècle, le grand naturaliste Carl von Linné jugea opportun d'accoler *mirabilis* (« admirable ») à son nom latin. Je partage pleinement cette reconnaissance lorsque s'affiche la palette de couleurs florales. Rose, rouge, jaune, blanc, mauve et parfois un mélange de plusieurs de ces teintes figure au nuancier.

Les imposants massifs courent le long des rues rétaises, cohabitant heureusement avec les roses trémières jusqu'aux jours d'automne qui voient disparaître les oiseaux migrateurs. C'est alors qu'usée de fatigue de s'être trop exhibée, la belle-de-nuit s'effondre brutalement. Son ossature affaissée annonce la fin d'une existence éblouissante. Ultime cadeau de la belle à nous autres, ses admirateurs, une pluie de graines noires qui annoncent une nouvelle féerie pour l'année prochaine.

12 juin
Des arches en sursis

« Vu les promesses, on espérait un feu d'artifice de propositions, on nous a offert un pétard mouillé. » En résumant ainsi les propos du Premier ministre sur la question écologique lors de son discours de politique générale, j'avoue que ma formule n'est guère éblouissante. Elle résume pourtant ma déception.

Convié à un débat en direct sur LCI, je poursuis le combat face à l'absence totale d'intérêt porté au déclin de la biodiversité. À croire que le sommet des scientifiques de l'IPBES qui s'est déroulé à Paris il y a moins de deux mois n'a laissé aucune trace. Je rappelle que ces derniers révélaient pourtant l'hémorragie du vivant avec un déclin de près d'un million d'espèces sur huit millions identifiées. Ce mépris à l'égard de ce constat est d'autant plus coupable que les scientifiques ne s'en tenaient pas à un état des lieux, mais se montraient force de proposition. Le gouvernement avait donc toute latitude pour retenir quelques recommandations à mettre en œuvre.

Et tant que j'y suis, je livre devant des chroniqueurs ahuris la dernière information qui circule en coulisse : le président Macron s'apprêterait à donner les îles Éparses à Madagascar. Ce geste, apparemment généreux, permettrait de soulager l'État, en charge d'une bonne gestion de l'archipel. Or, ces cinq îles, totalisant 40 kilomètres carrés, sont des hauts lieux de la biodiversité (oiseaux marins, tortues ou récifs coralliens) et abritent un site référent pour les suivis climatiques. Sans être désobligeant à l'égard du gouvernement malgache, il paraît évident qu'il n'a pas les moyens d'assurer le contrôle de cette zone et qu'il résistera probablement difficilement à la tentation d'exploitation (surpêche, hydrocarbures, etc.). Les ONG se mobilisent pour maintenir la pérennité des îles Éparses, mais comment créer un engouement pour quelques îlots perdus à 8 663 kilomètres de Paris ?

15 juin
Le blaireau traqué

Mon ami Marc Giraud, naturaliste des grands chemins, s'enthousiasme pour l'herbe folle comme d'autres sont admiratifs de la canopée amazonienne. À ses yeux, le plus modeste des pissenlits vaut l'exotisme d'un baobab. Mais, depuis quelque temps, ses vagabondages bucoliques s'effacent devant une unique préoccupation : venir en aide au blaireau, le mal-aimé.

Avec son association pour la protection des animaux sauvages (ASPAS), il a décidé de tout mettre en œuvre pour endiguer les violences faites à celui qu'il qualifie de « panda de l'Hexagone ». Dans sa ligne de mire : le déterrage. Ce type de chasse consiste à lâcher des chiens dans un terrier afin d'acculer le blaireau, leur aboiement permet de localiser la position de l'animal. Les équipages creusent alors à la verticale jusqu'à atteindre la pauvre bête apeurée. L'opération peut s'éterniser durant plusieurs heures avant qu'elle ne soit attrapée avec une pince métallique, puis tuée à l'arme blanche. La moité des mille deux cents équipages recensés en France seraient spécialisés dans cette pratique qui conduit au massacre d'environ douze mille blaireaux chaque année.

Le plus choquant reste peut-être les dérogations accordées à cette tradition de déterrage, permettant une intervention de mai à septembre, pendant la période où les jeunes sont allaités, encore dépendants de leur mère pour se nourrir. Très soudée, la cellule familiale ne peut évidemment pas résister à la violence de la « vénerie sous terre ». Qu'en est-il ailleurs en Europe ? Le blaireau est protégé de manière plus ou moins forte dans la plupart des pays. Son déterrage est interdit en Belgique, aux Pays-Bas, en Irlande, en Italie ou encore au Portugal. Par ailleurs, un sondage IPSOS, initié par One Voice, fait apparaître que 83 % des Français sont favorables à l'interdiction de cette pratique. Encore une fois, le nombre ne fait pas toujours la force.

16 juin
Sites protégés en danger

La simplification complique parfois la vie. En tout cas, celle des personnes qui se battent pour préserver les patrimoines culturels ou naturels menacés d'« allègement ». Ainsi Stéphane Bern, Isabelle Autissier, Michel Dubromel et moi-même, en plus d'une dizaine d'autres représentants d'ONG, signons aujourd'hui une tribune dans le *Journal du Dimanche* pour alerter sur la mise en danger des sites classés. Pour comprendre l'affaire, il faut savoir que la France en compte près de deux mille sept cents, allant du Mont Saint-Michel au pont du Gard, en passant par les gorges du Tarn. Or, la question s'est légitimement posée de savoir comment simplifier l'instruction d'éventuels aménagements de ces sites, en allégeant les exigences.

Après trois ans de négociations, un décret semblait convenir à tous. Il relâchait les contraintes sans ouvrir la porte aux abus. À la surprise générale, le gouvernement souhaite aujourd'hui repasser la patate chaude aux préfets de départements. Ce serait désormais à eux de statuer sur cette décision, en risquant d'assouplir la délivrance des autorisations de travaux. Ce n'est pas leur faire offense que de penser qu'ils seront inévitablement confrontés aux pressions locales et qu'ils n'auront pas les mêmes compétences que le Conseil national de la protection de la nature, le Réseau des Grands Sites de France, etc. L'inquiétude d'une responsabilité accordée aux préfets repose notamment sur le fait que certains d'entre eux ne s'embarrassent pas pour autoriser des retenues d'eau pour la neige artificielle, des remonte-pentes ou des parkings.

Depuis la loi de 1906, le classement de certains sites permettait de transmettre les paysages emblématiques aux générations futures en confiant au ministre de l'Environnement le contrôle des travaux qui pouvaient s'imposer. La démarche n'a pas démérité, si l'on s'en tient à la richesse patrimoniale admirable de notre pays. Pour qu'il reste en l'état, nous invitons les Français à donner leur avis en participant massivement à la consultation en ligne sur le site du ministère de la Transition écologique et solidaire. Affaire à suivre.

19 juin
L'absence d'intelligence du cœur

Adossé à la galerie de paléontologie, le petit amphithéâtre de la galerie d'anatomie comparée ne compte guère plus d'une centaine de places. Aux murs, des peintures évoquant l'intelligence humaine. Ici, l'art naissant de la poterie, ailleurs l'épanouissement du métal, tandis que le plafond nous renvoie une allégorie de la conquête du monde par les hommes.

Réalisés juste avant l'Exposition universelle, ces polyptyques honorent notre intelligence sans mesurer les conséquences de son usage aveugle. C'est dans ce lieu si symbolique qu'en compagnie de Bruno David, président du Muséum national d'Histoire naturelle, je signe, au nom de la LPO, une convention de collaboration avec Séché Environnement. Son président, Joël Séché, est accompagné d'une cinquantaine de collaborateurs. Tous semblent heureux d'apporter leur compétence à la préservation de la biodiversité.

L'occasion nous est donnée de visiter la galerie de paléontologie construite en 1898. 2 500 m^2 accueillent des ossements qui racontent l'histoire de la vie. Le squelette du rhinocéros de Louis XV côtoie le seul authentique squelette de mammouth laineux conservé hors de Russie, tandis qu'une « vache de mer » (Rhytine de Steller) reste figée pour l'éternité. L'espèce fut découverte en 1741, vingt-sept ans plus tard, elle était anéantie, victime de massacres… Où est ici l'intelligence humaine tant vantée ?

Une bonne nouvelle compense la tristesse d'une page de la vie qui s'est tournée. L'équipe de l'artiste Christo, qui envisageait d'emballer l'Arc de triomphe en avril 2020, alors que des faucons crécerelles nidifient dans les bas-reliefs, vient de reporter le projet à après l'envol des poussins. L'art et la nature se conjuguent parfois…

20 juin
L'école de la nature

Pour avoir bien souvent fait le bras de fer avec Ségolène Royal, j'éprouve aujourd'hui le besoin de lui rendre sincèrement hommage.

En 2015, elle avait lancé avec Najat Vallaud-Belkacem l'idée de faire rentrer l'étude de la biodiversité à l'école. La démarche était méritoire, tant les habitudes prises dans l'univers scolaire sont difficiles à bouger. Évidemment, à l'époque, la LPO n'avait pas manqué de favoriser cette initative en proposant son expérience aux enseignants. Aujourd'hui, à l'occasion des Assises de la biodiversité, nous faisons le bilan avec Michel Bournat, président de Paris Saclay, qui a contribué à la mise en œuvre de cette opération.

Aurélie Proust, qui assure l'animation, résume l'engagement de DABE (Découvrir et accueillir la biodiversité à l'école) : « Soixante-six classes se sont investies avec enthousiasme. » Ici des hôtels à insectes, ailleurs des nichoirs et des mangeoires. Les plantations multiples participent aussi à l'intérêt porté par les élèves. Séquence émotion, j'ai la conviction que ces jeunes considéreront la nature avec respect dans l'avenir. Le message passe.

Dans la même journée, j'ai inauguré un Refuge LPO dans un espace public de Gif-sur-Yvette avant de planter « le premier pieu » du futur observatoire ornithologique des étangs de Saclay. Les nombreux élus présents à cette occasion reconnaissent qu'il aura fallu trois ans avant cette cérémonie. Les lenteurs administratives donnent le vertige, mais on reprend rapidement pied lorsque la bonne cause avance… malgré tout.

21 juin
L'éloge de la lenteur

En 2001, nos cousins Québécois lançaient l'idée d'une Journée de la lenteur. Depuis, chaque 21 juin, plus longue journée de l'année, nous sommes invités à écouter la nature ou les chants sacrés, à méditer, à faire du yoga, en résumé à prendre le temps de vivre. Cette voluptueuse initative ne semble pas avoir atteint les côtes de la vieille Europe, tant il est vrai que nous ne sommes guère préparés à réduire notre suractivité. En attendant de réveiller notre potentiel épicurien, on peut se demander ce qu'il en est dans le monde animal.

En haut du podium, rien d'étonnant à ce que l'on retrouve le paresseux qui s'octroie 12 heures de sommeil par jour et dont la vitesse (lorsqu'il éprouve le besoin d'un déplacement !) se réduit à moins de 10 mètres à la minute. Plus étonnant encore, il a su s'adapter en ne descendant au sol qu'exceptionnellement afin d'éviter les prédateurs. C'est ainsi qu'il ne fait ses besoins qu'une fois par semaine en se libérant de plus d'un tiers de son poids !

Les tortues figurent également au palmarès avec une moyenne de 0,25 kilomètres par heure. Cependant il y a des exceptions ! Par exemple, la tortue luth (une espèce marine pouvant dépasser les 500 kilos) atteint les 10 kilomètres par heure, tandis que la tortue verte bat tous les records avec une vitesse de 35 kilomètres par heure. À noter que « Berdie », une tortue léopard terrestre, a battu le record du *Guinness* en parcourant 5,48 mètres en 19,59 secondes.

Un mot sur l'escargot de Bourgogne, qui atteint une vitesse maximale de 5 mètres par heure mais qui reste plus rapide que les limaces, dont les déplacements se limitent à 2 mètres par heure, tandis que l'anémone de mer s'en tient à 2 centimètres par heure. Pour le plaisir, n'oublions pas qu'un ver de terre peut parcourir 1 kilomètre en cinq jours, tout en travaillant admirablement. *Total respect !*

Certains scientifiques font l'éloge de la lenteur en lui trouvant bien des avantages, d'autres restent sceptiques. Je m'en tiendrai au point de vue de Voltaire : « Le monde avec lenteur marche vers la sagesse. »[1]

22 juin
Au service des animaux

– Désolé, nous devons partir en intervention ! me dit un pompier.

– Pour quel animal ?

– Un chevreuil qui est rentré dans une maison...

En moins d'une minute, le véhicule d'intervention animalière des sapeurs-pompiers de Méré a plié son matériel avant de partir, toutes sirènes activées. Il reviendra plus tard pour participer à la journée portes ouvertes permettant de présenter au grand public toutes les activités conduites par les sapeurs-pompiers et la gendarmerie en faveur des animaux. En attendant, Jean-Pierre Coville, qui a créé le groupe de secours

1. Voltaire, *Les Lois de Minos*.

animalier en 1996, ne peut s'empêcher de rappeler le passé : « C'est en observant le travail constant de Brigitte Bardot pour les animaux que j'ai pensé que nous, les pompiers, on pouvait faire notre part. »

Aujourd'hui, ce groupe assure plus de cent cinquante interventions par an, dont près d'un tiers consacré au sauvetage des chevaux. La compétence des pompiers s'étend à de nombreuses missions, comme la récupération des chouettes dans les cheminées, la capture de serpents abandonnés ou de félins délaissés. Non loin du stand valorisant ces actions, la gendarmerie présente le groupe d'investigation cynophile de Beynes, dirigé par Yves Bouret. Enthousiaste, ce dernier évoque avec affection et respect les chiens qui participent à la recherche de personnes disparues, qui interviennent lors d'incendies et de séismes ou qui localisent la drogue. « Ce n'est pas le fruit du dressage mais d'une éducation basée sur le jeu et la récompense », tient à préciser Yves Bouret, qui ajoute : « À la retraite, nous gardons bien souvent les chiens. Nous avons connu tant de moments exceptionnels ensemble… »

25 juin
L'inspiration de Darwin

Une dépêche de l'AFP me renvoie vingt-cinq ans en arrière, alors que je débarquais pour la première fois sur l'archipel des Galapagos en pensant marcher dans les pas de Darwin. J'apprends aujourd'hui que l'Unesco vient d'agrandir de près de 15 millions d'hectares la réserve de biosphère la plus célèbre au monde, afin de la préserver. Heureux dénouement, alors que je conserve le souvenir d'un archipel gangrené par un tourisme débridé.

À l'époque, j'avais évoqué la situation avec le professeur Jean Dorst, ancien président du Muséum national d'Histoire naturelle, en lui proposant de retirer le label « Patrimoine Mondial » si le gouvernement équatorien ne mettait pas un terme à cette surfréquentation et au braconnage de concombres de mer pratiqué en complicité avec les autorités locales. Le vieux professeur, qui s'est tant battu pour que vivent les Galapagos, en avait accepté l'idée en désespoir de cause. Il quitta cette terre qu'il aimait tant avant de sanctionner le sanctuaire de Darwin.

Situé à environ 1 000 kilomètres des côtes sud-américaines, l'archipel résume la prodigieuse aventure de la vie. Il y a près de quatre millions d'années, la puissance des volcans a fait émerger cent vingt-sept îles, îlots et rochers, dont le point le plus haut dépasse les 1 700 mètres. Comment ces déserts de magma ont-ils accueilli la diversité du vivant ? Grâce à d'improbables colonisateurs. Les oiseaux ont tout logiquement emprunté la voie des airs, les tortues ont nagé, les iguanes se sont accrochés à des souches, tandis que les graines étaient portées par les vents. C'est alors que chacune des espèces s'est adaptée pour survivre.

Dès 1835, le jeune Charles Darwin est convaincu de cette capacité d'adaptation des animaux. En observant les pinsons, il constate que ces petits passereaux ressemblent fidèlement à ceux de sa vieille Angleterre, sauf que certains ont un gros bec, d'autres un bec plus petit ou encore clairement pointu. Selon lui, chacun a développé l'organe le plus opérationnel pour se nourrir de graines, de larves, et autres bestioles. L'archipel des Galapagos a ainsi planté les racines de la théorie de l'évolution. Je pense à Jean Dorst, qui aurait aimé connaître la consécration des Galapagos décrétée aujourd'hui.

29 juin
Ça chauffe pour la planète

Cela ressemble à un film catastrophe. Rien de fictif pourtant dans les informations qui s'accumulent d'heure en heure, détaillant une situation inimaginable. La canicule frappe avec une telle violence qu'on en mesure immédiatement les conséquences dramatiques.

Dans l'étang de Bolmon près de Marseille, des milliers de poissons – principalement des carpes et des anguilles – ont été retrouvés morts. On évoque près de 3 tonnes de cadavres. D'après Météo France, la température ayant grimpé jusqu'à près de 40 °C a généré un manque important d'oxygène dans l'eau. Il faudra au moins trois jours pour évacuer les victimes. Dans le même temps, les éleveurs de vingt-quatre départements vont être autorisés à faucher leur jachère en raison de la sécheresse qui réduit l'herbe disponible pour nourrir les animaux. Or ces jachères, ou « surfaces d'intérêt écologique », sont théoriquement inexploitées pour préserver la faune et la flore sauvages. Elles bénéficient, à ce titre, de subventions. Le ministère de l'Agriculture nous rassure, il s'agit là de « mesures exceptionnelles ».

L'Union Nationale de l'Apiculture Française (UNAF) lance également un cri d'alarme. « Les abeilles ne récoltent plus rien. Dans les ruches, c'est la famine. On est obligés de les nourrir avec du sirop car elles risquent de mourir de faim », souligne Henri Clément, le porte-parole de la fédération. En cause, les conditions climatiques conjuguant chaleur intense, pluies de grêlons et autres événements inhabituels. Résultat, la France, déjà très loin d'être autosuffisante puisqu'elle produit au mieux 20 000 tonnes de miel pour 40 000 tonnes consommées par an, pourrait atteindre une sous-production jamais égalée.

Dans les centres de soins pour la faune sauvage, la situation de crise est également d'actualité. La canicule a touché principalement les jeunes martinets dont les nids aménagés dans des trous de murs se sont transformés en étuves, atteignant les 40 °C. Pour échapper à la fournaise, les jeunes n'hésitent pas à se jeter dans le vide alors qu'ils n'ont pas encore un plumage capable de les porter. De nombreux bénévoles se sont mobilisés pour récupérer les oiseaux, les alimenter et, plus tard, les relâcher. Malgré cet élan de solidarité, la fragilité déjà avérée des populations de martinets risque de s'aggraver.

La chaleur menace une espèce sur six, selon une étude menée par les scientifiques de l'université du Connecticut. Chaque degré supplémentaire fait augmenter le nombre d'espèces menacées. Or on évalue déjà des pics de chaleur à plus de 50 °C durant la prochaine décennie. Même en ne confondant pas météo et climat, je crois que les climatosceptiques auront de plus en plus de mal à justifier leurs doutes.

30 juin
Un combat commun

Le conseil d'administration de la LPO est reconduit à l'unanimité, j'en suis donc de nouveau le président. Pour beaucoup, ce vote est sans surprise. J'en suis pourtant étonné chaque année depuis plus de trente ans.

Lorsqu'on m'a demandé d'assurer la présidence de la LPO, je ne m'en sentais ni les compétences ni le temps. J'ai accepté par admiration pour cette association qui conjugue la rigueur et la détermination. Mais il n'était pas question de dépasser les trois ans de responsabilité. Un intérim me semblait grandement suffisant. Pourtant, le braconnage des tourterelles dans le Médoc, le procès de l'*Erika* ou la capture des ortolans dans les Landes m'ont entraîné vers un horizon sans cesse repoussé. Et voilà plus de trois décennies que j'accompagne le cheminement de cette association qui compte aujourd'hui quatre cent vingts salariés et cinquante-cinq mille membres.

Lors du congrès qui s'achève aujourd'hui à Châtelaillon, je mesure avec émotion et admiration l'engagement de tous les congressistes présents. Partout en France, ils portent le message du respect de la biodiversité, souvent dans l'ombre, sans bénéficier, comme moi, des projecteurs de l'actualité. Leur démarche n'en est que plus remarquable. Au-delà des convictions, la convivialité soude notre communauté. C'est une force indispensable pour développer une association comme la nôtre. Face au déclin de la biodiversité, nous nous sentons unis pour agir, nous sommes prêts à surmonter les épreuves.

À ce propos, et sans grossir le trait, comment ne pas évoquer l'absence de François de Rugy qui s'était engagé à intervenir et qui n'a même pas eu l'élégance de s'excuser ? Cette défection me renvoie au congrès de la Fédération nationale des chasseurs qui s'est tenu le 20 mars et qu'il a honoré de sa présence, avec trois autres ministres ! Son attitude méprisante n'affecte pas tant la LPO que les idées qu'elle porte.

Nous nous sommes consolés avec joie en remettant deux « Macareux d'or » pour services rendus. L'un à Olivier Maigre, un naturaliste éleveur qui, pendant dix ans, a localisé les zones de piégeage d'ortolans dans les Landes et l'autre à Wendy Bouchard qui, sans cesse, fait écho à nos combats dans ses nombreuses émissions. « Les joyeux guérissent toujours », disait Rabelais.

« Les animaux n'ont pas, comme l'homme, l'orgueil de se croire le roi des animaux »

Théodore Monod

1er juillet
Au nom de la biodiversité

C'est place Beauvau, au ministère de l'Intérieur, que je suis invité à intervenir lors du comité ministériel du développement durable. Vanessa Lorioux, en charge du développement associatif à la LPO, a préparé la rencontre qui doit conduire à la signature d'un accord-cadre d'une durée de cinq ans entre l'État et notre association.

Autour de la table, une trentaine de fonctionnaires échangent sur la nécessité de préserver la nature. Le gendarme Michael Pasquet est le plus éloquent. Il préconise un engagement total en faveur de la biodiversité. J'en viens à entendre parler de papillons, de retour des hirondelles ou encore de danger des pesticides. Il est des moments d'exception inespérés. Avant de signer un document qui engage le ministère de l'Intérieur à créer des refuges LPO parmi les dix-huit mille sites du type préfectures ou gendarmeries, le général Christophe Mirmand, responsable en charge du développement durable, invite toutes les parties à multiplier les initiatives visant à protéger la nature.

Je prends ensuite la parole pour évoquer avec sincérité la qualité exemplaire de notre accord. Je souligne combien cette collaboration est une réponse positive aux scientifiques de l'IPBES qui ont récemment alerté les gouvernements sur la nécessité d'agir en faveur de la biodiversité. Évoquant les raisons de la disparition des espèces, je précise que l'agriculture intensive vient en tête des préoccupations. J'ajoute que l'artificialisation, c'est-à-dire le béton et l'asphalte qui rongent les espaces naturels et agricoles, figure parmi les causes les plus impactantes. Incapable de résister au plaisir d'un moment d'humour, j'annonce que j'en viens à regretter la construction grandissante des ronds-points en rappelant qu'ils furent nécessaires aux gilets jaunes. Espérant quelques sourires complices, je subis un silence glacial qui m'apprendra à mesurer l'opportunité de mes « blagounettes » !

3 juillet
Les animaux prisonniers

Dans la grande salle de réunion du ministère de la Transition écologique, une trentaine d'intervenants s'apprêtent à faire le point sur l'état de la captivité de la faune sauvage. François de Rugy me salue en affichant un aimable sourire. Je garde en mémoire qu'il ne s'est même pas excusé de son absence au congrès de la LPO. Impossible de ne pas lui lancer :

– Je pensais que tu étais malade !

– Non, non, répond-il, un peu désemparé.

– Avec tes cadeaux aux chasseurs, on va au *clash*.

– On en reparlera, lâche-t-il en allant serrer d'autres mains.

Une réunion de deux heures et demie s'engage alors pour mesurer l'avancée des négociations après trois mois d'échanges entre les associations de protection animale et les professionnels des cirques, parcs zoologiques, delphinariums et élevages de visons. Le député Loïc Dombreval ne manque pas de courage en affirmant dès l'ouverture de la réunion : « Un animal sauvage n'a rien à faire en captivité. » Il ne sera suivi ni par l'Association des maires de France (qui veut maintenir le principe des animaux sauvages dans les cirques) ni par la représentante des vétérinaires qui n'envisage que des améliorations à apporter, rien de plus.

Conformément à ce type de négociation, chacun prend la parole pour défendre son point de vue. À l'évidence, le sujet divise et bloque les décisions. D'un côté, les associations de protection animale rappellent que l'opinion publique ne supporte plus ce type de captivité, que les données scientifiques confirment une forme de maltraitance, que la morale et l'éthique imposent de revoir nos mauvaises habitudes et qu'il faut donc y mettre un terme. De l'autre, les circassiens, les éleveurs de visons et les delphinariums affirment qu'ils ne changeront pas de modèle, faute de quoi ils ne pourraient éviter le dépôt de bilan et le chômage. Seuls les parcs zoologiques, prêts à évoluer, gardent des distances face aux autres professionnels. François de Rugy s'est accordé l'été pour trancher. À la rentrée de septembre, on saura si le gouvernement peut se flatter d'avoir fait avancer le bien-être animal ou si nous avons vécu un pastiche d'embellie.

5 juillet
Le délit de faciès

La nature est comme l'être chéri. Il ne suffit pas de lui dire qu'on l'aime, il faut lui donner des preuves d'amour. Hormis quelques disciples de l'asphalte, nous vénérons tous la nature. Mais quels témoignages de notre affection lui manifestons-nous ? Bien peu, en vérité. Sauf, peut-être, lorsque notre compassion se traduit par un bénéfice.

Ainsi, les abeilles, charmantes butineuses, méritent toute notre attention, même si elles se montrent parfois piqueuses. Grâce à leur dévouement, nous produisons 80 % de l'agroalimentaire, on affiche donc une légitime reconnaissance à leur égard. En revanche, quel regard portons-nous sur le lézard vivipare, l'outarde canepetière ou le crapaud calamite ? On ne leur veut pas de mal, certes, on espère même pour eux le meilleur des destins. Mais convenons que notre bienveillance n'est guère exaltée. C'est tout le problème de l'amour sélectif que nous portons à la nature, tandis que le mot « mal-aimé » prend ici toute sa signification.

Récemment, une équipe internationale de chercheurs conduite par Franck Courchamp du CNRS constatait que, paradoxalement, les animaux les plus populaires étaient devenus les plus menacés. En tête de liste le lion, le tigre et l'éléphant figurent parmi les animaux les plus appréciés, on le constate notamment par leur présence dans la publicité. Or leur population s'effondre dans la nature. Le comble est que, non seulement ils ne bénéficient pas de leur popularité, mais ils font de l'ombre aux « sans-grade ».

Lors de sa visite à Paris, Robert Watson, président de l'IPBES, plaidait pour les mal-aimés que sont les vers de terre « sans yeux ni jambes, qui ressemblent à des extraterrestres ». Plus les animaux sont mignons, plus ils récoltent des fonds. Quel grand cœur peut porter la cause des « gueules cassées » ? En lisant *Les Contemplations* de Victor Hugo, j'ai trouvé notre homme : « J'aime l'araignée et j'aime l'ortie », dit-il en ajoutant : « Parce qu'on les hait », avant de conclure plus tard : « Pour peu qu'on leur jette un œil moins superbe, tout bas, loin du jour, la mauvaise bête et la mauvaise herbe murmurent : "Amour !" » En somme, on en revient à la preuve d'amour.

7 juillet
La puissance d'une passion

Ce grand gaillard de 28 ans dégage une générosité troublante. Il invite au partage, à l'écoute. Avant même de rencontrer Tico (c'est ainsi qu'il se fait appeler), j'avais déjà été séduit par son projet il y a sept ans. Son profil correspondait parfaitement aux candidats de la Fondation de la Vocation. J'ai ainsi défendu son dossier lors de la sélection et j'ai eu le bonheur de le voir désigné lauréat.

Notre rendez-vous aujourd'hui vise à faire le point sur l'état de son engagement. D'emblée, il tient à dire combien la Fondation a bouleversé sa vie. Au-delà du budget reçu, la confiance qu'on lui a accordée a été un véritable tremplin pour lui. L'écoutant, je ne peux éviter le retour en arrière. Timide mais opiniâtre, je me revois, à son âge, enfin crédité d'une reconnaissance m'invitant à poursuivre ma vocation.

L'ambition de Tico n'est pas ordinaire. Dès l'enfance, il rêve de jungle et de jaguar et ne peut qu'envisager une cohabitation avec le plus grand des félins des Amériques. Certes, l'animal est insolent de beauté et de puissance (il peut traîner un taureau de 360 kilos par la force de ses mâchoires) mais cela suffit-il à lui consacrer une vie ? À l'instar des Mayas ou des Aztèques, Tico entretient un lien mythologique avec l'animal. Son énergie va le conduire au Costa Rica, qui compte moins d'une vingtaine de félins. Il veut photographier chacun des rares jaguars. Un des clichés, qui sera agrandi à l'échelle de 2 mètres sur 1 mètre, est stupéfiant. Le jeu d'ombre et de lumière sur une forêt tropicale accueillant le puissant félin n'est pas sans rappeler le Douanier Rousseau.

Tico a mis au point un véritable studio photo en pleine nature pour atteindre cette qualité. Restait à trouver les jaguars. « J'ai pensé comme un jaguar, j'ai réagi comme lui, j'ai partagé ses désirs et j'ai fini par trouver son territoire », me confie Tico, qui ajoute qu'il a surtout localisé les passages préférés de l'animal, qu'il a rapidement baptisé « l'avenue jaguar ». En vendant ses étonnants clichés, il espère racheter le fief du félin menacé pour le soustraire à toute forme d'exploitation.

Alors que je lui demande comment il s'est initié à la photographie, il me répond sans rire : « Sachant que je devais apprendre à photographier l'exceptionnel, j'ai commencé par chercher des Lamborghini du côté de la porte d'Auteuil dans le 16e et j'ai tenté de trouver le regard qui convenait. » La fantaisie enrichit toujours la vocation.

9 juillet
En complicité avec Borloo

Jean-Louis Borloo, que je n'ai guère revu depuis ses difficultés de santé, rayonne de bien-être. Nous nous retrouvons dans un restaurant pour refaire le monde, tout simplement.

Lorsqu'il était ministre, j'aimais ces moments hors du temps qui nous amenaient à nous enthousiasmer ou nous révolter au gré des sujets du moment. Après s'être enquis, comme chaque fois que nous nous retrouvons, de ma « condition sentimentale », il ouvre la discussion sur le président du Sénat, Gérard Larcher : « Je pense qu'il faut être vétérinaire pour comprendre les hommes », lâche-t-il, plutôt satisfait de sa formule. De mon côté, je regrette qu'il ne se soit pas davantage penché sur la condition animale pour engager les réformes qui devraient honorer les hommes.

Dans la foulée, Jean-Louis m'annonce qu'il ne donnera pas suite à la proposition, pourtant séduisante, de prendre en charge le groupe Huawei France. Évitant de rentrer dans les détails, il se justifiera plus tard dans un tweet en indiquant qu'il a été honoré par la proposition mais que d'autres engagements lui interdisaient d'accepter. Y a-t-il d'autres raisons qui m'échappent ? Jean-Louis n'en dit pas davantage.

Revenant sans nostalgie sur le Grenelle de l'environnement, l'ancien ministre regrette de ne pas avoir suffisamment mesuré l'urgence de la biodiversité. Il considère qu'avec la surpopulation, le climat et le numérique, cette cause figure aujourd'hui parmi les priorités de la gouvernance. Après de multiples échanges, Jean-Louis en vient à notre situation : « Nous serions ingrats et vulgaires de ne pas apprécier notre bonheur. Ingrats si nous ne reconnaissions pas notre bonheur, vulgaires si l'on se plaignait. »

10 juillet
Un rapport de force tempéré

Au seizième étage d'un immeuble coiffant la gare Montparnasse, le Comité Médicis organise une rencontre entre le climatologue Jean Jouzel et le président-directeur général du groupe Total, Patrick Pouyanné. La salle est comble. Des chefs d'entreprise, hauts fonctionnaires et autres associatifs ont tenu à assister à l'échange sur le thème « Comment mettre en œuvre une transition énergétique juste ? ». Pendant plus d'une heure, le scientifique et le patron vont dialoguer spontanément.

Je ne peux m'empêcher d'observer l'attitude de chacun. Jean Jouzel occupe délicatement son fauteuil tandis que Patrick Pouyanné étale son large corps sans retenue.

Le ton de leur propos reste courtois, même si le climatologue cache difficilement quelques agacements. Sur un timbre calme mais assuré, il prévient : « L'avenir, c'est un monde subissant 4 à 5 °C de plus à la fin du siècle. Peut-être 3 °C si l'accord de Paris est respecté. » L'intensification des extrêmes climatiques dessine déjà ce futur terrifiant, tandis que le réchauffement exacerbe toutes les autres questions environnementales. Et la première conséquence de cette perspective sera l'accroissement des inégalités, le dernier rapport du GIEC en témoigne.

« Quelles seront les solutions ? » questionne François Lenglet, qui fait office de médiateur. Réponse sans ambiguïté du climatologue : « Il faut laisser 90 % des énergies fossiles dans le sol pour rester à 1°5 C. » Rompu à l'exercice, Patrick Pouyanné ne s'étonne pas d'une telle perspective. Sa réaction se veut sans appel : « On veut devenir l'Europe du climat mais on est incapable de faire l'Europe de l'énergie. Par ailleurs, comment l'Inde, la Chine et l'Afrique peuvent-elles accepter la privation alors qu'elles sont légitimement portées par la nécessité de sortir de la pauvreté ? Ce n'est pas par la peur qu'on doit programmer mais par l'espoir ».

Pragmatique, Jean Jouzel enchaîne avec la nécessité d'investir. Rien que pour la France, il estime que le budget climat qui conviendrait doit être de 35 à 45 milliards d'euros. Un pareil financement permettrait également de générer près de six millions d'emplois. Je pense à la somme de 100 milliards de dollars qui devait être attribuée chaque année aux pays du Sud, qu'en est-il ? On est loin du compte. Pas en reste, Total tient à préciser qu'il va donner 1,5 milliard d'euros pour développer les énergies renouvelables avec, en plus, 100 millions d'euros par an pour les forêts durables. Affaire à suivre.

Tandis que les arguments continuent de se faire miroir, je tente de tirer des enseignements de cette rencontre. Le premier constat porte sur la qualité d'écoute. C'est avec une étonnante courtoisie que les intervenants ont échangé. Le deuxième révèle une différence fondamentale : l'un prêche pour l'urgence de l'action, tandis que l'autre demande des délais. La justice climatique devra-t-elle prendre son temps ?

11 juillet
La mise en lumière d'une problématique

Personne ne met en doute le fait que la lumière constitue l'un des plus remarquables bienfaits pour l'homme… mais à quel prix ! La graisse de baleine qui faisait office de combustible pour les lampes à huile a conduit à l'agonie des grands mammifères marins, tout juste sauvés par l'arrivée du gaz.

Aujourd'hui, on se réjouit d'un éclairage chaque jour plus rayonnant grâce à l'inépuisable production d'électricité. L'Association Nationale pour la Protection du Ciel et de l'Environnement Nocturnes (ANPCEN) tempère pourtant cet enthousiasme en constatant qu'en vingt-cinq ans, les éclairages ont augmenté de 89 % sur notre territoire. Résultat, une lumière artificielle ronge peu à peu les zones d'obscurité naturelle, en impactant notamment les animaux nocturnes : 30 % des vertébrés et 60 % des invertébrés, ce qui n'est pas anodin.

On a tous vu les insectes fascinés par les réverbères, tel Mowgli devant Kaa dans *Le Livre de la jungle*. Le Muséum national d'Histoire naturelle a voulu en savoir plus sur ce phénomène. Ses travaux concluent qu'un seul lampadaire peut tuer cent cinquante insectes chaque nuit. Si l'on se réfère aux onze millions de points lumineux en France, on assiste à une véritable hécatombe concernant principalement les moustiques (on ne s'en plaindra pas trop), les papillons, les mouches et les coléoptères.

Les poissons n'échappent également pas à la pollution lumineuse. Chez 96 % d'entre eux, il est admis que des actions aussi importantes que l'alimentation, les migrations, la reproduction ou encore le fait de se déplacer en banc, sont directement liées aux intensités lumineuses. La truite, par exemple, est lucifuge (elle fuit la lumière) au stade d'alevin, probablement pour éviter les prédateurs, mais elle devient diurne (active le jour) au stade adulte et crépusculaire dans son vieil âge.

Les oiseaux figurent aussi parmi les premières victimes. Se dirigeant en partie par les signaux lumineux des étoiles et de la Lune, ils ne parviennent plus à identifier le ciel en raison des halos lumineux générés par les grandes villes. Pire, beaucoup d'espèces sont désorientées ou « happées » jusqu'à épuisement par les phares, les plateformes pétrolifères et autres tours illuminées. En 2002, en une seule nuit, plus de mille oiseaux sont morts lors de la mise en marche de l'éclairage du nouveau pont reliant la Suède et le Danemark.

L'éclairage en ville perturbe également le cycle de reproduction de beaucoup d'espèces. La solution se résumerait-elle à l'extinction des feux ? L'ANPCEN n'en demande pas tant, mais elle préconise de limiter les éclairages, d'adapter les luminaires pour qu'ils soient fonctionnels et n'éclairent pas le ciel, d'éviter les lampes à halogénures métalliques et bien d'autres recommandations. « Que la lumière soit ! Et la lumière déçoit », disait Louise de Vilmorin.

12 juillet
Une colonisation naturelle

À l'île de Ré, je retrouve une glycine conquérante. Certes, le vaste feuillage est jauni ici et là par la sécheresse, mais la légendaire vigueur de la plante demeure impressionnante. Les pousses cherchent partout un nouveau support à occuper. J'imagine volontiers un « accéléré » témoignant de l'invasion : s'enroulant tel un ophidien, les rameaux finissent par étouffer le moindre support qu'ils atteignent. Ils deviendront bientôt des branches musclées capables de tordre une grille.

Mais cette plante originaire d'Asie impose aussi la méfiance en raison de sa toxicité. La croquer peut générer des nausées, voire des crampes abdominales chez les enfants. Cela dit, quel bonheur d'assister à sa floraison printanière lorsqu'une cascade de violet, mauve, rose ou blanc répand une odeur sucrée, légèrement épicée. Pour l'heure, je dois calmer son ambition en constatant avec bonheur que la nature n'est pas toujours la plus faible.

14 juillet
Une légitimité revendiquée

Les festivités du 14 juillet ont pour vertu d'afficher notre force de frappe et nos potentialités de solidarité, mais elles peuvent aussi inviter au dialogue. Comme chaque année, je suis convié à partager un buffet à la préfecture de La Rochelle. Bien souvent, ce rendez-vous républicain permet de rencontrer les acteurs de la pêche ou de l'agriculture, voire de la chasse, qui ne se privent pas de critiques à mon égard. Les échanges sont courtois et conduisent parfois à effacer quelques griefs.

Cette année, c'est Fabrice Rigoulet-Roze, préfet de Charente-Maritime, qui a souhaité m'entretenir en privé. Le ton est aimable mais je sens bien que le haut fonctionnaire est affecté. Il n'a pas du tout apprécié la tribune que j'ai cosignée le 16 juin dans le *Journal du Dimanche* visant à critiquer le rôle des préfets dans la préservation des sites classés. Il me fait valoir que les préfets vivent en proximité des territoires et des acteurs, qu'ils connaissent bien les influences de chacun, organisent périodiquement des réunions de concertations qui s'imposent, etc. En résumé, ils sont selon lui les mieux placés pour accompagner, voire porter les dossiers régaliens. La qualité de ses arguments et son énergie à convaincre me déstabilisent.

Évidemment, le procès d'intention est peut-être malvenu, mais combien de dossiers n'ont pas été traités comme il conviendrait à cause de possibles manifestations et autres réactions brutales ? C'est ainsi qu'on a vu des tolérances accordées à certains agriculteurs et chasseurs, des canons à neige aménagés de manière incohérente en moyenne montagne ou encore des parkings agrandis proches de certains sites. Respectant le point de vue de Fabrice Rigoulet-Roze, je n'en reste pas moins sceptique. Mes états d'âme n'y changeront rien, c'est l'Élysée qui tranchera.

15 juillet
Un moment privilégié

Les vagues me tendent leur houle. Difficile de résister à la séduction de leur ondulation. Dans un instant, je me lâcherai sans retenue, plongeant dans leur intimité. Mais je veux choisir celle qui m'accueillera. Toutes les vagues ne se valent pas. J'en souhaite une épaisse mais gracieuse, puissante au point de laisser traîner l'écume sur son passage, prête à s'offrir pour mon plaisir avant de terminer sa course sur le sable.

La voilà, je n'ai guère le temps d'apprécier ses qualités mais elle m'inspire confiance. Quittant le soleil cuisant, je me jette dans sa fraîcheur vivifiante. Elle me masse le corps, tandis que le grondement des galets exalte la rencontre. J'ouvre les yeux pour profiter pleinement. Je me sens brusquement lavé de mes frustrations, mes envies, mes doutes, mes défaites, mes défauts, mes entorses. Une vague parmi des milliards aurait-elle un pouvoir aussi divin ? Tandis que je goûte le plaisir de la bénédiction, mes poumons se vident. La rançon du bonheur fugitif me rappelle au grand air. Ai-je rêvé ? Personne autour de moi ne semble avoir partagé ce moment de grâce.

16 juillet
La série noire du ministère

Comment ne pas parler de la démission de François de Rugy, moins d'un an après qu'il a pris les commandes du ministère de la Transition écologique et solidaire ? À croire que le poste est maudit. Dans l'instant, les médias se déchaînent. France Info interrompt ses programmes pour une « spéciale de Rugy » en continu.

Je suis sollicité au point de ne plus savoir à qui répondre. Malgré la pluie de reproches qui vient noyer le ministre d'État, je préfère « hurler avec les brebis », comme disait Jean Rostand. Pas question de condamner les ors de la République qui illustrent la grandeur de notre pays, même si le devoir d'exemplarité s'impose à ceux qui ont en charge la nécessité de les faire briller.

La sincérité écologique de François de Rugy est également mise en cause. Il y a bien longtemps que nos chemins se sont croisés et je ne peux douter de son engagement. Arrivé à l'exécutif, ses convictions se sont pourtant sensiblement décolorées. Je me suis déjà exprimé sur son attitude pathétique de soumission, tout particulièrement dans les dossiers cynégétiques. Quel autre serviteur de l'État reprendra la gestion écologique du pays ? Le poste a vu défiler une vingtaine de ministres en vingt ans. Peu d'entre eux furent regrettés.

La réponse à cette question tombe avant la fin de la journée. Élisabeth Borne est nommée ministre, mais on ne lui accorde pas le statut de ministre d'État. Est-ce un signe ?

19 juillet
Résister à la fournaise

Après avoir pris momentanément ses distances, la chaleur caresse de nouveau l'Hexagone avant de l'étreindre sans mesure. En même temps que grimpent les températures, nos potentialités de résistance s'affaiblissent. Ce constat renvoie aux prodigieuses capacités de certains animaux à s'accommoder des pires conditions désertiques.

Comment ne pas être admiratif devant ce scarabée qui, durant les premiers instants de la journée, dresse son arrière-train vers le ciel pour recueillir l'humidité de la brume qui répondra à ses besoins ? Une goutte d'eau finit par tomber vers sa bouche, notre insecte est satisfait pour la journée. Je pense également au lézard de Namibie, qui parcourt le haut des dunes. Lorsque la température dépasse les 40 °C, il relève tour à tour chacune de ses pattes pour atteindre la couche d'air, moins chaude que le sable. Il réussit ainsi à s'irriguer le sang et à se rafraîchir le corps. En cas de soif, il attend les brouillards pour lécher la crête de la dune et parvient, grâce à cette technique, à absorber 12 % de son poids en eau.

Du côté des oiseaux, il y a le ganga cata, l'une des rares espèces non migratrices du désert. Parcourir 80 kilomètres pour chercher un point d'eau ne l'impressionne pas. Une fois celui-ci trouvé, il y plonge ses plumes comme une éponge et retourne au nid pour que les petits se rassasient du duvet gorgé d'eau. On peut aussi évoquer le dromadaire, apte à se passer de boire durant plus de dix jours grâce aux réserves de graisse conservées dans sa bosse.

Pourtant, le monde végétal relève de plus grands défis. Je reste bouleversé par les cactus saguaros que j'avais filmés en Arizona. Capables d'absorber 800 litres d'eau à l'occasion d'une seule averse, ils peuvent en retenir près de 3 000, ce qui répond à leurs besoins durant les longues périodes de sécheresse. Symboles des westerns américains, ces cactus réussissent à vivre durant près de cent cinquante ans. Mais les véritables championnes de la vie extrême sont les bactéries « primitives ». On a constaté que certaines d'entre elles, dites « hyperthermophiles » (qui ne peuvent vivre que sous une très grande chaleur) pouvaient s'accommoder de températures allant de 80 à 120 °C. L'homme est bien peu de chose face à tous ces exploits.

21 juillet
Les mouches en majesté

La nature donne sa chance à chacune de ses composantes. La preuve aujourd'hui, c'est le tour des mouches. Sur la plage, les baigneurs singent Jacques Tati qui tente d'échapper aux abeilles dans le film *Jour de fête*. Combien les mouches sont-elles ? Des millions ? Plutôt des milliards ? Elles pixélisent la vue. Qui pourrait les recenser ? Et surtout, quelle étrange alchimie peut produire cette explosion d'insectes ?

Tandis que j'avance, chacun de mes pas bouscule une volée obscure. Non loin, des mouettes rieuses encore coiffées de leur capuchon brun se sont alignées en rang serré. Elles veulent profiter de la manne, de même que quelques bergeronnettes surexcitées. Les becs piquent en tous sens. J'ai du mal à croire qu'ils sont plus rapides qu'un vol de mouches, évalué par les entomologistes à près de 40 kilomètres par heure. Quant à la vue de ces insectes, elle possède des potentialités exceptionnelles. Chaque œil est composé de quatre mille récepteurs qui leur permettent de visualiser deux cents images à la seconde, contre vingt-quatre pour l'être humain. De plus, leur champ de vision dépasse les 350°, face à nos 180°. Impossible de les prendre par surprise. Et pourtant, les oiseaux semblent poursuivre de bon appétit, avec satisfaction.

Malgré cette invasion digne d'un film d'horreur, la situation n'a rien de comparable avec l'événement qui fit la une de la presse il y a un mois. Dans les montagnes de l'Oural, à 1 500 kilomètres de Moscou, le petit village de Lazorevy fut brusquement envahi de millions de mouches s'infiltrant partout. Les insectes morts se ramassaient à la pelle tandis que les autorités découvrirent l'origine de cet enfer. Un agriculteur avait illégalement utilisé des fientes de poulet comme engrais, un support inespéré pour la ponte des mouches. Quelques heures plus tard, les habitants subissaient l'explosion des diptères qui s'est estompée une semaine après.

Envahissante, incommodante, disons-le, insupportable, la mouche n'en reste pas moins l'animal le plus utlisé pour la recherche. Considérée comme un « modèle », notamment pour ses capacités génétiques, elle aurait fait l'objet de plus de cent mille publications scientifiques en un demi-siècle. Et quelques prix Nobel furent honorés grâce à elle. À l'évidence, il faut entendre Tolstoï affirmant : « La pitié reste toujours le même sentiment, qu'on l'éprouve pour l'homme ou pour une mouche. »[1]

24 juillet
Un oiseau pas comme les autres

Chaque trimestre, la découverte de la revue *Espèces* s'apparente à une gourmandise du savoir. Sa lecture savoureuse conduit à goûter, puis se délecter des coulisses de la connaissance qui révèlent bien souvent un cheminement ambigu des acquis scientifiques. Que de conflits entre collègues d'une même discipline ! Que d'erreurs accumulées avec certitude avant de révéler la vérité ! Que de vies sacrifiées au nom de l'intérêt général !

Avec plus d'humour que de critiques, *Espèces* revisite les histoires naturelles de manière inédite. Au sommaire de son numéro estival, un dossier réalisé par Arnaud Lardé, professeur agrégé de sciences de la vie et de

1. Tolstoï, *Plaisirs cruels*.

la terre, sur l'intimité du kiwi. Drôle d'oiseau néo-zélandais, emblème des All Blacks, il cumule au moins deux handicaps : il est quasiment aveugle et incapable de voler. Avec 3,5 kilos sur la balance, il possède un long bec sensible au toucher au bout duquel s'ouvrent ses narines. Contrairement à beaucoup d'oiseaux, ses capacités olfactives jouent un rôle essentiel dans sa survie. Quant à ses yeux atrophiés, ils interrogent les scientifiques. Certes, le kiwi préfère une activité nocturne (ce qui le dispense d'une vie diurne), mais il semble que sa malvoyance s'accélère au fil des ans. Nous sommes peut-être en présence d'un cas évolutif, constaté « en direct », de perte d'un sens, prévient Arnaud Lardé. C'est ce qui est arrivé aux taupes, qui ont mis beaucoup plus de temps pour s'exonérer de la vision.

Autre singularité de cet oiseau, la femelle fabrique un œuf pouvant représenter 20 % de son poids, soit jusqu'à 700 grammes. C'est un record. Quelques jours avant la ponte, l'œuf prend tellement de place que la femelle doit jeûner jusqu'à son terme ! La liste des extravagances propres au kiwi n'est pas close mais l'une d'entre elles mérite une sympathie particulière : une fois formé, un couple de kiwis peut vivre de manière monogame pendant une vingtaine d'années.

27 juillet
Animaux en souffrance

Un vent de révolte souffle sur l'île de Ré. Rien à voir avec celui qui conduisit Vauban à bâtir des fortifications au XVIIe siècle afin de contenir d'éventuelles agressions britanniques. Plus modestement, il s'agit de prévenir l'arrivée de visiteurs indélicats : les cirques qui exhibent encore des animaux sauvages.

Durant la nuit, le cirque Zavatta, qui a positionné (illégalement) en pleine nature des publicités de 4 mètres par 3 mètres exhibant des tigres et des éléphants, s'est vu signifier un rejet. Entre Sainte-Marie et Rivedoux, toutes les affiches ont été recouvertes de la mention « Animaux en souffrance ». « Les cirques vont peut-être finir par boycotter l'île de Ré », conclut le journal *Le Phare de Ré* dans un article consacré à cette affaire. Il y a bien longtemps que je demande à la communauté de communes de refuser les cirques avec des animaux sauvages, mais certaines communes comme Saint-Martin-de-Ré ou Ars-en-Ré continuent d'apprécier ces terribles présentations.

29 juillet
Compte à rebours pour la planète

Le compte à rebours s'affole. L'année dernière le « jour du dépassement » est tombé le 1er août. En 2019, il a une nouvelle fois été anticipé. Désormais, nous vivons « à crédit » sur les ressources naturelles, alors qu'en 1979 cette échéance ne survenait qu'au tout début de novembre. En clair, cela signifie que nous avons pêché plus de poissons, abattu plus d'arbres ou pollué plus de cours d'eau que la nature ne peut en encaisser.

Le bilan pointe avant tout notre mode de consommation. Si tous les peuples vivaient comme aux USA, il faudrait l'équivalent de cinq planètes pour répondre aux besoins. Selon le mode de vie allemand, il en faudrait plus de trois ; 2,2 pour la Chine et 0,7 si l'humanité s'alignait sur le modèle indien. Globalement, 1,75 planète est actuellement nécessaire pour répondre aux besoins annuels de l'humanité. La France n'est guère exemplaire. Elle affiche un bilan de 2,7 planètes pour satisfaire sa consommation, ce qui la conduit à vivre à crédit de la nature dès le 5 mai.

Le Global Footprint Network, qui fait l'état des lieux annuel, est cependant remis en cause par certains qui estiment discutables les bases de calcul. On pointe notamment du doigt l'amalgame entre le réchauffement climatique, la perte de la biodiversité, le rendement du maïs ou encore l'état des océans. Reste que l'organisme, basé aux États-Unis, affirme prendre pour référence les données des Nations-unies (ONU) et rappelle que la comptabilité repose sur la capacité de régénération des ressources écologiques de plus de deux cents pays et régions, de 1951 à nos jours. Quoi qu'il en soit, les discussions d'experts ne peuvent nier l'évidence : la nature appauvrie peine à trouver un nouveau souffle.

« Tous les animaux connaissent
ce qui leur est nécessaire, excepté l'homme »

PLINE L'ANCIEN

1er août
Retour à la nature

Au loin, elle apparaît telle une petite tache verte insignifiante. Plus près d'elle, je constate qu'elle défie la puissance des hommes. Je m'agenouille pour apprécier le miracle puis rends hommage à cette créature aussi délicate que déterminée. Me voilà devant un pâturin annuel, qui brave la mer d'asphalte. Cette plante ne dépasse guère les 20 centimètres mais elle règne pourtant sur les trottoirs. Son secret ? Explorer les moindres méandres lézardés du bitume pour tenter de planter ses 5 centimètres de système racinaire chevelu.

D'autres plantes réussissent des exploits similaires. La renouée des oiseaux, aux tiges étalées sur le sol, produit des graines qui font le bonheur du peuple des airs, ce qui explique son nom. On prétend qu'elle aurait également des vertus pour lutter contre les diarrhées, les hémorroïdes et les rhumatismes ! Cela ne nous empêche pas de la considérer comme une mauvaise herbe qu'il n'est pas condamnable de piétiner.

Et que dire de la pariétaire, capable de coloniser les murs ou les tas de pierres ? Ses prodigieuses ressources lui ont valu des surnoms éloquents : « perce-muraille », « casse-pierre » ou encore « herbe à bouteille » (allez savoir pourquoi ce dernier qualificatif). En observant ces petits végétaux si méritants, je ne peux éviter de m'évader vers l'ombre du *Ceiba pentandra*, (ou « fromager »), qui a colonisé les ruines des temples d'Angkor. Je n'ai pas eu la chance de faire escale au Cambodge pour admirer ces puissances végétales serpentant à plus de 50 mètres de hauteur ou enlaçant les ruines avec sensualité. La question se pose de savoir qui est le plus méritant : le patrimoine naturel qui a repris ses droits ou le patrimoine culturel qui tente de résister depuis plus de mille ans ?

2 août
Un cri du cœur

À l'heure où la nature se froisse, se rabougrit, se décharne, s'étiole et s'estompe au point que les scientifiques lancent un appel à la trêve, chacun rappelle les nombreux services qu'elle nous rend. De la pollinisation permettant la production agroalimentaire aux plantes thérapeutiques, on évalue son apport à 40 % de l'économie mondiale. Mais faut-il s'en tenir au seul rôle utilitaire de la nature ? Et si on prenait en compte le prodigieux message d'amour qu'elle nous adresse ?

Au petit matin, elle dévoile un lever de soleil présageant une chaleur envoûtante. Chère nature, cette perspective me rend lyrique. Je ne rougis pas de te vénérer. Sur ton littoral, l'iode m'est une odeur familière, tandis que les parfums enivrants de la lavande et ceux plus réservés de l'olive m'invitent à rejoindre le Sud. Où donner de la tête ? Tes saisons estompent la lassitude, tes fruits sont des cadeaux qui renouvellent le serment de fidélité. Le jaune des tournesols, le bleu des liserons, le rouge des coquelicots, le noir des dahlias ou le saumon des roses trémières colorent la palette des délices à venir. Les foins de juin m'invitent au prélassement et la lune croissante à la jouissance montante. Les nuages cumulus, aux allures de mamelons, font office de baldaquins, tandis que les feuilles d'automne déroulent un tapis soyeux au pied d'un lit de tourbière.

La farandole du peuple des bêtes célèbre notre communion. Ainsi je t'ai goûtée, caressée, sentie, regardée et bien sûr, je t'ai aimée. Ta présence si joyeuse enracinait l'éternité. Qu'importait le cosmos, seul notre univers méritait. Dans cette douce euphorie, je n'ai pas vu venir l'ombre des exploiteurs pendant que toi, confiante, tu t'offrais sans ménagement. Tu avais tant à donner qu'on t'a tout pris. Incrédule, puis hagard, je n'ai pas su t'épargner l'humiliation fatale. Me voilà orphelin d'un élan si puissant qu'on l'aurait pensé éternel. Je plains ta solitude car elle me fait miroir, moi aussi je subis les douleurs de l'absence. Crois-tu possible une renaissance ? L'ultime petite flamme d'espoir peut-elle redevenir un brasier de promesses ? Par la force de ta beauté, rejette la sixième extinction qui s'annonce…

3 août
L'œuf éthique

Chaque année, cinquante millions de poules pondeuses sont abattues après avoir été jugées insuffisamment productives. Pour beaucoup d'entre elles, il s'agit de délivrance. Comment supporter plus longuement les becs atrophiés, les cages exiguës, la privation de lumière du jour et tant d'autres supplices imposés par l'élevage industriel ? À l'âge de 18 mois, leur sort en est jeté. Tuées à la chaîne, elles finiront désarticulées puis exportées en morceaux vers l'Afrique. Est-il possible d'imaginer un autre destin ?

La jeune entreprise Poulehouse a relevé le défi dans le Limousin. À sa tête, Fabien Sauleman, le chapeau vissé sur la tête et le sourire incontournable. Nous nous rencontrons lors de l'enregistrement de l'émission de Valère Corréard, *Des idées pour demain,* sur France Inter. J'aime la conviction de cet homme qui s'engage à nourrir, loger et soigner les poules jusqu'à leur mort naturelle, soit près de six ans. J'apprécie surtout la démonstration du possible qu'il propose. Sa démarche prouve que l'on peut imaginer une autre économie capable de satisfaire le bien-être des volailles. Certes, le prix des œufs n'est pas à la portée de tous (1 euro pièce !), mais une clientèle sans cesse plus nombreuse permet de rétribuer correctement les éleveurs respectueux de l'animal avec l'espoir que si le marché se développe, les tarifs diminueront.

Alors que s'installe « l'œuf éthique », L214 annonce que le groupe Avril, numéro 1 de la production, abandonne les œufs issus de poules en cage. C'est un coup de tonnerre dans la filiale et une victoire pour l'association qui compte aujourd'hui l'engagement de plus de cent vingts entreprises à renoncer aux horribles batteries. D'année en année, l'élevage en cage recule, mais il reste quelques groupes, comme LDC, Triskalia, Pampr'œuf et Sovimo qui tardent à tourner le dos à ces pratiques. Faute d'avoir obtenu l'abolition de la part des politiques, ce sont la société et les consommateurs qui ont fait reculer la souffrance. La morale est dans la rue !

4 août
Un peu de familiarité

Rien à faire, malgré mon goût pour la proximité, on s'obstine désormais à me vouvoyer. J'annonce spontanément : « Tu sais, on peut se tutoyer », tout particulièrement à l'attention des plus jeunes qui s'adressent à moi, mais je reçois bien souvent en retour : « Oui, oui monsieur, je vais essayer », avant que la conversation se poursuive sur le mode du vouvoiement.

Évidemment, j'ai bien conscience que le poids des années creuse une distance difficile à combler, même dans une société où la familiarité ne s'embarasse guère pour s'imposer. Mais j'ai du mal à l'accepter, probablement parce que le monde des médias dans lequel je me suis épanoui emploie assez spontanément le tutoiement. Cela dit, je devrais m'accommoder sans difficulté du vouvoiement car j'ai grandi dans cette adhésion. Je vouvoyais mes parents en considérant que cela ne retirait rien à l'amour ou à la tendresse que je leur portais.

Un jour, j'ai même voulu tenter l'expérience du tutoiement avec ma maman. Nous échangions sur un ton de convivialité et de dérision, l'idée l'avait amusée. De mon côté, j'espérais tester une nouvelle proximité. En réalité, l'exercice n'a pas duré une heure. Impossible de dire « tu » à ma maman que j'aimais tant. J'avais le sentiment de singer un comportement de familiarité s'apparentant davantage à une simulation qu'aux sentiments profonds qui nous liaient. « Se vouvoyer, c'est l'aristocratie de la timidité », disait Serge Gainsbourg. Allez savoir.

6 août
Les invasions en question

Répondant à une interview, j'ai souligné que, contrairement aux humains, les animaux ne s'engageaient pas dans des conquêtes territoriales à la façon d'Alexandre le Grand ou Napoléon. Cependant les conflits existent, avec leurs lots de stratégies machiavéliques et de violences odieuses. Ils concernent aussi bien des duels entre individus d'une même espèce, comme chez les suricates ou les chimpanzés, que les guerres interspécifiques (entre deux espèces différentes). On évoque souvent, à ce propos, les combats entre fourmis et termites qui génèrent des millions de morts. La férocité animale, dans un esprit de conquête, a été évoquée lorsque les fourmis d'Argentine ont peu à peu occupé les côtes espagnoles et portugaises avant de s'en prendre au sud de la France.

De même, on a souligné la progression inquiétante des espèces dites invasives, comme les frelons asiatiques qui seraient arrivés dans l'Hexagone en 2004 dans un lot de bonsaïs, les écrevisses de Louisiane mettant en péril les écrevisses indigènes et même les vers à tête plate, originaires d'Asie, qui s'en prendraient à notre bon vieux lombric, sans parler des grenouilles taureau ou des pyrales du buis. En Europe, ces espèces exotiques auraient augmenté de 76 % en trente-cinq ans. Désormais, elles seraient douze mille deux cent douze sur le vieux continent, dont mille jugées indésirables. Rien d'étonnant à ce que la lutte contre leur progression figure parmi les priorités dans les stratégies en faveur de la reconquête de la biodiversité.

Mais toutes ces luttes fratricides ou d'occupation de nouveaux territoires n'ont rien de comparable avec les invasions délibérées des hommes. Dans le cas des animaux, il s'agit de profiter d'opportunités ou de la nécessité d'étendre son espace vital. La conquête s'effectue de manière opportune. Dans celui des hommes, c'est la volonté de domination qui explique les pires violences.

8 août
Préserver la planète pour mieux la nourrir

Une nouvelle fois, le Groupe d'experts intergouvernemental sur l'évolution du climat (GIEC) monte en première ligne. Dans un rapport de mille deux cents pages établi par plus de cent scientifiques de cinquante-deux pays, il pointe l'urgence d'une gestion durable des sols pour réduire le réchauffement climatique et nourrir l'humanité.

Au bilan, les cent trente millions de km^2 de terres émergées sont impactées à 70 % par l'agriculture, l'élevage ou l'exploitation forestière. Leur production génère près du quart des émissions à effets de serre. En réaction, les experts recommandent de reconsidérer immédiatement nos modes de vie. La lutte contre la perte ou le gaspillage des denrées apparaît prioritaire. Simultanément, la réduction des produits à base d'animaux au profit de céréales, de fruits ou de légumes ferait diminuer sensiblement le réchauffement.

Depuis les années 1960, la consommation de viande s'est emballée. On estime qu'elle a plus que doublé tandis que l'obésité a proportionnellement explosé. Dans un entretien dans *Le Monde*, le professeur Olivier de Schutter, qui fut rapporteur de l'ONU, affirme qu'il est possible de nourrir la planète en réduisant les surfaces cultivées tout en changeant de modèle agricole. À ses yeux, le développement de l'agroforesterie constitue une précieuse réponse à la situation préoccupante actuelle. Il s'agit de combiner les cultures alimentaires avec une parcelle arborée. Les arbres permettent d'aider à la captation de l'humidité par le sol et deviennent des alliés de la production alimentaire. Favoriser cette communion naturelle signifie abandonner la surmécanisation qui s'est installée durant un demi-siècle. Pas sûr que les grands groupes agroalimentaires apprécient ce retour en arrière pour un futur durable.

10 août
Une deuxième chance

Même de loin, il incarne la puissance mais aussi la grâce. Avec ses formes allongées et une belle encolure garnie d'une généreuse crinière, Corso du Palaineau, un cheval Trait poitevin de 7 ans, parcourt deux fois par semaine la plage de Montamer à Sainte-Marie-de-Ré. Son attelage, conduit par Bénédicte Touchard, traque les mégots de cigarette et autres sacs plastique abandonnés dans les laisses de mer.

Lorsque cette opération de nettoyage fut lancée en 2017, 57 kilos de déchets non recyclables et mille sept cent quarante mégots furent comptabilisés durant la saison estivale. Aujourd'hui, le bilan s'est réduit à 26 kilos et trois cent quatre-vingt-dix mégots. La présence régulière du Trait poitevin a incontestablement contribué à responsabiliser les vacanciers. Dans la foulée du cheval de 750 kilos, de nombreuses personnes participent même au nettoyage.

Cette fonction (ajoutée aux démonstrations d'utilisation dans les foires, au débourrage en public ou aux nombreux travaux municipaux) a contribué à donner une seconde chance à ce cheval de trait dont la race aurait pu disparaître. Au début du XXe siècle, elle comptait quarante mille juments, alors que dans les années 1990, il n'en restait que soixante-quinze. C'est grâce à ces animaux reliques qu'une opération de sauvegarde fut lancée par quelques éleveurs passionnés. Aujourd'hui, le cheptel dépasse les deux cent cinquante étalons et juments, ce qui permet d'estimer que la race est sauvée.

Dans la foulée, le fameux baudet du Poitou a également bénéficié de toutes les attentions. En 1977, les Haras nationaux concluaient à sa disparition si rien n'était fait pour le sauver. Il ne restait que vingt mâles et vingt-quatre femelles chez quatorze propriétaires. Trente-cinq ans tard, quatre-vingt-cinq étalons et trois cent quatre-vingt-deux ânesses étaient mis à la reproduction. Désormais, ce grand gaillard dégoulinant de poils, dont la fonction consistait essentiellement à couvrir des juments Trait poitevin pour produire des mules, est à l'abri de l'oubli. Tous ces animaux dont l'origine se perd dans l'histoire ont trouvé de nouvelles vocations. Traction, maraîchage, travail en forêt, voire monture pour la randonnée ou l'attelage de loisir, donnent aux races mulassières une raison d'être. L'affection que le public leur porte est un hommage justifié à tous les amis des équidés qui se sont tant dévoués afin de sauver ces races poitevines.

12 août
Un coquillage admirable

Temps couvert sur l'estran découvert. En certains endroits, les bigorneaux sont légion. Parfois serrés entre eux, mais aussi dispersés, ils font miroir aux vacanciers étalés sur la plage. À eux le minéral, aux bipèdes le sable. Je voudrais leur dire mon admiration. Si nous avions leur capacité d'adaptation, le réchauffement climatique ne serait qu'une aimable péripétie.

Pour s'en convaincre, il suffit de les observer deux fois par jour, lorsque la mer se retire et découvre leur territoire. Les voilà brusquement privés d'eau et soumis à des températures infernales lorsque le soleil frappe l'estran. Ils doivent de plus s'accommoder d'une salinité sans cesse variable. Très forte lors de la marée haute, brusquement inexistante quand la pluie intervient, puis de nouveau intense après l'évaporation à marée basse. Dur, dur d'être un bigorneau.

Le petit mollusque a des ressources pour supporter les épreuves. À sec il devient quasiment inactif, se refermant dans sa coquille dont il préserve l'accès par son opercule corné situé à l'arrière du pied. Dans l'eau, il se lâche. Rampant, il râpe les algues dont il se nourrit et durant la période de reproduction, principalement au printemps, c'est l'orgie. Des rassemblements peuvent compter plusieurs centaines de bigorneaux au mètre carré, donnant lieu à des accouplements en série. Les femelles libèrent ensuite des capsules contenant leurs œufs qui, en quelques jours, deviendront des larves. Si le jeune bigorneau ne finit pas dans l'estomac d'un prédateur, il peut espérer vivre cinq à dix ans et même davantage, puisqu'on évoque des records de longévité atteignant deux décennies. Convenez qu'il en faut moins pour inspirer le respect !

13 août

Des cadeaux aux chasseurs

Emmanuel Macron peut être satisfait, son cadeau offert aux chasseurs a porté ses fruits. Les adeptes de la gâchette se réjouissent aujourd'hui du prix du permis de chasse national passé de 400 à 200 euros. Le potentiel cynégétique est ainsi multiplié par trois, tandis que la redevance initiale accuse une perte de quelque 18 millions d'euros. Une somme en théorie investie dans la conservation de la nature. Son absence fait davantage peser le manque criant de budget alloué à la biodiversité.

De nombreux médias s'interrogent sur ce constat. Comment répondre autrement que par un sentiment d'injustice et de dégoût ? Qui peut croire qu'en tuant plus, on protège mieux ? Et que penser des 6 000 tonnes de plomb déversées chaque année dans la nature ? Que conclure également face aux espèces en déclin toujours chassables ou à l'espace naturel préempté par les chasseurs au détriment des autres usagers de la nature, comme les randonneurs ou les cavaliers ? Comment, au plus haut niveau, peut-on choisir de favoriser la mort alors que la sauvegarde du vivant s'impose comme une évidence ?

14 août
Cohabiter dans le ciel

Lorsque Gérard Feldzer (expert en aéronautique) fait escale à la maison, on peut être sûr qu'une catastrophe aérienne ou naturelle va s'inscrire dans l'actualité. L'année dernière, il a dû assurer des duplex depuis l'île de Ré pour apporter son éclairage sur l'effondrement du pont de Gênes en Italie. Cette année, c'est un Airbus 321 qui, après avoir décollé de Moscou, est contraint de se poser en catastrophe dans un champ de maïs.

Un kilomètre parcouru et deux cent cinquante-trois passagers à bord, le commandant a remarquablement bien géré la situation. Aucun mort, vingt-trois blessés seulement. Reste à analyser les causes de l'accident. Un vol de mouettes est immédiatement tenu pour responsable.

Cette collision vient s'ajouter aux huit mille autres enregistrées chaque année dans le monde, dont huit cents en France. Par bonheur, tous les incidents ou accidents liés à des oiseaux ne conduisent pas forcément à des atterrissages forcés. Les bilans prennent en compte tous les événements, y compris ceux qui n'ont pas d'incidences sur les vols. Cela dit, si l'on ne peut nier les dangers potentiels, il existe de nombreuses réponses qui, faute de garantir l'arrêt des collisions, peuvent en réduire le nombre : je pense par exemple aux cris d'alerte lancés par hautparleur, aux dérangements provoqués par les rapaces des fauconniers, à la gestion judicieuse des espaces naturels pour ne pas en faire des lieux d'accueil ou à l'arrêt des décharges à ciel ouvert attirant les oiseaux à proximité des aéroports. Il y a tant de recommandations qui ne sont pas toujours mises en œuvre.

Gérard et moi avons témoigné de concert pour ce nouvel accident. Après avoir répondu aux médias, Gérard ne peut s'empêcher de me confier son admiration pour le peuple des airs : « Tu te rends compte qu'un vautour de Rüppell a explosé en vol à 11 300 mètres d'altitude après avoir été percuté par un avion en Afrique de l'Ouest ? »

Comment les oiseaux résistent-ils au froid ou au manque d'oxygène à une telle altitude ? Même dans le ciel, la cohabitation avec le vivant devient problématique.

15 août
Une douce comptine

Depuis qu'elle est en âge de comprendre, chaque 15 août ma fille me demande : « Papa, tu me racontes l'histoire de ma naissance ? » Et chaque année, nous sacrifions à cette tradition. Elle, m'écoutant dans un rituel qui nous enchante.

Il faut admettre que l'épopée relève de l'improbable. Alors que Jeane Manson était enceinte de plus de huit mois et demi de notre fille, l'association Médecins sans frontières me demande d'aller au loin sur un site d'intervention pour témoigner des actions menées. Avec l'accord de Jeane, j'accepte de me rendre sur un terrain de guerre pour une dizaine de jours uniquement. Après avoir rejeté l'Afghanistan, dont la gestion n'était pas suffisamment maîtrisée, nous optons pour le Sri Lanka, au nord duquel les Tamouls et les Cinghalais se font une guerre meurtrière. Arrivé sur place, je cherche tant bien que mal à aider les médecins qui agissent sans compter, mais je tente surtout de me fondre dans leur quotidien afin de témoigner. Des enfants amputés, des villageois agonisants, des familles désespérées… la misère se bouscule dans l'hôpital de fortune. Au fil des jours l'horreur reste insupportable mais je commence à l'apprivoiser. Que d'images insoutenables me restent toujours en mémoire !

Après cette escale en enfer, le temps est venu de rejoindre Paris. Bloqués à Colombo par un accident qui a demandé une intervention des médecins, nous arrivons finalement au comptoir Air France. L'enregistrement est terminé, nous sommes contraints de prendre le prochain vol disponible. Comme une bouteille à la mer, j'écris un mot au commandant de bord en demandant qu'on lui transmette : « Commandant, je dois ramener des images pour le *Journal de 20 heures* de France 2 et suis avec une équipe de Médecins sans frontières. Nous devons absolument prendre votre avion... Avec toute ma reconnaissance, Allain Bougrain Dubourg. »

Quelques instants plus tard, une hôtesse vient nous chercher, fait sortir les passagers qui occupaient nos places et nous propose des sièges. Une fois en altitude, le commandant de bord me fait demander :

– Vous vous souvenez de moi ? lance-t-il dans la cabine de pilotage.

– Honnêtement, pas vraiment, mais je tiens à vous remercier...

– Lors d'un vol Paris-Nairobi, je vous avais parlé de mon fils passionné d'animaux et vous lui aviez envoyé un livre dédicacé. C'est pour cette raison que je suis ravi de vous rendre ce service aujourd'hui.

Arrivés à Roissy, on me demande de rejoindre le stand Air France. John, le père de Jeane m'y attend : « Jeane est à la clinique, il faut y aller immédiatement », lance-t-il avec autorité. Encore couvert de la terre rouge du Sri Lanka, j'enfile une tenue verte avant d'entrer dans la salle d'accouchement :

– Ah vous voilà, me lance l'obstétricien, j'espère qu'avec vous elle va faire un effort !

– Dites donc docteur, je connais Jeane et je sais qu'elle fait tout ce qu'elle peut !

Le ton monte et alors que le climat devient intenable, notre petite Marianne vient au monde. La tension retombe, les sourires se dessinent. Ma fille a généré la paix dès ses premiers instants de vie. Belle perspective d'avenir et belle histoire à lui raconter chaque année, comme si c'était la première fois.

16 août
Le risque de l'abandon

Le mot « collapsologie » s'installe dans la conversation. À ceux qui en ignorent le sens, il vient du latin *collapsus* signifiant « tombé d'un seul bloc » et du grec *logos*. En clair, il s'agit d'étudier l'effondrement de notre civilisation, faute d'avoir été attentifs à la grande question écologique.

Yves Cochet, ancien ministre de l'Environnement, ne cache plus son adhésion à l'idée d'un monde fini. Après avoir lutté pour endiguer les causes du déclin, il jette désormais clairement l'éponge. Évidemment la tentation est grande de se replier sur son intime territoire pour ne plus être le témoin impuissant de la dégradation de la société. Mais des chercheurs considèrent, au contraire, que le combat pour inverser la tendance est source d'épanouissement.

Dans une tribune publiée dans *Le Monde*, Jean Jouzel, Alain Grandjean, Geneviève Ancel et d'autres rappellent que l'homme est aussi capable du meilleur. Au XVIIe siècle, le Japon a échappé à la déforestation grâce à une replantation massive. Plus près de nous, le trou dans la couche d'ozone se réduit de plus en plus, notamment grâce au protocole de Montréal de 1987 qui interdit l'usage des principaux produits responsables. Les exemples chargés d'espoir ne manquent pas. Les scientifiques n'ouvrent pas seulement la porte à l'optimisme, ils révèlent des études sociologiques démontrant que le catastrophisme a certes le mérite de réveiller les consciences mais présente l'énorme défaut de conduire à l'abandon. En clair, pourquoi se battre puisque le pire est inéluctable ?

En guise de conclusion, les chercheurs n'hésitent pas à sortir de leur vocabulaire rigoriste : « Loin de tout romantisme mièvre, c'est l'expérience concrète de l'amour de la vie – la tendresse partagée entre nous et avec notre environnement, bien plus que la panique face à la fin du monde – qui invite à agir. » Par bonheur, la collapsologie devra compter sur ceux « qui ne savent pas désespérer », comme l'évoque Romain Gary dans *Les Racines du ciel*.

17 août
Hommage aux mamans

Le jour est venu pour moi d'entamer ma soixante-dixième année. La déception de voir le futur se réduire est compensée par cette échéance que beaucoup auraient voulu connaître. Quoi qu'il en soit, je n'ai guère le goût des anniversaires. L'idée d'être fêté à cette occasion me paraît être une usurpation. En réalité, l'hommage doit être rendu à la maman qui a porté si longtemps la promesse d'une vie avant de l'offrir dans la douleur. Les anniversaires sont avant tout des fêtes des mères.

19 août
La ruse du couteau

Derrière les barreaux, je devine les détenus qui nous observent. À leurs pieds, les fortifications de Vauban encadrent Saint-Martin-de-Ré. Plus loin, un banc de sable vaseux est connu pour accueillir des couteaux. C'est ici que s'épanouit cet étrange coquillage se déplaçant horizontalement avant de basculer à la verticale pour pénétrer dans le sable.

Enfoui à 50 centimètres de profondeur, voire à 1 mètre, il est équipé d'un pied extrêmement musclé lui permettant de progresser à vive allure. Pas question de tenter d'en attraper un en fouillant. Avec celui que l'on appelle « le solen », il faut ruser. Pour commencer, il convient de localiser deux petits trous facilement identifiables, creusés par les siphons du bivalve en forme de huit ou de trou de serrure. Dissimulé à une profondeur indéterminée, le couteau est là, attendant que la mer recouvre sa tanière de sable pour en sortir. Il pourra alors se rassasier de phytoplancton. Toute la stratégie consiste à lui faire croire que la mer est remontée en lâchant une pincée de sel sur le trou.

La supercherie fonctionne parfaitement. Après avoir recraché quelques bulles en surface, le couteau, abusé, finit par sortir de quelques centimètres. Il faut alors le saisir promptement et fermement, mais sans l'écraser ! Parfois la capture est manquée. Un peu trop de vent, l'ombre mouvante du prédateur ou plus simplement l'instinct de survie du coquillage lui permettent d'échapper au pêcheur ! « User de la ruse, c'est reconnaître des limites à sa puissance »[1] constatait le poète Louis Scutenaire.

21 août
Les courlis en sursis

Le Conseil d'État m'est devenu familier. En pénétrant dans le Palais-Royal qui l'abrite, je ne ressens plus l'ambiance oppressante d'une justice froide et sans âme. J'y vois tout au contraire l'espoir d'une remise en question de l'autorité politique qui sacrifie la biodiversité sous la pression des lobbyings.

Aujourd'hui, je viens plaider la défense des courlis cendrés en intervenant aux côtés de maître Texier et de Jérémy Dupuy, biologiste de la LPO. L'oiseau qui nous intéresse se reconnaît facilement à son bec recourbé, sa robe marron grisâtre et son cri révélateur qui pourrait s'identifier à « courli-i », ce qui lui a valu son nom. Notre limicole se singularise par une autre particularité : il est protégé partout en Europe, sauf en France ! En trente ans, le déclin de cette population d'oiseaux a atteint plus de 30 %. Les courlis cendrés figurent sur la liste rouge de l'UICN et sont considérés par le Muséum national d'Histoire naturelle comme « en mauvais état de conservation ». Même le tout

1. Louis Scutenaire, *Mes inscriptions*.

nouveau Comité d'experts de la Gestion Adaptative (CEGA), qui compte des chasseurs, recommande de suspendre la chasse de cette espèce dans l'attente d'éléments nouveaux. Le ministère de la Transition écologique et solidaire a pourtant autorisé l'abattage de six mille courlis cendrés.

Afin d'abroger cette mesure, la LPO a obtenu d'être auditionnée en référé en attendant une décision qui, je l'espère, rejettera cette disposition administrative scandaleuse. Gaëlle Dumortier, la juge des référés, paraît bien connaître le dossier et demeure à l'écoute de nos motivations. J'évoque, entre autres, la Pologne, qui fait naître des courlis en incubateurs, soutenue financièrement par l'Europe afin de redonner une chance aux oiseaux… qui viendront ensuite se faire tuer en France. L'idée de gestion adaptative est clairement remise en cause par Mireille Celdran, du ministère, qui avoue les incohérences actuelles. Cela n'empêche pas le ministère de considérer que six mille courlis abattus pourraient donner de sérieuses indications sur l'impact de la chasse. On frise le ridicule. Prenant la parole, je résume :

– En clair, vous voulez tuer pour mieux connaître ? C'est la méthode barbare des chasseurs de baleines au Japon qui font des prélèvements scientifiques !

J'ajoute que, par bonheur, tous les naturalistes amateurs ou professionnels qui étudient les espèces les plus menacées n'ont pas besoin d'abattre les derniers survivants pour comprendre comment se comporte l'évolution des oiseaux.

Après une heure et quart de procédure, que conclure quant à l'avenir du courlis ? Nous avons plaidé au mieux sans pouvoir augurer du futur jugement. À la question de la juge qui me demande si j'ai quelque chose à ajouter je rétorque avec dérision : « Je fais confiance à la justice de mon pays… » Sourire général, la tension retombe.

23 août
Une assemblée enthousiaste

Un vent d'enthousiasme souffle sur les journées d'été d'Europe Écologie – Les Verts (EELV). Le succès des régionales scintille encore dans les regards. Je le remarque tandis que je prends place dans le grand amphithéâtre de l'université de Toulouse aux côtés d'Aymeric Caron, de Brigitte Gothière, présidente de L214, d'Agnès Langevine, vice-présidente de la région Occitanie et de Nicolas Thierry, vice-président de la région Nouvelle-Aquitaine, qui anime le débat au nom ambigu : « Nous sommes la nature qui se défend. » Derrière cette formule, il faut voir la synthèse portée par Edgar Morin : « Nous sommes étincelants technologiquement, mais défaillants culturellement. »

À la tribune, nous tentons d'en faire la démonstration à travers nos rapports à la condition animale et la biodiversité. Pleine à craquer, la salle prouve l'intérêt porté à ces questions jugées trop souvent secondaires. J'ai le sentiment que le bon résultat d'EELV repose notamment sur le retour à ses racines. Le mouvement n'a pas hésité à parler de nature et de bien-être animal, ce qui a séduit tous ceux qui l'avaient déserté, frustrés par l'absence de ces dossiers. Brigitte Gothière et Aymeric Caron égrènent avec lucidité les réalités du quotidien. Au hasard, on découvre que les poulets de chair grossissent cinq fois plus vite qu'en 1980, moins de quarante jours les transforment en automates survivants. Que les vaches donnent plus de lait que le besoin des veaux. Qu'on tue trois millions d'animaux par jour en France… Les deux intervenants ont l'intelligence de ne pas sacrifier au prosélytisme primaire. Ils lèvent le voile sur les coulisses de l'exploitation et laissent le soin à chacun de s'accommoder ou non avec sa conscience. Dans un autre registre, Agnès Langevine rappelle que la quarantaine d'ours tant décriés dans les Pyrénées sont à comparer aux sept cent mille brebis et autre bétail qui occupent l'espace. Sur un plan pratique, l'estive génère chaque année 3 % de mortalité due aux accidents, dérochements, attaques de chiens, etc. Alors que la prédation ne représente que 0,01 % de bêtes tuées.

Après deux heures d'intervention, nous devons répondre à la question de Nicolas Thierry : « Votre vœu, si vous aviez une baguette magique ? ». Sans surprise, Brigitte souhaite la fin de l'élevage intensif, Aymeric plaide pour la création d'une sorte de gouvernement international engageant la transition agricole, Agnès espère le « zéro artificialisation » (comme promis par Nicolas Hulot). Quant à moi, je demande tout simplement que le droit soit appliqué. Dans cette ville rose, je ne peux m'empêcher de conclure en disant le bouleversant texte de Claude Nougaro : « Vieux Tarzan déchu… » Le poète n'est pas mort, la salle applaudit à tout rompre.

25 août
L'embrasement des forêts

Bien que la situation soit tragique, je ne peux m'empêcher de songer aux Shadoks. D'un côté, on tente d'enrayer les feux de forêt, de l'autre on incendie méticuleusement.

L'Amazonie, théâtre de cet embrasement, ne laisse plus le reste du monde indifférent. Des initiatives ont été prises au G7 de Biarritz pour lutter contre les flammes, tout en menaçant de sanctions le président du Brésil, Jair Bolsonaro, si sa politique de « défrichage » se poursuivait dans l'avenir. Il faut dire que les chiffres donnent le vertige. Sept cents nouveaux feux ont été enregistrés dans « le poumon de la planète » en 24 heures, tandis que plus de soixante-seize mille feux ont été constatés entre janvier et août, soit 85 % de plus que l'année dernière durant la même période. À ceux qui s'étonnent qu'une forêt humide puisse s'embraser, il faut préciser que c'est la forêt dégradée par le braconnage ou le défrichage qui est la première victime. Cela dit, la forêt tropicale humide se fragilise également de plus en plus en raison du dérèglement climatique. La sécheresse à venir ne fera qu'aggraver une situation déjà intenable.

Quoi qu'il en soit, nul besoin de se focaliser sur l'autre bout de la planète pour mesurer les conséquences des incendies. Il y a soixante-dix ans, le grand incendie de Gironde ravagea 50 000 hectares de pins en tuant quatre-vingt-deux personnes. Le fléau reste récurrent. Chaque année, quatre mille incendies détruisent au total près de 11 000 hectares. Seule satisfaction, si les départs de feu restent constants, les surfaces brûlées diminuent. « On fait la part du feu dans l'incendie »[1], disait Saint-Exupéry.

26 août
Une bouffée d'oxygène

Un jour poussant l'autre, j'en suis venu à compter les heures. Le juge des référés n'a toujours pas rendu son ordonnance et j'ai du mal à percevoir si cela est bon ou mauvais signe. En fin de journée, maître Texier m'appelle : « C'est gagné ! » résume-t-il. La plus haute juridiction française ordonne la suspension de la chasse aux courlis cendrés qui fut autorisée par le ministre de la Transition écologique. Cette victoire est d'autant plus appréciable qu'elle peut constituer une jurisprudence pour toutes les espèces en déclin que l'on continue pourtant de chasser.

Sur un plan plus intime, elle m'offre l'oxygène qui fait souvent défaut dans un combat interminable. Il n'est pas un jour où je ne suis sollicité pour traiter une nouvelle agression à la nature. Ici la menace d'arrachage d'arbres centenaires, là le projet d'abattre des bouquetins, ailleurs l'implantation d'éoliennes indésirables… Et chaque fois, mes interlocuteurs espèrent un miracle. Non seulement, je ne peux que trop rarement endiguer les nuisances, mais j'éprouve un accablement proportionnel aux échecs. Le Conseil d'État vient de générer une nouvelle vigueur.

1. Antoine de Saint-Exupéry, *Pilote de guerre.*

28 août
Vol au-dessus d'un nid d'abeilles

De loin, l'œil inexpérimenté ne distingue qu'un point noir musardant près de la ruche. Christèle Sapin, dynamique animatrice de l'association Les abeilles de Saclay, me fait remarquer que deux silhouettes obscures rôdent désormais au-dessus des butineuses qui, terrorisées, se sont rassemblées à l'entrée de leur fief. Les frelons asiatiques s'apprêtent à passer à l'action. Avec une rapidité inouïe, l'un d'entre eux se jette sur la poignée d'abeilles puis s'extrait en tenant dans ses pattes une victime. Il n'en gardera que le thorax, transformé en une boulette destinée aux larves de sa colonie.

L'histoire raconte que ces redoutables prédateurs auraient débarqué en France en 2004 dans des containers de poteries chinoises. Aujourd'hui, ils ont colonisé presque tout l'Hexagone et se sont établis en Espagne, au Portugal, en Italie ou encore en Belgique. Même la Grande-Bretagne n'est pas épargnée par *Vespa velutina*. Sachant qu'une dizaine de frelons peut anéantir une seule ruche, on comprend l'angoisse des apiculteurs. Pour faire face à l'offensive, il existe une multitude de pièges faciles à fabriquer avec des bouteilles en plastique ou des équipements plus élaborés. Même les poules, gourmandes de frelons, pourraient apporter leur part de solidarité, précise un éleveur du Lot-et-Garonne.

L'ombre de l'hyménoptère asiatique n'est pas la seule à planer sur l'avenir des abeilles. En une, *Le Monde* titre : « Abeilles : enquête sur une disparition programmée », avec une double page démontrant la lâcheté de l'Union européenne face à la dégradation des insectes depuis un quart de siècle. En cause, l'incapacité des tests réglementaires à évaluer les risques des nouveaux pesticides sur les abeilles. Même l'Autorité européenne de sécurité des aliments (EFSA) que l'on ne peut soupçonner d'être anti-industrie, a tiré la sonnette d'alarme en 2012. En 2015, c'est la coalition des Académies des sciences européennes qui a pointé les dysfonctionnements. Las, les États membres n'ont toujours pas réussi à se mettre d'accord face à un système réglementaire devenu indéfendable. Leur couardise vient seulement d'ouvrir la porte à une réflexion évaluable en 2021... Les abeilles apprécieront.

30 août
Des dossiers en souffrance

Rencontre diplomatique ce matin au ministère de la Transition écologique et solidaire. La ministre Élisabeth Borne et la secrétaire d'État Emmanuelle Wargon m'invitent à partager un petit-déjeuner en espérant aplanir les tensions qui nous opposent. La question de la chasse arrive en haut de la pile des dossiers à aborder. L'incompréhension reste totale. Emmanuelle Wargon estime qu'il faut donner du temps aux chasseurs pour évoluer, je considère que ces « grands écologistes » doivent immédiatement en finir avec les mauvaises habitudes.

Aujourd'hui même, la ministre s'apprête à prendre un arrêté autorisant la chasse à la tourterelle des bois, une espèce mondialement en déclin. Je l'avise que si elle permet l'abattage d'un seul de ces oiseaux, ce sera la guerre. En sortant du ministère avec Yves Vérilhac, nous décidons de lancer immédiatement un référé devant le Conseil d'État. La lassitude qui devrait m'envahir face à un combat sans cesse renouvelé s'efface devant l'élan de révolte que j'éprouve. Certes, je ne suis pas sûr que notre cause triomphe devant la plus haute juridiction de France et j'ai le sentiment de récidiver après les courlis cendrés, mais je ne peux me résoudre à l'indifférence.

Pour le reste, nous avons passé en revue la situation des dauphins dont les cadavres s'accumulent comme jamais sur le littoral, la politique agricole commune, les éoliennes en mer, le soutien aux centres de soins, le dédain du président de la République à l'égard des associations de protection de la nature, les hypothétiques créations de réserves, les Journées du Patrimoine, et j'en oublie… Globalement, les ministres affichent un intérêt de circonstance et se gardent bien d'engagements concrets. Tandis qu'Emmanuelle Wargon excelle dans l'exercice, j'observe Élisabeth Borne. Son visage, volontairement fermé, ne trahit aucun sentiment, puis brusquement, il s'éclaire par un chaleureux sourire. Tout semble alors possible…

31 août
Le glas des tourterelles

Avec naïveté, j'ai cru un instant que la tourterelle des bois échapperait à la sanction fatale. Les recommandations des scientifiques qui demandent le cessez-le-feu immédiat dans l'espoir d'endiguer le déclin d'ici quinze ans, les mises en garde de la Commission européenne, les promesses du candidat Macron et pour tout dire le simple bon sens, devaient conduire à retirer cet oiseau (menacé mondialement) des espèces chassables. Sourde à la raison, Élisabeth Borne a signé un arrêté autorisant le massacre de dix-huit mille oiseaux en se félicitant de cette mesure de protection puisque avant, on pouvait en décimer quatre-vingt-dix mille ! En roucoulant avec les chasseurs, Élisabeth Borne ensanglante davantage leur gibecière.

« Qui n'aime pas les loups n'aime pas la nuit,
la nuit pour ce qu'elle est, c'est-à-dire la face obscure
de notre immense liberté »

SERGE BOUCHARD

1er septembre
Le rejet des pesticides

Pourquoi douter quand on a 16 ans ? C'est avec l'énergie de l'espoir que Marin, qui se verrait bien baryton plus tard, plaide pour la désobéissance civile. À ses côtés Lorène, 23 ans, partage le même engagement. À Lyon, avec d'autres jeunes, ils ont peinturluré des pistes cyclables dans les rues, recouvert d'un drap de 22 mètres de haut sur 6 mètres de large une publicité contraire à la lutte contre le réchauffement, engagé une marche pour le climat ou encore mobilisé les lycées.

Lorsque je les rejoins sur l'estrade du festival de l'Avenir au Naturel de l'Albenc, la salle leur est acquise. Les quatre cents personnes qui participent aux débats se réjouissent, comme moi, d'un tel dynamisme. Les applaudissements ne faiblissent pas lorsque Vincent Bayot, maire de Malleval-en-Vercors, annonce qu'il a pris un arrêté interdisant l'épandage de pesticides à moins de 150 mètres de son village. C'est le vingt-et-unième élu français à s'être ainsi engagé et il invite ses collègues à faire de même en attendant d'être rappelé à l'ordre par la préfecture. « Il y a une analogie entre la résistance des anciens du Vercors contre la barbarie nazie et celle que nous engageons aujourd'hui », précise-t-il sans mesure avant que Chloë Vidal, militante anti-pesticide, ne prenne la parole au nom de l'association Nous voulons des coquelicots. Lancé par Fabrice Nicolino, ce mouvement compte plus de huit cent mille signataires et huit mille rassemblements en France portés par la même volonté : en finir avec toute forme de pesticides de synthèse.

Le combat n'est pas gagné. Le plan Échophyto 2018 proposé lors du Grenelle de l'environnement en 2007 prévoyait la disparition de 50 % de ces produits en quinze ans, alors qu'on assiste aujourd'hui à une augmentation de 15 % ! « Le peuple français ne veut plus attendre ce qui ne viendra pas », atteste Chloë avec conviction. J'enchaîne en évoquant l'agonie de la biodiversité et les souffrances infligées aux bêtes. Enthousiaste, la salle soutient nos propos. Chacun est venu partager ses convictions pour enrichir ses engagements. Et peut-être aussi pour se rassurer, car le doute prend racine dans la solitude.

3 septembre
La transition des entreprises

Entretien convivial avec Geoffroy Roux de Bézieux, président du Medef. Marchant dans les pas de Laurence Parisot, qui avait porté la question environnementale au sein du patronat, il veut favoriser l'épanouissement de la biodiversité au-delà du cercle administratif.

Depuis le Grenelle de l'environnement, la LPO a multiplié les collaborations avec des petites entreprises comme de grands groupes, en apportant son expertise tout en se réservant le droit de marquer une opposition publique si nécessaire. De Vinci à Engie, en passant par Cemex, la SNCF et bien d'autres, les relations sont parfois tendues, mais elles ont permis de faire évoluer les pratiques. Même McDonald's, encore souvent critiqué, a progressé dans son investissement vers l'agriculture bio. Évidemment, toutes les entreprises ne se fondent pas sur le modèle de Nature et Découvertes, mais beaucoup d'entre elles souhaitent loyalement s'investir dans la transition écologique.

Geoffroy Roux de Bézieux convient que, bien souvent, les employés sont les moteurs de la mutation. De même que les actionnaires, voire les cerveaux issus des grandes écoles, qui veulent soutenir une démarche éthique. Tentant d'avoir l'esprit d'entreprise, je propose au président du Medef d'inviter ses adhérents à créer des refuges LPO chaque fois que possible. Il en accepte le principe, mais cette promesse sera-t-elle tenue ? Je ne tarderai pas à être fixé.

4 septembre
La nature thérapeutique

« Nous sommes tous des handicapés. » En me risquant à lancer cette phrase devant une assemblée de déficients mentaux encadrés de leur famille, j'en mesure l'ambiguïté. Et pourtant, comment ne pas constater que nous aussi, nous avons perdu l'usage de nos sens en croyant profiter du progrès ? Le XXe siècle a effacé notre capacité à sentir, goûter, caresser, observer, écouter les délices de la nature. C'est pourtant cette nature qui peut nous soulager de nos stress, comme elle accompagne aujourd'hui les handicapés que je rejoins dans le Tarn.

Évelyne Haber, présidente de la LPO Tarn et son directeur, Christophe Maurel, m'ont demandé d'inaugurer deux Refuges LPO dans le département. Le premier, situé à Sérénac, est animé par l'association Agir, Soigner, Éduquer, Insérer (ASEI) qui s'est investie depuis de longs mois afin de donner à cette journée un caractère inoubliable. Un rouge-gorge et une mésange charbonnière de 3 mètres de haut ont été réalisés pour montrer l'attachement des handicapés aux oiseaux. Partout ont été placés des nichoirs, des hôtels à insectes et autres gestes solidaires pour la faune.

Nadine Barbottin, présidente de l'association, me dit combien elle est convaincue du caractère thérapeutique de la nature. « La préservation de la faune et de la flore participe à améliorer la qualité de vie », assure-t-elle. Pendant les discours, je repense au travail que la LPO a engagé pour favoriser l'intégration des handicapés dans les espaces naturels. Trois ans d'enquête, d'auditions, d'échanges et de réflexion ont permis de produire un guide pratique, non seulement appliqué en France, mais aussi référent en Europe.

Plus tard dans la journée, j'inaugure un autre refuge à Lostanges près de Castres. Les renseignements généraux m'ont fait savoir qu'un comité d'accueil de chasseurs m'attendait pour en découdre. La gendarmerie présente aux abords du lieu les en a dissuadés. C'est donc dans une ambiance conviviale que l'Association pour adultes et jeunes handicapés (APAJH) m'accueille sur 7 hectares, transformés en havre de paix pour la nature. « Les petits autistes vivent l'émerveillement et l'apaisement et peuvent ainsi bénéficier des moyens mis en œuvre par le personnel médical », m'affirme un éducateur. J'en ai la conviction lorsque je vois ces enfants sourire à la vie.

6 septembre
Piégeages en tous genres

Élisabeth Borne n'a même pas eu le courage de m'avouer la nouvelle malveillance qu'elle s'apprêtait à exercer sur la faune. La presse s'en est chargée. Se lâchant sans pudeur ni retenue, la ministre invite à massacrer la faune au moyen de gluaux (pièges collants), de pantes (grands filets horizontaux), de matoles (petites cages tombantes) ou encore de collets. Plus de cent cinquante mille oiseaux pourront ainsi être englués, étranglés ou emprisonnés au nom de la tradition.

Inutile de m'étendre davantage, les onze arrêtés ministériels s'ajoutent à la liste des cadeaux faits aux chasseurs dont j'ai déjà tant parlé… à regret.

7 septembre
Un certain regard sur les animaux

Il y a trois cent douze ans naissait celui qui allait devenir l'un des plus grands naturalistes de l'histoire : le comte de Buffon. Après avoir fait des mathématiques, traduit Newton ou encore s'être lié d'amitié avec Voltaire, il est nommé intendant du jardin du roi Louis XV à l'âge de 32 ans.

À l'époque, c'est un jardin d'apothicaire qu'il va transformer en Jardin des Plantes et surtout en centre de recherche. On passe, avec lui, de l'art de guérir par les plantes à l'histoire naturelle. Buffon va enrichir les collections grâce aux grands voyageurs de l'époque, tel Bougainville, tout en plantant les racines de ce qui deviendra l'un des plus grands muséums d'histoire naturelle du monde. Mais il gagnera sa renommée en écrivant sa monumentale *Histoire naturelle* de trente-six volumes durant plus de cinquante ans. Véritable *best-seller* pour l'époque, cette classification du monde animal est construite de manière assez subjective.

Buffon commence par le cheval, en rapportant cette formule devenue célèbre : « La plus noble conquête que l'homme ait jamais faite est celle de ce fier et fougueux animal. » Il enchaîne avec le chien et ne traite quasiment pas des insectes. À ce propos, il écrit à Réaumur : « Une mouche ne doit pas tenir dans la tête d'un naturaliste plus de place qu'elle n'en tient dans la nature. » Ailleurs il n'est pas tendre avec le chat : « Il est aussi cruel, aussi méchant, aussi déprédateur en petit que ses consanguins [les panthères, les lynx...] le sont en grand ». Il ajoute même que « le chat est un domestique infidèle que l'on ne garde que par nécessité ». Étonnante approche anthropomorphique pour ce grand naturaliste qui considère qu'il peut y avoir une reproduction viable entre un singe et une femme noire… À l'évidence, le siècle des Lumières a encore besoin d'éclairage. Buffon en a conscience. Avant de mourir à l'âge de 80 ans, il affirme : « Le plus grand ouvrier de la nature est le temps. »

11 septembre
L'oiseau, indicateur de la biodiversité

L'hémicycle du CESE est plein comme rarement, de même que les tribunes qui l'encadrent. Il faut dire que l'objet de la plénière invite à la curiosité : il s'agit de rendre le rapport annuel sur l'état de la France (RAEF).

Sans surprise, le CESE rappelle que les mouvements sociaux qui ont marqué le pays (les gilets jaunes) témoignent d'une déconnexion profonde entre les politiques publiques et les attentes de la société. En réponse, le Conseil préconise de recréer du lien, d'associer les acteurs de la recherche, d'accélérer la transition énergétique ou encore de redonner de l'air à la terre. Au fond, rien d'inédit. Un nouveau coup d'épée dans l'eau ? La manière dont l'exécutif s'emparera de ses recommandations révélera le pouvoir du CESE…

En ouverture du débat, il est proposé qu'à l'avenir, le PIB intègre dans ses valeurs le bien-être social et la préservation de la planète. Réponse de l'économiste Philippe Waechter : « Ce n'est pas dans la vocation du

PIB, qui doit rester dans le périmètre économique. » Circulez, il n'y a rien à voir. Et pas davantage à envisager. Face à la puissance de l'argent, la qualité de vie ne fait pas le poids.

Je remarque également le peu de cas qui est fait de la biodiversité. Ce n'est pourtant pas faute de m'y être investi depuis de longues années dans cette troisième chambre de France. Mais rien à faire, on a refusé que la biodiversité apparaisse à travers son indicateur légitime : l'oiseau. Pourtant, en 2015, le professeur Frédéric Jiguet du Muséum national d'Histoire naturelle confirmait par écrit que « l'indicateur oiseau », datant de plus de vingt-cinq ans, était obligatoire au plan européen pour évaluer l'état de la biodiversité. Ignorant cette réalité, le CESE et France Stratégie, en charge de déterminer les futurs indicateurs, ont préféré « l'artificialisation » à l'oiseau pour donner une image de l'état de la biodiversité. Pourquoi ? Parce que le secteur agricole s'est battu pour que l'on s'en tienne au béton et à l'asphalte qui, chaque année, rongent les terres agricoles et naturelles à raison de 60 000 hectares.

En se limitant à « l'artificialisation » pour évaluer l'état de la biodiversité, on passe ainsi sous silence l'impact négatif d'une agriculture industrielle. Pas un mot sur les zones humides drainées pour développer la production de maïs et aucune référence sur la perte des mares, des haies ou des bosquets dans les grandes plaines céréalières, de sorte que le secteur agricole n'apparaît pas dans les causes du déclin de la biodiversité. Quelqu'un a rappelé une formule célèbre : « Les hommes politiques sont les otages de ce qu'ils ont appris à l'école. » C'est évidemment par l'enseignement qu'il faut commencer la fameuse transition !

12 septembre
S'écouter parler

Au risque jouer les Cassandre, j'éprouve le besoin irrésistible de reconsidérer les formules qui font recette autant qu'elles m'agacent. « Il ne faut plus se mentir » se retrouve ainsi dans toutes les conversations, notamment depuis que Nicolas Hulot a lâché cet aphorisme en guise de démission. Faut-il comprendre qu'un individu peut se dire à soi-même un mensonge avec la naïveté de croire qu'il n'en saura rien ? Ne serait-ce pas plutôt ignorer délibérément sa responsabilité face à ses préoccupations ? Quoi qu'il en soit, « il ne faut pas se mentir » relève moins du mensonge que de la vérité que l'on n'aurait pas le courage de révéler. Cela dit, Oscar Wilde considérait que « la vérité pure et simple est très rarement pure et jamais simple. »

Dans un autre registre, la tournure « se féliciter » fleurit dans toutes les bouches, particulièrement dans le monde politique. Cette formule prémâchée est tout particulièrement employée lorsqu'il s'agit de se réjouir d'une situation que l'on espérait. Celui qui l'emploie se flatte d'un événement dont il n'est qu'un simple bénéficiaire et non l'acteur. En admettant qu'une personne ait contribué à sa propre satisfaction, convenons que se féliciter publiquement montre un manque flagrant d'humilité…

Et puisque j'en suis à critiquer l'usage des mots, redonnons sa valeur au terme « espèce ». Combien de fois peut-on entendre « un espèce de… » ? La nature, quant à elle, préfère parler d'espèce au féminin. Patricia Martin, ma conscience littéraire avec qui j'évoque ces dérives de langage, ajoute spontanément : « sans me vanter ». Une façon insupportable de souligner sa prétention. Se méfier également d' « à vrai dire » ou encore de « très franchement ». Ces formules annoncent immanquablement une interprétation stratégique de la réalité. Doit-on faire le reproche au Christ d'avoir martelé : « En vérité je vous le dis » ? On pourrait ajouter « moi personnellement » ou « personnellement je », qui démontrent un égocentrisme pathologique. Restons-en là !

13 septembre
Un havre de paix

M'appelant de Los Angeles, Luc Besson prend son temps. Il tient calmement à m'exposer l'affaire qui le révolte. Voilà dix ans qu'il a acheté une propriété dans l'Orne couvrant près de 86 hectares. Un beau fief en partie boisé qu'il veut transformer en havre de paix. « Mes studios d'enregistrement demandent du calme et je souhaite que les enfants s'épanouissent dans une nature préservée », me précise-t-il, en ajoutant qu'en conséquence la chasse ne doit pas avoir droit de cité. Dès son arrivée, il en informe la fédération de chasse locale qui, évidemment, n'apprécie guère l'idée.

Une décennie plus tard, les choses se gâtent. La Fédération départementale des chasseurs de l'Orne saisit le tribunal d'instance d'Argentan pour obtenir la condamnation de Luc Besson en l'obligeant à lui payer une somme approchant les 120 000 euros. Explication : en laissant vie et quiétude aux cervidés sur sa propriété, ces derniers ont causé des dégâts dans les cultures avoisinantes. Jean-Marc Descoubes, l'avocat de Luc Besson, m'en dit davantage. La propriété incriminée est noyée dans un territoire forestier de 6 000 hectares appartenant à la Caisse des Dépôts, elle ne saurait donc être le lieu de reproduction exclusif d'une population de cervidés en constants déplacements. Mais l'avocat tient surtout à plaider l'idée d'un principe fondamental qu'il souhaite développer devant le tribunal, à savoir que quiconque refuse de tuer un animal ne saurait être fautif, ni sur le plan civil, ni sur le plan pénal. Mieux, un tel principe devrait avoir une valeur supérieure à toutes les règles de gestion cynégétique prévues par le Code de l'environnement. Ce plaidoyer d'un nouveau genre touchera-t-il la magistrature ? On devrait être fixés dans les semaines à venir.

15 septembre
Un air irrespirable

Depuis que le nuage de Tchernobyl s'est soi-disant « arrêté » aux frontières de la France, on peut considérer qu'il en sera de même avec les effluves de pesticides qui épargneront les habitations ! C'est en substance ce que semble penser l'État en lançant une consultation publique sur le périmètre d'épandage de produits chimiques à proximité des populations. La distance minimale pourrait être de 5 mètres pour les cultures basses – céréales, par exemple – et de 10 mètres pour les autres. Évidemment, le ministère de la Transition écologique a la prudence d'indiquer que les distances en question pourraient être modifiées en fonction de l'évolution des connaissances scientifiques.

L'affaire n'est pas anodine car, malgré le plan Écophyto 2 visant à réduire de 25 % l'usage des pesticides d'ici 2020 et de 50 % d'ici 2025, le nombre de tonnes déversées a augmenté de 15 % entre 2011 et 2017 pour atteindre près de 65 000 tonnes. C'est l'association Génération future qui fait ce constat, en admettant que les produits les plus dangereux (cancérigènes) ont fort heureusement reculé de 6 %. Quoi qu'il en soit, qui pourrait croire qu'un épandage réalisé à quelques mètres d'une école épargnerait cette dernière ? Les traitements conventionnels polluant les parcelles bios non concernées, en raison notamment du vent, n'ont toujours pas trouvé de solution.

Daniel Cueff, maire de Langouët, a rejeté « l'aimable cohabitation » entre pesticides et habitants de sa commune en repoussant les limites de l'ingérence chimique à 150 mètres. Poursuivi par l'État, il a dû suspendre son arrêté, mais l'effet produit a généré la solidarité. Plusieurs dizaines de communes ont elles aussi pris des arrêtés rejetant la proximité chimique, parmi lesquelles Paris, Grenoble, Clermont-Ferrand, Lille ou encore Nantes. La loi Labbé interdit l'utilisation des pesticides aux collectivités depuis 2017 et aux particuliers depuis le 1er janvier 2019. Pourtant, soixante-neuf herbicides sont encore utilisés en France sur près de 20 millions d'hectares de type forêts, terrains de sport, parcs et jardins… On n'en est plus à une contradiction près.

17 septembre
La richesse de l'eau

La nature a soif. Lorsqu'elles n'ont pas disparu, les nappes phréatiques comptent les ultimes litres d'eau en clamant leur détresse. On parle de stress hydrique. Les historiens rappellent qu'on assiste à la septième plus grande sécheresse depuis 1956, tandis que quatre-vingt-sept départements sont officiellement touchés et contraints de réduire l'usage de l'eau. Certains territoires se voient même frappés du qualificatif de « crise intégrale », interdisant totalement l'usage de l'eau, même à des fins agricoles. La Haute-Vienne, la Creuse ou le Gers figurent sur cette liste noire. Et pourtant la France reçoit près de quatre cents milliards de m^3 d'eau de pluie chaque année. Que devient cette manne ? Les 2/3 s'évaporent. Restent cent soixante-quinze milliards de m^3 qui alimentent les eaux de surface et souterraines. Il faut aussi compter les prélèvements, évalués à trente-deux milliards de m^3 par an.

Les premiers consommateurs sont les agriculteurs, qui ponctionnent 50 % des ressources. L'industrie s'en tient à 25 %, tandis que le même volume est prélevé par la sphère domestique. En période de sécheresse, le citoyen est souvent montré du doigt. On lui conseille de choisir la douche plutôt que le bain, de fermer le robinet en se lavant les dents ou même de mesurer ses achats en rappelant qu'il faut 11 000 litres d'eau pour fabriquer un jean en coton. Mais la tolérance à l'égard du monde agricole reste inchangée. Des retenues d'eau, en multipliant les « bassines » (réserves d'eau pompée durant l'hiver dans la nappe phréatique), semblent être la seule réponse à la sécheresse. Qui parle de l'indispensable évolution des cultures prenant en compte le manque d'eau ? Faut-il continuer d'arroser sans fin les maïs dans les zones particulièrement arides ?

L'adaptation, pourtant inévitable, n'est pas à l'ordre du jour. De même, on ne perd pas la vieille habitude d'alerter les chasseurs quelques jours avant l'interdiction de l'usage de l'eau. Ils peuvent ainsi consciencieusement et sans réprimande remplir les mares situées devant les huttes de chasse. Il ne restera plus qu'à disposer quelques oiseaux vivants (encagés ou attachés) pour faire office d'appelants et le tableau de chasse sera garanti. Cette captation d'eau en période de sécheresse est-elle un geste écologique ?

18 septembre
Le double langage

De même qu'il existe des températures réelles et d'autres ressenties, j'ai le sentiment que l'on pourrait porter le même jugement sur la biodiversité. Lorsque le gouvernement nous assure que la deuxième partie de son mandat placera l'environnement au sommet de ses priorités, on peut parler de biodiversité ressentie : nous percevons que la biodiversité va être prise en compte. Mais la biodiversité réelle nous ramène à la raison. Derrière les bonnes intentions, qu'en est-il des mesures engagées ?

Durant le mois d'août, lors du G7 de Biarritz, Emmanuel Macron engageait un élan de solidarité en direction de la forêt amazonienne en promettant 20 millions d'euros (le transfert d'un joueur de football peut se négocier deux ou trois fois plus !). Mais simultanément, la France autorisait la prospection minière sur 5 000 hectares pour cinq ans en Guyane, voilà pour la biodiversité réelle. Dans la série des bonnes intentions qui conduisent à la « biodiversité ressentie », on peut évoquer le projet d'aménagement de l'article premier de la Constitution qui devrait inclure la biodiversité dans les valeurs fondamentales de la France. La biodiversité réelle promet un avenir moins enthousiasmant. Ainsi, le projet de loi de finances en préparation prévoit que le ministère de la Transition écologique et solidaire devra s'accommoder de la suppression de mille sept cents postes dès 2020.

Le décalage entre les déclarations de bienveillance et la réalité, appliquées au détriment de l'environnement, ne devrait pas laisser indifférente l'opinion publique. La Fondation Jean-Jaurès et l'Institut Montaigne annoncent que, pour la première fois, l'environnement figure en tête des préoccupations des Français, devançant notamment les questions sociales. Et parmi les plus inquiets sur les perspectives d'avenir, les 18-24 ans font figures de leaders. Peut-être vont-ils se sentir victimes d'une trahison ressentie ?

20 septembre
Conjuguer nature et culture

Le château royal d'Amboise a tenu ses promesses. Perché sur un rocher surplombant la Loire, il révèle une Renaissance délicate, sans prétention, mais d'une beauté irrésistible. Il fait beau aujourd'hui. Un ciel bleu coiffe les jardins que nous explorons. Jean-Louis Sureau, directeur du lieu, tient aimablement à me guider dans l'écrin de verdure et dans les salles si souvent occupées par François Ier et Léonard de Vinci. Un parfum d'histoire m'envahit. J'imagine l'artiste observant la Loire déchaînée, je le devine dessinant au détour d'une allée et je m'incline devant sa sépulture en considérant qu'il est tellement agréable de ne pas douter de son authenticité.

Ma visite n'a rien de touristique. À l'initiative de la LPO Touraine, le site devient aujourd'hui Refuge LPO, avec l'ambition de favoriser l'épanouissement de la biodiversité. Tout le personnel du château partage cet espoir. De multiples nichoirs à faucons crécerelles, huppes fasciées ou martinets noirs ont été disposés tandis qu'une végétation accueillante, nouvellement plantée, doit favoriser le bien-être de la faune locale.

Au-delà de cette belle initiative, j'apprécie la communion entre la nature et la culture. Elle prend ici tout son sens à la veille des Journées du Patrimoine. Voilà près de dix ans que je me bats pour que ces fameuses journées conjuguent ces deux richesses. Durant les années 1960, lorsque l'Unesco a lancé l'idée du « patrimoine mondial », l'honorable institution définissait trois types de sites méritant la reconnaissance : le patrimoine culturel, (comme les fortifications de Vauban), le patrimoine naturel (à l'instar des Galapagos) et le patrimoine associant nature et culture (comme le Val de Loire). La France n'a pas suivi cette trilogie, préférant valoriser uniquement le patrimoine bâti culturel. Après avoir fait le siège de François Hollande à ce sujet, il accepta en 2014 l'idée de Journées du Patrimoine valorisant la nature et la culture. Mais ce beau concept, qui devait perdurer, s'est effacé avec le temps. Cette année, le thème des Journées est « Arts et divertissements ». Le ministère de la Culture en profite pour valoriser la tauromachie en affichant un dédain coupable pour la nature.

23 septembre
La planète bleue en sursis

Peu de gens se flattent d'avoir observé le rayon vert. Ce point émeraude visible au lever ou au coucher du soleil n'a pourtant rien d'un mirage, même s'il est le fruit d'un phénomène d'optique atmosphérique. Un soir, il m'a semblé l'apercevoir durant quelques secondes à l'horizon d'une mer reposée. Cette image fugitive qui invite à l'interprétation se révélera-t-elle de nouveau dans l'avenir ? Le paysage océanique qui se dessine pourrait bien la noyer dans le bouleversement attendu.

Le dernier rapport du GIEC nous prédit l'apocalypse. Au hasard des révélations, on note que les océans ont absorbé un quart des gaz à effet de serre et 93 % de la chaleur issue du changement climatique. Résultat, les mers se sont réchauffées, ont augmenté leur acidité et réduit leur salinité. Le phénomène se vérifie avec les espèces marines (des planctons aux poissons, en passant par les mammifères) qui se sont déplacées de plusieurs centaines de kilomètres depuis les années 1950. Même le niveau de la mer perd sa dimension. Il devrait augmenter de 43 centimètres d'ici 2100, si le climat ajoute 2 °C à la température actuelle.

Concernant les récifs coralliens, il faudra les ranger dans le tiroir des souvenirs. On annonce une diminution de 90 % des coraux alors que près de un demi milliard de personnes en dépendent. Quant aux métaux lourds, on prévoit leur retour à hauteur de 800 000 tonnes de mercure libérées par le permafrost dégelé. Le pire étant que j'égrène ces chiffres avec une simple lassitude, tant les perspectives deviennent funestes. Pour l'heure, je ne ressens ni révolte ni dramatisation, je me familiarise avec l'impensable. J'ose croire que cela ne durera pas.

Un autre rapport, cette fois du CNRS, semble nous jeter une bouée de sauvetage en guise d'espoir. Aujourd'hui, seulement 7 % des mers sont protégées de manière souvent inefficace, constate-t-il en ajoutant : « au moins 30 % doivent être placées sous protection pour que les écosystèmes résistent. » Dès lors, il serait possible de bénéficier du fantastique potentiel de la planète bleue, notamment par les énergies renouvelables. On pense même qu'en introduisant du fer soluble dans la mer, on pourrait booster la production de phytoplancton qui absorbe le CO_2 par photosynthèse. Dieu n'a qu'à bien se tenir, l'homme a tout compris !

24 septembre
Le procès de l'ours

Les ours seraient-ils devenus plus violents que jamais ? C'est ce que l'on pourrait croire à la lecture du bilan de l'indemnisation de leurs dégâts. L'État laisse entendre que les plantigrades des Pyrénées auraient tué deux ou trois fois plus de brebis que durant les années précédentes.

À y regarder de près, on assiste davantage à un procès d'intention qu'à une réalité de terrain. Il est quasiment impossible, dans la grande majorité des cas, de déceler la cause réelle de mortalité d'un animal. Résultat, toute bête morte de cause indéterminée, en zone de présence d'ours, est systématiquement indemnisée au titre de dégât des ours. Simultanément, sous la pression des syndicats agricoles, l'État a multiplié par deux ou trois le montant des compensations : valeur de la bête, prime de « manque à gagner », prime de dérangement et prime « gros dégât ».

L'association Pays de l'ours – Adet tient à préciser qu'une brebis d'une valeur de 120 euros est maintenant dédommagée entre 500 euros et 600 euros. Dès lors, quel intérêt à protéger davantage les troupeaux ? Certes, on prévoit d'ici deux ans une indemnisation sous réserve que l'éleveur aura mis en œuvre des techniques de protection (présence du berger, regroupement de troupeaux, accompagnement d'un chien de protection…), mais ces mesures restent discutables. Un troupeau non regroupé pour la nuit serait considéré comme défendu, dès lors qu'il y aurait un chien. Pourtant, comment un chien peut-il protéger des brebis éparpillées sur plusieurs hectares ?

Les associations de conservation de la nature, rassemblées derrière le collectif Cap Ours, prévoient un avenir catastrophique si l'on poursuit les pseudo-mesures inefficaces et dangereuses comme l'effarouchement des ours au fusil de chasse. Les anti-ours mériteraient un éclairage salutaire. « L'éducation peut tout : elle fait danser les ours », disait le philosophe Leibniz. Avec un peu de pédagogie, l'animal pourrait bénéficier d'une légitime réhabilitation.

26 septembre
Chirac, l'anti-chasse

En apprenant sa mort, mes pensées s'envolent vers la mémoire de Jacques Chirac. Après l'avoir rencontré en compagnie de Brigitte Bardot alors qu'il envisageait la création d'un secrétariat d'État à la protection animale, j'ai eu le bonheur de le retrouver à l'initiative de l'ancienne ministre de l'Environnement, Nelly Olin.

Nous sommes tous les trois dans le bureau de sa fondation à échanger sur les questions environnementales. Et bien qu'affaibli, il se montre attentif à la situation. Alors que j'évoque mon vœu de créer un centre de soin pour la faune sauvage à Marly-le-Roi, à l'endroit des anciennes chasses présidentielles, il me coupe avec autorité :

– Ah, moi la chasse, je ne supporte pas ! Et lorsque je vois aux informations qu'un chasseur en a tué un autre lors d'une battue, je me dis que cela en fait un de moins !

– Monsieur le Président, vous ne pouvez pas dire une chose pareille, s'offusque Nelly Olin.

– Non seulement je le dis, mais vous pouvez le répéter à qui vous voudrez, tranche Jacques Chirac en guise de conclusion.

Délivré de son devoir de réserve, l'ancien président apparaissait truculent et profondément attaché à la nature.

Brigitte Bardot, avec qui je m'en entretiens, lui reconnaît la stature d'un de nos plus grands chefs d'État, tout en regrettant qu'il ne se soit pas davantage impliqué dans la protection animale. Notre conversation se poursuit sur son procès à la suite de ses déclarations faites aux Réunionnais qu'elle a traités de sauvages pour avoir utilisé des chiens comme appâts lors de pêches aux requins. « Ils m'ont mis en examen, je suis lasse de crier dans le désert », lâche-t-elle, accablée. J'en profite pour lui souhaiter un bon anniversaire par avance. Là encore, l'abattement est au rendez-vous. « Je vois arriver mon anniversaire d'un sale œil, je vois tout arriver d'un sale œil », me dit-elle, dépitée par la lassitude d'un combat inachevé.

27 septembre
Un acharnement médiatique

Le moins que l'on puisse dire, c'est qu'elle est clivante. Du haut de ses 16 ans, Greta Thunberg a réussi à s'attirer autant d'anathèmes que de sympathie. Côté critiques, souvent martelées avec violence, il lui est reproché de ne représenter qu'elle-même, en dépit du mouvement de jeunesse qu'elle a réussi à entraîner. On entend ainsi de nombreuses voix s'élever : de quel droit se permet-elle de pointer les uns ou les autres ? Qu'a-t-elle fait de sa courte vie pour donner des leçons ? Quelle haine anime ses propos d'une grande fureur ? Et, au passage, quelle puissance cachée finance son engagement ?

Cette dernière question me rappelle le même jugement porté à l'égard de Greenpeace durant les années 1970-80. À l'époque, une rumeur véhiculait l'idée que l'Union soviétique donnait des moyens financiers à cette ONG anarchiste. La preuve avancée était que Greenpeace n'intervenait pas ou peu sur le territoire rouge, en oubliant qu'il était bien difficile d'en franchir les frontières.

La jeune Greta n'a pas le cuir aussi tanné que celui de Greenpeace, mais elle affronte avec constance une pluie d'outrages. Même l'idée de « l'abattre » a été lancée. Au regard de la traînée d'injures qu'elle doit digérer, son message essentiel n'a pourtant rien de condamnable : « Écoutez les scientifiques », martèle-t-elle. Par bonheur, sa maladie semble davantage la porter que la handicaper. Au fond, Greta Thunberg, a trois défauts impardonnables : elle est écologiste, elle est très jeune et c'est une femme.

« On pourrait reconnaître aisément cette vérité
à peine entrevue par le penseur, que, depuis l'huître
jusqu'à l'aigle, depuis le porc jusqu'au tigre,
tous les animaux sont dans l'homme
et que chacun d'eux est dans un homme »

VICTOR HUGO

2 octobre
La science s'impatiente

Depuis le ciel, Albert Ier de Monaco, l'ancêtre de l'actuel prince, doit se réjouir. Son amphithéâtre, coloré de peintures marines, est plein à craquer. Les experts se sont pressés pour assister au colloque organisé par la Fondation pour la recherche sur la biodiversité. Au programme : « Indicateurs et outils de mesure – Évaluer l'impact des activités humaines sur la biodiversité ? ». Au vu de l'ampleur du débat, la complexité est au rendez-vous. Les entreprises disent leur bonne volonté d'intégrer le respect de la biodiversité dans leur production, l'administration souligne combien la démarche est essentielle, tandis que les scientifiques avouent qu'il y a des progrès à faire pour mesurer l'impact des activités humaines sur cette biodiversité.

Au-delà de cette mélodie qui n'est guère engageante, certaines voix s'élèvent pour dire que l'heure n'est plus seulement à mesurer l'action mais à agir. Alors que je dois prendre la parole, j'enfonce le clou en souhaitant un État exemplaire. Quel crédit peut-on lui accorder lorsqu'on constate son obsession à soutenir une chasse abusive ? Combien de temps faudra-t-il pour que les réserves promises voient le jour ? Quand les captures de dauphins lors des pêches cesseront-elles ? Qui donnera les moyens pour que les réglementations environnementales soient contrôlées et appliquées ? Et que dire des maltraitances, qu'il s'agisse d'animaux sauvages ou domestiques ? En ne trouvant pas de réponse satisfaisante, toutes ces questions et bien d'autres discréditent l'image de l'exécutif.

En attentant, les biologistes qui s'expriment aujourd'hui ne manquent pas d'arguments pour exhorter à un changement radical. Dépassant les vœux pieux, ils préconisent des stratégies rationnelles à appliquer en urgence. Dans ce type de colloque, je mesure la richesse des propositions et la faiblesse de leur application.

4 octobre
Parodie démocratique

Ce matin, le CESE accueille la Convention Citoyenne pour le Climat, comprenez les cent cinquante citoyens tirés au sort pour éclairer le gouvernement sur la stratégie à adopter face au réchauffement climatique. J'ai déjà dit combien la démarche me paraissait inadaptée et lorsque j'observe les termes de la mission confiée à cette convention, j'en suis affligé.

Nos valeureux citoyens ont à « définir les mesures structurantes pour parvenir, dans un esprit de justice sociale, à réduire les émissions de gaz à effet de serre d'au moins 40 % d'ici 2030 par rapport à 1990 » et, au cas où ils en voudraient davantage, on leur propose de « déterminer les mesures législatives et réglementaires » jugées nécessaires, ainsi que les budgets à affecter. Rien que cela ! Ils disposeront de six séances avant de rendre leur copie vers la fin du mois de janvier.

Cette comédie s'apparente à de la démagogie démocratique, car nous connaissons les réponses à ces problématiques depuis des décennies. Les scientifiques du GIEC (Groupe d'experts intergouvernemental sur l'évolution du climat) ne cessent non seulement de tracer un état des lieux mais aussi de proposer des actions à mettre en œuvre pour endiguer les gaz à effet de serre. Demander à des citoyens incompétents de faire des propositions revient à mépriser les recommandations des scientifiques. C'est aussi dédaigner les nombreux travaux réalisés par le CESE, comme la saisine sur la justice climatique ou encore celle sur l'adaptation. Que ce soit au niveau des citoyens, des collectivités, des entreprises ou même de l'État, chacun sait les mesures à mettre en œuvre, parmi lesquelles le covoiturage, les économies d'énergie, l'isolation thermique, la valorisation des énergies renouvelables, la réduction de l'élevage ou encore la taxation aérienne. La liste à la Prévert ne manque pas de pistes à explorer. Reste qu'il faut du courage et de la détermination pour changer les mauvaises habitudes. La convention citoyenne devrait conclure de cette manière.

6 octobre
Errances à haut risque

De jour comme de nuit, le rush du peuple des airs bat son plein, un véritable marathon des as du ciel. Par dizaines de millions, par milliards, les migrateurs ont engagé leurs périples improbables qui les conduiront jusqu'à leur site d'hivernage.

Ces exploits me bouleversent autant qu'ils m'épatent. Comment ne pas être ému par ce besoin irrésistible de rejoindre une terre promise, quitte à y perdre la vie ? Et comment ces prodigieuses mécaniques biologiques parviennent-elles à trouver leur chemin ainsi qu'à déjouer les obstacles ? La revue *Nature Climate Change* vient d'annoncer un avenir beaucoup moins serein : près de 80 % des espèces d'oiseaux migrateurs seront menacées par le changement climatique d'ici 2050. En cause, un voyage plus éprouvant, avec notamment l'extension des zones désertiques, mais aussi la pollution lumineuse, la chasse, les câbles électriques ou encore la perte des sites de repos.

Arrivés sur les zones d'hivernage, l'accueil n'est plus aussi bienveillant. Les produits chimiques ou la déforestation bouleversent le bien-être d'autrefois. Même le retour printanier chez nous, sur les lieux de nidification, pose problème. On constate par exemple que le pic de production des chenilles qui permet une bonne alimentation des poussins est anticipé. Dès lors, les jeunes oiseaux sont sous-alimentés. De même, les fous de Bassan sont contraints d'aller chercher beaucoup plus loin les poissons permettant de nourrir leurs jeunes en raison du réchauffement des océans. Il faut se retourner vers les cigognes blanches pour les bonnes nouvelles. Près de mille d'entre elles ne s'engagent plus dans de longs périples grâce aux ressources alimentaires et au climat qui leur conviennent dans nos contrées.

Le futur des migrateurs n'invitant pas à l'optimisme, je ne résiste pas au plaisir de rendre hommage à ces athlètes emplumés. Une barge rousse, par exemple, a battu les records de migration sans escale (soit 11 500 kilomètres). Partie de Sibérie, elle est arrivée en Afrique de l'Ouest en huit jours seulement. Autre singularité, les hirondelles françaises vont hiverner en Afrique francophone, tandis que les hirondelles britanniques choisissent l'Afrique anglophone de l'Est et australe. Aucun scientifique n'a pu expliquer ce constat. C'est aussi son caractère mystérieux qui rend la migration admirable.

8 octobre
Comme le temps passe

À partir de quel moment constate-t-on que le temps devient compté ? J'avoue avoir été humilié la première fois qu'une petite fille s'est levée dans le métro pour me laisser sa place. Refusant d'admettre que je n'échapperais plus à la solidarité intergénérationnelle, je l'avais trouvée trop bien élevée et avais décliné en grommelant. Aujourd'hui, je dois me rendre à l'évidence, le corps n'est plus aussi complice que par le passé lorsqu'il répondait à la moindre sollicitation du cerveau.

Désormais, il me faut admettre que porter une lourde charge n'est plus seulement une question de volonté. Je constate qu'en montant les escaliers, il me faut plus de temps pour prendre de la hauteur. Par ailleurs, je manque de souffle, même quand je ne manque pas d'air. Les muscles finissent par m'ignorer, la graisse squatte mon ventre. À force de dire la vérité, ma balance manque de savoir-vivre. Mes cheveux se dispersent je ne sais où, tandis que mes poils se rassemblent dans les oreilles. Il me devient plus difficile d'entendre que de me faire entendre. Quant aux toilettes, elles deviennent des lieux communs.

Avec un pareil bilan, j'envie la *Turritopsis nutricula*, cette méduse qui aurait l'incroyable faculté d'être immortelle. Dans les années 1990, les scientifiques ont découvert qu'en cas de stress ou de blessure, les adultes de cette espèce avaient la capacité de renouveler leurs cellules en retournant au stade juvénile. Ce cycle potentiellement infini peut évidemment connaître un terme si un prédateur avale cette méduse de 5 millimètres. Mais sa régénérescence potentiellement avérée n'a pas laissé indifférents les chercheurs qui tentent d'allonger notre durée de vie.

Dans la série des incroyables records, on constate que certaines éponges peuvent vivre jusqu'à 15 000 ans. Et que dire de la palourde *Arctica islandica*, prénommée « Ming », que l'on imagine contemporaine de Christophe

Colomb ? Je pense également à certains homards, qui, échappant à notre appétit, se renforcent au fil des années. On leur prête plusieurs siècles d'existence. Mais au fond, la longévité est-elle enviable ? Philippe Bouvard répondait : « La cruelle rançon de la longévité : on voit mourir des gens qu'on avait vus naître. »[1]

10 octobre
Refaire le monde

Si vous avez aimé l'ouvrage *Indignez-vous !* de Stéphane Hessel, publié en 2010, vous adorerez le mouvement Extinction Rebellion qui invite à la résistance en se dédouanant des conventions réglementaires. Dans les deux cas, l'avenir de la planète justifie l'engagement. L'essai de Stéphane Hessel avait généré des manifestations en Espagne, mais aussi à Athènes, Liège ou même Paris. Il n'est pas exclu que le mouvement social écologique actuel puise ses racines dans les préconisations de l'ancien diplomate.

Pour en avoir le cœur net, je file au Châtelet. C'est un décor de cinéma qui m'attend en sortant du métro. La rue de Rivoli est vide, de même que le boulevard Sébastopol et la place du Châtelet. Même le Pont-au-Change, qui conduit à l'ancien palais de justice, est déserté par les voitures ou les motos. Partout des marcheurs, des badauds, des militants assis en cercle. Ici, on évoque la marche à suivre en cas d'arrestation, là

1. Philippe Bouvard, *Mille et une pensées*.

on chante des ritournelles en faveur de la planète. La conviction compense l'improvisation.

M'attardant sur un débat, je constate que l'éolien est mis en cause. Un militant se risque même à affirmer que si la Pologne cessait l'extraction du charbon au profit du nucléaire, il en serait ravi. Personne ne bronche. À Extinction Rebellion, on écoute sans juger. Enfin, presque. Au hasard des groupuscules, les stratégies ne font pas l'unanimité, mais on sent bien le besoin collectif d'un changement en urgence. Alors que je demande ce qu'il faut penser de la convention citoyenne qui vient d'être lancée, les réponses font consensus. Elle ne démérite pas, mais sera noyée par un Parlement qui aurait pu trancher depuis bien longtemps. Nous connaissons les causes et les remèdes, il faut désormais en finir avec l'indolence.

Plutôt jeunes, les adeptes du mouvement viennent de Paris, de la banlieue comme de province. Souvent étudiants, ils ne conçoivent plus d'en savoir davantage tant que l'épée du climat pend sur leurs têtes ! La désobéissance est une légitime défense, me dit l'un d'eux, futur biologiste.

Une petite bibliothèque à consulter sur place offre quelques titres comme *La Grande Adaptation*, *La Part sauvage du monde* ou *Toxique planète*. Je cherche en vain Stéphane Hessel, puis me risque :

– Vous avez *Indignez-vous !* ?

– C'est de qui ?

« Il n'y a pas de précurseurs, il n'y a que des retardataires »[1], disait Jean Cocteau.

1. Jean Cocteau, *Le Potomak*.

13 octobre
Comprendre les oiseaux

Dans le filet japonais qui s'est refermé sur sa liberté, le cœur d'une fauvette à tête noire bat à se rompre. L'épreuve ne va pas durer. Rapidement libérée, elle passe maintenant entre les mains expertes de Philippe Delaporte, conservateur de la réserve naturelle de Moëze-Oléron et bagueur officiel depuis plus de quarante ans. L'instant est historique. Ce petit oiseau de moins de 20 grammes est le 200 000e bagué sur le site depuis le début du troisième millénaire.

Nous nous sommes réunis pour fêter l'évènement dès les premières heures du matin. Les familles, curieux, élus locaux ou personnels de la LPO partagent ce moment de convivialité qui témoigne aussi de la compétence des équipes. Au hasard des échanges, il est rappelé que le baguage fut lancé à la fin du XIXe siècle par un instituteur danois. L'idée consistait à identifier des oiseaux grâce à une bague en aluminium. Lorsqu'ils étaient capturés de nouveau, on pouvait évaluer leur parcours, leur âge ou leur mode de vie. Les ornithologues ajoutent que beaucoup d'oiseaux repris ici ont été bagués en Suède, aux Pays-Bas, en Grande-Bretagne, voire en Hongrie. Ils filent désormais vers le sud. Parmi les stars, on note le pouillot fitis, qui veut rejoindre l'Afrique du Sud à tout prix. Il ne pèse que 7,7 grammes. Quel prodigieux destin !

Les bagueurs parlent peu. Seul l'essentiel doit compter pour ne pas perturber les oiseaux. Il faut ainsi poser une bague identifiée par le « muséum Paris », mesurer l'aile, l'adiposité (la graisse, donc l'énergie potentielle de l'oiseau), le torse (16,9 millimètres pour la fauvette), le poids, le sexe, la couleur de l'œil ou encore la forme des rectrices. Cent quarante-six oiseaux sont passés entre leurs mains expertes au cours de la matinée. Habilités pour pratiquer le baguage, ils doivent renouveler leur autorisation chaque année, contrairement aux chasseurs qui profitent d'un permis à vie.

Tandis que nous replions les 300 mètres de filets en fin de matinée, Philippe Delaporte me dit qu'il constate déjà une adaptation de certains oiseaux aux changements climatiques. Depuis une dizaine d'années, certaines espèces modifient leur date de départ ou corrigent progressivement leur parcours, tandis qu'il faut à peine deux ans pour que de nombreux insectes changent leurs vieilles habitudes. Le bouleversement du monde vivant se joue à l'échelle d'une génération d'homme. Jamais la nature n'a subi une telle accélération de contraintes.

15 octobre
Une possible renaissance

« Sommes-nous sûrs que le soleil se lèvera demain ? » questionnait le philosophe David Hume. Cette interrogation provocante visait à nous faire prendre conscience que l'habitude ne signifie pas la certitude.

La remarque me paraît judicieuse à l'égard de la biodiversité. À force de croire que les ressources naturelles sont inépuisables, nous risquons d'être surpris par leurs disparitions brutales. C'est le message que je tente de faire passer aux trois cents chefs d'entreprise réunis par le Medef à l'occasion de leur assemblée permanente. Grâce à Catherine Tissot-Colle, vice-présidente de la section Environnement du CESE, qui est à l'initiative de cette rencontre, l'avenir du vivant fait pour la première fois son entrée dans le prestigieux syndicat. La confrontation que je craignais a fait place à l'écoute. Mieux, un plan d'action à engager par les entreprises s'est dessiné.

Pendant près d'une heure, je retrouve les saveurs du Grenelle de l'environnement. En toute confiance, les acteurs de l'économie semblent vouloir prendre en compte la nécessaire protection de la biodiversité. Ils sont même en attente de solutions à mettre en œuvre. Moment de grâce ou l'on s'autorise à croire que l'inaccessible peut se concrétiser. Je repense à Jean-Louis Borloo qui, lors de son dernier discours à l'Unesco, avait conjuré l'assistance de « ne pas perdre la magie du Grenelle » en sachant bien qu'elle s'estompait déjà. C'est vrai que lors des premières rencontres du Grenelle de l'environnement, entre les associations, les entreprises, les syndicats et les collectivités, un vent d'écoute et une volonté de construire à l'unisson s'étaient imposés avant de perdre de leur vigueur. Un souffle d'espoir semble connaître une renaissance aujourd'hui.

J'ai ressenti un élan d'espoir comparable la veille, à Angers, lors d'une conférence organisée par l'ESSCA. Cette fameuse école de commerce avait réuni quatre cents étudiants dans son amphithéâtre principal. Ils semblaient tous investis par l'avenir de la planète au point de n'envisager d'orientation professionnelle qu'à condition qu'elle soit éthiquement compatible. Les entreprises devront en tenir compte lorsqu'elles solliciteront de la matière grise, désormais également verte.

16 octobre
Aux arbres, citoyens !

« Votre arbre restera debout », m'annonce un collectif d'habitants de Gien baptisé « Sauvons les platanes ». Je n'osais espérer un pareil dénouement. Tout commence en mai 2016, lorsque Michel Tissier, ancien président de la Société historique et archéologique du Giennois, alerte ses concitoyens sur l'avenir des cent vingt et un platanes bordant la Loire. La municipalité considère alors qu'ils sont malades et que seuls vingt-trois d'entre eux peuvent être sauvés d'un inévitable abattage. Sans discernement, l'architecte des bâtiments de France juge qu'il faut tous les raser. Comment rester indifférent face au sort de ces feuillus dont certains atteignent plus de 180 ans ?

Sollicités par les protecteurs du patrimoine naturel, quelques spécialistes se penchent au chevet des arbres vénérables. Leur analyse est bien différente. Seuls une dizaine de platanes sont considérés comme dangereux. Qu'importe, la municipalité ne veut rien entendre. Par un tôt matin d'octobre 2017, en présence de la gendarmerie et du préfet, elle anéantit trente platanes devant les riverains effondrés. Dès lors, la résistance s'organise. Des pétitions circulent pour demander grâce tandis que des personnalités affichent leur solidarité. Aux côtés de mes amis Matthieu Ricard, Hubert Reeves ou Alain

Baraton, j'accepte évidemment de rejoindre le comité de soutien, sans grand espoir.

Quoi qu'il en soit, nous portons ensemble l'indignation citoyenne, que l'on pourrait résumer ainsi : « Platane, planète, même combat. » Cette formule est abondamment reprise lors des manifestations qui se multiplient, tandis que le collectif se tourne vers le tribunal administratif au nom de la loi européenne du 8 août 2016 qui protège les alignements d'arbres. La juge vient de se prononcer : elle acquitte les platanes, tandis que le maire choisit de ne pas faire appel. Cette péripétie ne gracie pas seulement les vieux arbres, elle prouve que tout combat mérite d'être mené, que la solidarité fortifie l'intérêt général et que les platanes de Gien feront désormais jurisprudence.

18 octobre
Sous le charme des grues cendrées

Inutile de partir à l'autre bout de la planète pour être bouleversé par la beauté de la nature. Lorsque les grues cendrées se donnent en spectacle, le rendez-vous avec les grands échassiers devient admirable.

C'est au lac du Der, en Champagne, qu'il faut se rendre pour apprécier les ciels rouges veinés des vols matinaux. Les cris annoncent souvent les grands oiseaux. De longues pattes à la traine, un cou ambitieusement tendu et des ailes porteuses dépassant les 2 mètres d'envergure marquent les silhouettes qui se suivent. Les voilà par centaines, puis par milliers. Trois cent mille grues cendrées traversent la France, tandis que plus de cent mille d'entre elles choisissent d'y séjourner. Pour celles qui poursuivent la route jusqu'en Espagne ou plus bas, la traversée de l'Hexagone peut s'effectuer en une seule journée à une vitesse de 100 kilomètres par heure. La grâce se conjugue avec la performance, comme des danseuses d'opéra ayant répété jusqu'au sang et s'exhibant pourtant avec bonheur.

Leur ballet invite à l'humilité. Je me sens prévenant ici, comme je le fus au Japon en découvrant la grue de Mandchourie – le plus grand oiseau du monde, mais aussi l'un des plus rares. Six cents subsistaient en 1999, à Hokkaidô. Je les ai vues danser avec « *Mister Crane* » dans le sanctuaire de Tsurui-Ito. Cet homme âgé n'était nullement scientifique mais en savait davantage que beaucoup d'ornithologues. Sa passion pour les grands oiseaux l'avait amené à se mettre à leur service en espérant enrayer ainsi le déclin. Il a incontestablement contribué à changer les regards. Je pense également au photographe Vincent Munier, qui a révélé la splendeur de ces oiseaux en réalisant des arrêts sur image inoubliables : des ballets sous la neige, des postures divines, l'incarnation de l'élégance.

Symbole de la sagesse en Chine, la grue personnifie la longévité au Japon. Elle peut également accompagner les morts dans l'au-delà ou garantir la fortune des vivants, voire leur amour. Au fond, les grues nous invitent à vagabonder dans leur sillage.

19 octobre
L'aventure Handi'chiens

On préfère souvent fermer les yeux sur les handicapés qu'ouvrir son cœur sur cette réalité. C'est en faisant ce constat qu'outre-Atlantique, l'association Handi-dogs, valorisant les chiens d'assistance, s'est constituée. Il y a trente ans, j'ai réalisé un reportage à Boston afin de montrer les potentialités fantastiques de ces animaux. Ils parvenaient à ouvrir un frigidaire, appuyer sur un bouton d'ascenseur, ramasser un objet tombé à terre et à bien d'autres gestes solidaires, puisqu'ils pouvaient répondre à plus d'une cinquantaine de commandements.

En dehors du travail admirable des chiens pour non-voyants, jamais nous n'avions vu de telles compétences en France. La diffusion de mon reportage dans l'émission *Animalia* (France 2) fit sensation et conduisit à la création de l'association Handi'chiens en France, grâce au soutien d'Yvette Schmidt, en charge de la promotion d'Unisabi (ancienne usine alsacienne d'aliments pour chiens et chats). En trois décennies, l'association a remis plus de deux mille deux cents chiens gratuitement à des handicapés. Mais cette générosité a un coût. L'éducation de chaque chien revient à près de 15 000 euros. Il faut commencer par choisir le chiot de 2 mois qui aura les qualités attendues. Il passera ensuite seize mois en famille d'accueil. Je rends hommage à ces bénévoles qui assument les contraintes du « vivre ensemble » en nouant des liens d'affection, tout en sachant qu'ils devront se séparer de leur compagnon. Vient enfin l'éducation dans l'un des centres labellisés par le ministère de l'Agriculture. En six mois, le chien devient opérationnel.

Reste à savoir si le couple chien – handicapé se formera en toute complicité. Un stage de deux semaines permet d'apprécier la future coopération avant la remise officielle du compagnon. Au cours de sa longue aventure, Handi'chiens a étoffé ses potentialités. Au-delà des chiens d'assistance, il existe désormais des chiens d'éveil (pour enfants autistes, par exemple), des chiens attachés aux personnes épileptiques, des chiens d'accompagnement social et même des chiens d'assistance judiciaire. Chaque année, dans les superbes salons de l'hôtel de ville de Paris, la remise des chiens aux handicapés rassemble près de cinq cents personnes. J'ai souvent animé cette cérémonie qui efface les larmes de dépit pour laisser couler celles du bonheur. Inoubliables émotions.

20 octobre
L'école de la mort

Pierre Arditi m'avait prévenu avec honnêteté. « Je n'ai aucune explication rationnelle pour justifier ma passion de la corrida », avait-il fini par admettre lors d'une longue conversation que nous avions eue à propos du bien-être animal. À l'époque, je lui avais indiqué qu'il n'était pas plus admissible de cacher la mort dans un abattoir que de la donner en spectacle dans une arène.

Aujourd'hui, le comédien vient de trouver une justification à son irrationalité en se joignant à trente-neuf représentants des lettres, de l'art et de la culture pour signer une tribune stigmatisant le projet d'interdire la tauromachie aux mineurs. Considérant que l'enfant est doué d'intelligence, sensible à l'héroïsme et à la beauté, les auteurs s'opposent à ce qu'on leur retire « une part de rêve, un pan de beauté ». Une pareille initiative serait à leurs yeux aussi condamnable que les jugements qui conduisirent Oscar Wilde en prison pour homosexualité ou Flaubert devant les tribunaux pour la légèreté de *Madame Bovary*.

Le texte collectif, qui est titré « Interdire un art est indigne d'une démocratie moderne », ne fait nulle référence aux effets secondaires touchant les enfants face à ce spectacle, pourtant dénoncés par un collectif de psychologues et psychiatres, parmi lesquels Hubert Montagner ou Boris Cyrulnik. Préférant rappeler l'existence d'illustres aficionados comme Cocteau, Picasso, Hemingway ou Francis Bacon, les signataires passent sous silence les indignations d'Émile Zola, René Barjavel, Hervé Bazin, Paul Guth, Pierre Loti, Alfred Kastler, Jules Romains, Charles Trenet, Coluche et tant d'autres, dont Marguerite Yourcenar qui répétait : « Si la cruauté humaine s'est tant exercée contre l'homme, c'est trop souvent qu'elle s'était fait la main sur les animaux. »

Patrick de Carolis, Charles Berling, Éric Dupond-Moretti, Françoise Nyssen ou Jean Reno, également auteurs de la tribune en faveur de la tauromachie, seraient bien inspirés de réfléchir aux propos de Victor

Hugo : « Torturer un taureau pour le plaisir, pour l'amusement, c'est beaucoup plus que torturer un animal, c'est torturer une conscience. »

22 octobre
La SNCF se met au vert

C'est parce que les 30 000 kilomètres de lignes SNCF ont un impact non négligeable sur la biodiversité que j'ai signé un partenariat ce matin avec la grande entreprise nationale au nom de la LPO. Objectif : sensibiliser plus de deux cent mille employés à la meilleure manière de gérer la nature. Les problèmes ne manquent pas. Dans les coulisses des quinze mille trains qui circulent chaque jour, il faut que SNCF Réseau soit constamment prêt à réagir lorsqu'un arbre risque de s'abattre sur une caténaire, quand un serpent pénètre dans un local de maintenance, ou dès lors qu'une famille de blaireaux décide de creuser un terrier en bordure des voies.

Pour répondre à ces multiples questions, les équipes de la LPO et de SNCF Réseau ont conçu un *serious game* qui met en scène une série de situations auxquelles il faut faire face. Dans chaque cas, plusieurs possibilités d'interventions sont proposées, reste à trouver la meilleure solution. Je découvre à cette occasion que des centaines de milliers d'arbres menacent chaque année la bonne circulation des trains et que leurs propriétaires ne se sentent guère concernés. Les pesticides utilisés pour entretenir les voies posent également problème. Il est prévu de les réduire, tandis que le glyphosate ne sera plus utilisé à partir de 2021. À l'évidence, l'entreprise qui se flatte déjà d'être trente fois moins impactante que la voiture en termes de gaz à effet de serre souhaite se distinguer pour la préservation de la biodiversité. Olivier Bancel, de la direction générale du Réseau Maintenance et Travaux, ne boude pas son plaisir : « La formation et la sensibilisation de nos agents sont prioritaires. N'oublions pas que les cheminots sont aussi des citoyens qui ont un rôle à jouer », précise-t-il. J'avoue éprouver une certaine fierté à constater que notre association est devenue référente pour une entreprise comme la SNCF. Espérons que notre collaboration ait valeur d'exemple pour d'autres secteurs.

25 octobre
L'épilogue du mécénat

« Monsieur le Président, la France a besoin de générosité ». Telle est l'exhortation de cent dix-huit signataires qui demandent aujourd'hui à Emmanuel Macron de renoncer à la réforme du gouvernement sur le mécénat d'entreprise. Aux côtés de Médecins du Monde, de la Croix-Rouge, de l'Armée du Salut, des Scouts de France et bien d'autres, je me suis associé sans réserve à cet appel.

Réunis, les dons des particuliers et des entreprises représentent 7,5 milliards d'euros. Sans cette générosité, il reviendrait à l'État de prendre en charge les multiples actions d'intérêt général portées par les associations ou les fondations. La LPO, par exemple, a vu ses contrats passés avec les ministères se réduire comme une peau de chagrin. Finis les budgets consacrés à la pédagogie dans le cadre des réserves naturelles, raboté le cofinancement du programme européen LIFE, oubliées les aides au fonctionnement de l'organisation… Depuis quelques décennies, ces pertes croissantes ont heureusement été en partie compensées par les accords de partenariat ou de mécénat avec les entreprises, ainsi que grâce à la générosité des citoyens. Cette dernière n'a cessé de progresser au bénéfice des actions de la LPO, signe d'une confiance qui nous honore.

Mais la réforme qui se dessine risque à nouveau de tout remettre en cause. Les signataires de la tribune tiennent à souligner : « C'est un coup porté aux associations et aux fondations. C'est surtout un mauvais calcul économique, tant notre rôle en matière d'engagement citoyen et de cohésion sociale est indispensable au bon fonctionnement de la société. » Alors que nos associations innovent et regardent au plus près des territoires pour répondre aux besoins sociaux non couverts par la puissance publique, le gouvernement prend le risque de casser le lien social que nous préservons. « Vous n'aurez pas les moyens de reconstruire ce lien », concluent les signataires à l'attention du président de la République.

26 octobre
Les cétacés à l'honneur

Répondant à l'invitation du professeur Olivier Adam, j'ai rejoint l'exposition *Baleinopolis* au palais de la Porte Dorée. Plongée fascinante dans la société des cétacés, guidée par ce bioacousticien de réputation mondiale. L'homme est intarissable et méthodique. Il prévient que sur les quatre-vingt-neuf espèces de cétacés, il s'est attaché à en valoriser quatre.

Pour commencer, les dauphins, qui vivent entre copains par petits groupes, mais qui peuvent en rejoindre d'autres pour former des communautés de vingt à cinquante individus. Viennent ensuite les orques, dont la mère garde son petit toute sa vie au côté d'un mâle qui peut mourir d'amour si sa bien-aimée venait à disparaître. Les cachalots, quant à eux, organisent des communautés de dix à douze femelles qui resteront toute leur vie ensemble. Enfin, les baleines à bosse méritent qu'on lève le voile sur leur intimité. Olivier m'explique que le jeune d'une tonne reste toujours au-dessus de sa mère. Avec ses 30 tonnes, elle peut ainsi le porter ou le pousser pour qu'il avance au bon rythme.

Tout au long de notre échange, chaque réponse appelle de nouvelles questions. Olivier révèle avec bonheur ce qu'il qualifie de « société secrète des cétacés ». Les dernières découvertes laissent sans voix. J'apprends ainsi que quand des mamans cachalots plongent à 1 kilomètre pour se nourrir, elles laissent leur jeune à des femelles qui le surveillent en surface. En cas d'attaque de prédateur, les gardiennes lancent des appels aux mères qui remontent dans l'instant pour protéger leur petit. Et que dire des transmissions culturelles désormais avérées chez les baleines à bosse du côté de Boston ? Elles racontent aux nouvelles venues comment se rassembler et battre de la queue pour capturer des bancs de poissons. Les chants, encore mystérieux, méritent également qu'on s'y attarde. Ils véhiculent bien des données, l'âge ou l'état de santé par exemple. Des séquences de 15 minutes peuvent se répéter durant 6 heures, voire davantage. Ils prennent fin lorsque les animaux semblent se dire : « Trop, c'est trop. »

Tant d'autres observations récentes donnent le vertige. Ainsi, comment expliquer ce rassemblement comptant plus de deux cents baleines à bosse au large de l'Afrique du Sud ? À ce jour, aucun autre témoignage n'a rapporté un tel événement et aucun scientifique ne s'est risqué à donner un éclaircissement. Seul un journal local a titré : « Désabusées, les baleines ont sûrement comploté contre l'humanité. » Et s'il avait raison ?

27 octobre
Lorsque le gorille s'humanise

Il y a d'abord le lieu, le Lucernaire, un espace singulier qui conjugue cinéma, restauration, librairie et théâtre. D'emblée, il nous plonge dans un désir culturel. Mais c'est une pièce qui a retenu mon attention : *Le Gorille*, une adaptation remarquable d'après l'ouvrage *Rapport pour une académie* de Kafka. L'interprète, Brontis Jodorowsky, rencontré lors d'une émission de télévision, m'a proposé de m'immerger dans le spectacle. Quel bonheur de répondre présent !

À peine entré en scène, Brontis incarne la présence troublante d'un singe dénaturé : un primate gorille intégré dans l'univers des humains. La démarche, les mimiques, les regards, les mains et les mots font miroir à notre condition. La pauvre bête capturée dans sa jungle comprend que puisque la place d'un singe est d'être en cage, il convient de devenir humain pour échapper à la captivité. Et voilà notre gorille articulant ses premiers mots. Brontis singe divinement le gorille et l'homme tout autant. Au hasard de son apprentissage, il lâche : « Plus j'apprends à parler, moins j'ai à dire. » Ses progrès admirables finissent par le conduire à obtenir le statut légal d'homme.

Sans tarder, il s'inscrit dans la comédie humaine en boursicotant puis en accumulant des richesses jusqu'à séduire une aristocrate. Il gagne même le droit d'humilier, à son tour, qui bon lui semble. Mais le gorille demeure lucide : « Je reste enfermé dans le labyrinthe de l'homme », lâche Brontis, douloureusement. Voulant retourner à sa condition première, il clame : « Je suis une conscience qui un jour éclatera comme un astre ». Le gorille constate que décrocher tous les privilèges et vivre ainsi n'a aucun sens. Autrefois, dans sa jungle, il ne se posait pas de question. La morale de cette pièce est, qu'en sortant, c'est nous qui nous en posons.

« Celui qui connaît vraiment les animaux
est par là même capable de comprendre pleinement
le caractère unique de l'homme »

KONRAD LORENZ

1er novembre
Une éternelle question

Et la mort ? Sans conclure à une histoire d'amour, j'ai flirté plusieurs fois avec elle. Il y a eu cette panne d'hélicoptère qui, en Colombie, nous a laissés dégringoler telle une samare d'érable. Elle m'a conduit à penser à l'au-delà, ou plutôt aux derniers instants d'ici-bas. Un sentiment de gâchis m'a alors envahi. Pourquoi finir ainsi et si tôt ? Patrick Soussi, le cameraman de l'équipe, m'a regardé. Nous avons échangé un sourire forcé avant que l'appareil finisse par se poser aussi violemment que miraculeusement. En mer Rouge, ce fut une bulle en verre, censée me permettre de parler en plongée, qui a pris l'eau. Là aussi, la noyade fut évitée avant l'ultime souffle. D'autres événements m'ont amené aux portes du vivant sans qu'elles ne se referment définitivement. Des séquences insuffisantes pour que je puisse concevoir le chemin de l'inconnu.

La cohabitation avec la mort s'est peut-être davantage affirmée lorsque je fus témoin des derniers instants de malheureux que j'ai croisés. Je n'ai pas oublié ce vieil homme au Burkina Faso, brûlé par un soleil trop ardent. Alors qu'il allait au ravitaillement d'eau le matin, je l'ai retrouvé quelques heures plus tard étendu sans vie, ses seaux d'eau répandus dans le sable brûlant et vorace. Je garde également en mémoire ces familles exécutées au Sri Lanka, alors qu'avec Médecins sans frontières nous avons tenté de sauver d'hypothétiques survivants. De même que ces enfants du *Cartuchio* en Colombie, ce quartier de violence et de mort dont nous avons extrait quelques enfants violentés et violés. Je pense enfin à mon fidèle ami Philippe, emporté par un cancer. Nous nous étions promis que le premier qui arriverait là-haut raconterait à l'autre…

Jamais, en toutes circonstances, la lumière ne s'est faite sur l'obscurité de la mort. Et c'est peut-être bien ainsi, car le mystère invite à l'humilité, une qualité nécessaire à la longévité. Reste qu'une grande frustration m'envahit. J'aurais tant voulu appartenir à cette race d'explorateurs qui furent les premiers à prospecter l'au-delà. Plus que l'Amérique de Christophe Colomb ou la lune de Neil Armstrong, ils ont peut-être découvert l'essentiel, le sens de la vie.

2 novembre
L'au-delà du monde animal

La perception de la mort serait-elle le propre de l'homme ? Alors que nous fleurissons les tombes de nos défunts, la question se pose. Elle me renvoie à une scène hallucinante que j'ai eu le bonheur de vivre en Tanzanie.

En bordure d'un campement scientifique, un alignement de crânes d'éléphants avait été disposé au gré des cadavres récupérés. Un soir, un groupe d'une dizaine de pachydermes est arrivé tranquillement puis s'est arrêté devant les dépouilles. Tour à tour, plusieurs éléphants ont palpé les crânes de leur trompe avant de les retourner en tous sens, puis le groupe s'en est allé. Pourquoi les animaux se sont-ils attardés devant les squelettes alors qu'il y avait bien d'autres choses à découvrir dans le campement, y compris des fruits appétissants ? Je fus tenté d'imaginer qu'ils communiquaient avec les leurs. Beaucoup de témoignages crédibles rapportent des comportements analogues.

Cynthia Moss, l'une des plus éminentes biologistes qui a consacré sa vie à l'étude des éléphants, raconte qu'une famille de pachydermes a identifié immédiatement le crâne d'un des leurs parmi de nombreux autres squelettes. Lors d'une expérience comparable, un chercheur a diffusé la voix d'une femelle morte à un clan d'éléphants. Ils sont alors devenus hystériques, tandis que la fille de la défunte a continué d'appeler sa mère pendant des jours. On relate également de nombreux cas d'éléphants transportant les défenses de leurs défunts sur plusieurs kilomètres ou recouvrant les cadavres avec des branchages.

La primatologue Sabrina Krief convient que les comportements des chimpanzés sont souvent troublants face à la mort et qu'ils méritent d'être développés. Dans son livre *Chimpanzés, mes frères de la forêt,* elle rappelle qu'en

Guinée, une mère a porté le cadavre de son enfant âgé de 2 ans et demi pendant soixante-neuf jours. Cette observation n'est pas exceptionnelle, y compris chez les gorilles. À propos de ces grands primates, je n'oublie pas l'incroyable dialogue établi avec « Koko le gorille », qui était capable de parler le langage des signes durant les années 1980. Le scientifique qui l'étudiait lui avait demandé : « Où vont les gorilles quand ils meurent ? » et Koko avait répondu sans hésitation : « Confortable, trou, adieu. » Autre question : « Quand est-ce que les gorilles meurent ? » « Soucis, vieux », avait rétorqué le gorille. Du côté des dauphins, une vidéo largement diffusée sur la toile montre la compassion d'un dauphin adulte à l'égard d'un jeune mort au large de l'Italie. Il cherche désespérément à le maintenir à la surface de l'eau, alors que le cadavre est en décomposition.

Malgré toutes ces observations troublantes, il est peu probable que la science puisse démonter la conscience de la mort par les animaux. Elle ne parviendra pas davantage à prouver le contraire.

5 novembre
La société en marche

La grande cause environnementale deviendrait-elle opérationnelle ? C'est pour tenter de la faire progresser que l'association Make.org a organisé une conférence de presse ce matin à la maison de la Radio. Audrey Pulvar, Yann Arthus-Bertrand et moi intervenons en ouverture.

Il s'agit de répondre à ces questions : « Qu'est-ce qui a changé ? » et « Qu'attendre de la société civile ? »

Je repense à cette faune en sursis durant les années 1970 – les cigognes blanches, les faucons pèlerins ou les castors d'Europe – et constate que nous avons réussi à enrayer le déclin de certaines espèces. Aujourd'hui, les cigognes n'ont jamais été si nombreuses, les faucons pèlerins nichent désormais en plein Paris et le castor barbote dans les cours d'eau... Toute cette nature emblématique a connu une renaissance. On doit cet heureux résultat à une réglementation qui a enfin pris en compte le devenir des espèces et au travail admirable des associations. Reste que toute la biodiversité n'est pas indemne pour autant. La nature dite « ordinaire » connaît même un déclin jamais atteint.

La société civile a bien conscience de cette réalité. Dans sa volonté d'agir, elle se montre souvent en avance sur les décideurs. C'est vers elle qu'il faut se tourner pour espérer un véritable changement. Les citoyens ont la possibilité d'agir (aménagement des jardins, investissement dans les associations, etc.), de faire des choix politiques et d'être sélectifs dans leur consommation. Make.org veut favoriser l'action directe, je soutiens cette démarche avec enthousiasme. Alors que je quitte la conférence de presse, un journaliste de France Info me questionne sur Donald Trump qui s'est retiré de l'accord de Paris au cours de la nuit. Il l'avait promis mais on n'osait croire qu'il passerait à l'acte. Ne souhaitant pas sombrer dans la consternation, je préfère imaginer qu'en réaction, des États comme la Californie ou de grandes entreprises multiplieront leurs efforts pour endiguer les gaz à effet de serre. Le pire a parfois un mérite, il donne des ailes au meilleur.

6 novembre
Tenue de soirée

Fermée au grand public, la grande galerie du Muséum national d'Histoire naturelle s'ouvre à une vente aux enchères lors d'une soirée exceptionnelle.

L'objectif vise à obtenir les moyens financiers pour explorer davantage l'océan et endiguer les agressions dont il est victime. Durant ce dîner de gala, un certain malaise est perceptible. Toute cette faune empaillée – figée à jamais et victime, bien souvent, de la violence des hommes – fait miroir avec les tablées empreintes de bonne humeur. Pourtant les convives, invités essentiellement par des grandes entreprises comme Engie, sont tous motivés et décidés à s'investir.

Gautier Capuçon au violoncelle et Samuel Parent au piano nous entraînent dans *Le Carnaval des animaux*. La grande musique embrasse délicatement le peuple inanimé des bêtes. Une forme de recueillement s'empare de nous. Plus tard, Bruno David, président du lieu, prend la parole pour nous motiver davantage. Il veut nous convaincre que les mers génèrent les plus grands exploits. Au hasard de sa démonstration, il indique qu'un litre d'eau de mer contient un à dix milliards de bactéries : « Autant que d'humains sur la planète », s'amuse le scientifique, qui enchaîne en rappelant qu'il y a cinquante-cinq millions d'années, des antilopes sont retournées à la mer avant de devenir les ancêtres des baleines. Autre particularité de l'océan, il accueille le plus vieil organisme vertébré au monde qui survit durant près de quatre cents ans : le requin du Groenland, qui s'épanouit à 2 000 mètres de profondeur. C'est aussi ce milieu qui concentre l'espèce la plus abondante de la planète : le krill, un amas colossal de crevettes. L'occasion est donnée de rappeler que l'océan couvre 70 % du globe et compte près de deux millions d'espèces marines sur les huit millions connues à ce jour sur la planète. Mais cette profusion de vie ne peut voiler la fragilité de la mer, les voyants sont au rouge. Les mots « acidification », « mer de plastique » ou « réchauffement », illustrent la situation dramatique du moment.

Animée par Sophie Davant, la vente aux enchères s'engage sous le marteau de maître Stéphane Aubert. La photo d'un lion se faisant mordre par un lionceau, réalisée par Yann Arthus-Bertrand au Kenya, l'emporte largement au prix de 5 000 euros. Un dessin de Plantu, une initiation à l'apnée, un séjour sur l'île des Embiez et quelques autres lots finissent par atteindre un total approchant les 30 000 euros. Mais le lot le plus exceptionnel reste une crevette qui vient d'être découverte par les équipes du Muséum du côté de la Nouvelle-Calédonie. Pas encore dénommée, son identité officielle est alors vendue aux enchères. L'un des convives l'emporte avec la satisfaction d'avoir un petit crustacé portant son nom pour 3 200 euros. C'est une première du genre guère payée de retour. Pascale Joannot, la directrice des expéditions du Muséum, à qui je demande combien vaut une campagne de recherche, me répond : « Au minimum 1,5 million d'euros, sans compter les salaires des trente-cinq scientifiques embarqués. » Il faudra encore de nombreuses soirées de gala pour satisfaire les besoins de la science.

8 novembre
Une fédération pour l'avenir

Tout là-haut, Léo Lagrange et Pierre Mauroy doivent être satisfaits. Le premier a planté les racines d'une fédération qui porte son nom, le second a favorisé son épanouissement.

L'association d'éducation populaire compte aujourd'hui plus de sept mille salariés, trois mille bénévoles et soixante mille adhérents. Elle est devenue une force de frappe essentielle dans le paysage français. Le président, Yves Blein, également député du Rhône, m'a demandé de faire un état des lieux de la biodiversité à l'occasion du 27e congrès qui se déroule à Bordeaux. Pragmatique, il a souhaité que mon intervention puisse répondre à cette question : « Comment l'éducation populaire peut-elle contribuer à faire face à l'urgence écologique ? »

À mes côtés, Juliette Méadel, ancienne ministre chargée de l'aide aux victimes et présidente de l'association L'avenir n'attend pas, ainsi que Guillaume Duval, rédacteur en chef d'*Alternatives Économiques*. La salle, trop petite, ne peut accueillir les quatre cents congressistes qui se sont répartis dans des salles annexes, reliées en vidéo. En ouverture, je rappelle les propos de

Georges Washington : « Si vous pensez que l'éducation coûte cher, essayez l'ignorance. » Cette nécessité pédagogique vise tout particulièrement le devenir de la biodiversité. Il me faut convaincre l'assistance que le combat pour le vivant mérite le même investissement que celui mené contre les gaz à effets de serre. Les adhérents à l'association Léo Lagrange sont visiblement à l'écoute. Je plonge dans cette bienveillance avec l'espoir qu'ils seront nombreux à nager dans le même sens que moi. Plaidant pour la faune sauvage, je tente aussi d'entraîner les consciences vers les victimes animales de l'élevage industriel en invitant chacun à faire sa part de colibri. Je rappelle les propos de Nelson Mandela : « L'éducation est l'arme la plus puissante pour changer le monde. »

À l'évidence, la Fédération Léo Lagrange peut jouer un rôle non négligeable dans l'indispensable transition écologique. Je conclus mes propos en rappelant ceux d'Einstein : « Le monde est dangereux à vivre, non pas tant à cause de ceux qui font le mal, mais à cause de ceux qui regardent et laissent faire. » J'affirme que le mouvement Léo Lagrange regardera la question environnementale sans laisser faire.

11 novembre
Les héros oubliés

Il y a cent un ans, à 11 heures du matin, les cloches de France sonnaient l'armistice tandis que les canons se taisaient enfin. Les images d'époque témoignent du soulagement d'un peuple exsangue mais elles ne peuvent traduire celui des bêtes. Pourtant ces dernières, qualifiées bien tardivement de « héros oubliés », se sont aussi engagées bon gré mal gré dans le terrible conflit.

Je ne peux oublier les propos bouleversants de Maurice Genevoix dans *Ceux de 14* ou *Bestiaire sans oubli*. Il évoque « les pauvres bêtes à la souffrance résignée », puis décrit : « L'ombre de la mort s'étend invariablement sur les pupilles des hommes et des bêtes et le sang de leur blessure coule d'un même flot absurde. La vie est une. »

Ayant collaboré avec l'historien Jean-Michel Derex, j'ai découvert avec horreur la réalité des hécatombes. Les chevaux, dont le quart fut importé des États-Unis et d'Argentine, payèrent un terrible tribut. Dix millions d'équidés (chevaux, mules ou baudets) sont morts durant le conflit. Malgré les trois mille vétérinaires réquisitionnés, l'armée n'a pas pu faire face aux blessures dues aux membres brisés lors des déplacements en train et à bien d'autres maltraitances. En réalité, les soldats n'avaient pas suffisamment d'expérience avec les chevaux, d'où ce constat pathétique : il y eut plus de morts de chevaux par maltraitance que par la mitraille.

Les chiens ont également joué un rôle non négligeable dans la bataille : cent mille furent mobilisés, dont dix mille attelés pour véhiculer les blessés, les mitrailleuses, les munitions ou les bagages des fantassins. Outre ceux qui faisaient office de sentinelles ou d'agents de liaison, bon nombre de bouledogues ou de terriers furent affectés à la dératisation. Il ne faut pas oublier également les vingt-quatre mille pigeons transformés en agents de liaison, dont le célèbre « Vaillant », qui fut décoré par une citation pour avoir porté le dernier message du fort de Vaux, malgré les gaz qui l'asphyxiaient.

La France est le seul pays parmi les Alliés à ne pas avoir réalisé de stèle rendant hommage à tous ces animaux victimes. Durant près de trois ans, j'ai tenté de trouver les moyens financiers et le site adapté pour qu'une sculpture de Richard Texier conserve la mémoire du peuple des bêtes, en vain.

12 novembre
La saga de la forêt

Alors que dehors, les arbres perdent leurs feuilles, ils bourgeonnent de vie dans l'exposition *Nous les arbres*, lancée par la Fondation Cartier. Devant le bâtiment imaginé par Jean Nouvel, on se presse pour accéder à l'univers végétal, conjuguant la sensibilité d'artistes, de biologistes et de philosophes. Cette quête botanique me rassure, elle prouve non seulement que nous n'avons pas coupé nos racines rurales mais que nous éprouvons toujours le désir d'une oxygénation végétale.

De la contemplation naturaliste à la transposition onirique, l'arbre s'offre dans sa diversité. Dans son histoire aussi. Il est dit, par exemple, que les arbres comptent parmi les plus anciens organismes vivants de la planète tandis que la première forêt fossile identifiée remonte à quelque trois cent quatre-vingt-cinq millions d'années. Plus loin, on apprend que le monde végétal constitue 82,5 % de la biomasse terrestre. En comparaison, l'homme ne représente que 0,01 % de cette masse organique.

L'aventure des plantes commence dans l'eau. Comme les autres êtres vivants, elles sortent du milieu aquatique pour coloniser la terre. C'était il y a quatre cent soixante-quinze millions d'années. Il faut attendre 1779 pour que le britannique Jan Ingenhousz démontre que c'est seulement à la lumière du soleil que les plantes absorbent l'air et rejettent l'oxygène. En 1983 aux États-Unis, Jack Schultz et Ian Baldwin démontrent l'existence d'une communication entre les arbres. J'apprends également qu'en 2008, le botaniste japonais Yoshikazu Saito suggère que les arbres pourraient percevoir les tremblements de terre à l'avance. Six ans plus tard, on admet que les plantes seraient capables d'apprendre et de mémoriser.

Ces repères chronologiques se terminent avec une évaluation étonnante effectuée par des scientifiques : le nombre total d'arbres présents sur la terre approcherait les trois mille milliards. C'est finalement si peu au regard de la déforestation. L'Organisation des Nations unies pour l'alimentation et l'agriculture (FAO) estime que 13 millions d'hectares disparaissent tous les ans, soit l'équivalent du quart de la superficie de la France. Pour secouer les consciences, on parle même de la surface d'un terrain de football par seconde…, c'est sûrement plus éloquent.

13 novembre
Un discours de sagesse

Et si les interventions médiatiques du chef Raoni Metuktire avaient fini par banaliser la cause de son peuple ? À force de voir des lèvres en forme de plateau et des coiffes emplumées s'afficher dans les médias occidentaux, le combat légitime des minorités sud-américaines s'est estompé dans une actualité en quête d'inédit.

J'avoue que lorsque les quatre représentants des peuples autochtones d'Amazonie sont entrés dans l'hémicycle du CESE pour prendre la parole, j'ai éprouvé un sentiment navrant à leur égard. En quoi seraient-ils plus crédibles que leurs prédécesseurs ? Quels arguments inédits apporteront-ils pour générer l'indispensable solidarité ? Cette nouvelle génération issue du plus profond des forêts en sursis parviendra-t-elle à réanimer nos cœurs ?

Ils semblent s'exhiber tels les « sauvages » de l'Exposition universelle du début du siècle dernier sans incarner l'héritage pathétique d'une forêt déculturée. Le porte-parole de la communauté m'a rassuré. Exonéré du protocole, il s'est exprimé avec la crédibilité du vécu. « Je vous parle au nom d'un million d'Indiens constitué de trois cent cinquante peuples, dont cent cinquante sont en état de survie », a-t-il tranquillement prévenu en guise d'introduction. Puis il enchaîne avec un état des lieux dont nous ne mesurons pas la terrible réalité. « Les génocides que nous subissons sont comparables à ceux qui suivirent l'invasion du Brésil dès les années 1500 », prévient l'ambassadeur auréolé de plumes bleues d'aras. Il ajoute que le peuple qui s'adresse à nous ne représente qu'une infime partie de la population mondiale mais protège plus de 80 % des richesses de la planète. En vingt-trois jours, l'ambassadeur des minorités amérindiennes espère convaincre quatorze pays européens. « Ne signez pas le Mercosur (accord commercial européen avec l'Amérique du Sud) sans intégrer le respect des cultures autochtones, n'achetez plus de bois volés dans nos forêts, ne participez pas au déclin de la biodiversité. Nous sommes les gardiens de votre avenir », résume l'orateur dans un silence pesant, avant d'être rassuré par un hémicycle debout, applaudissant à tout rompre.

Dans cette euphorie éphémère, je songe aux propos du chef indien Seattle qui, s'adressant aux Blancs alors qu'ils saisissaient ses terres, prévint : « Ce qui advient à la bête advient bientôt à l'homme. »

17 novembre
Un printemps silencieux

Autrefois, le silence inquiétait, pire, il effrayait. Une nature aphone signifiait l'absence de vie. Elle questionnait aussi : « Pourquoi la campagne s'est-elle endormie ? » Les pires interprétations conduisaient au désordre, voire à l'existence d'une force supérieure capable d'étouffer le vivant. Autrefois, le bavardage de la pie, le bêlement du bouc, le hululement du hibou, le coassement de la grenouille, le couinement du cochon ou le turlutement de l'alouette rassuraient. En entendant son braiment, chacun savait qu'à l'autre bout du village, l'âne de Roger était en pleine forme. Le caquètement des poules d'Andrée annonçait quelques œufs de plus dans le panier. Quant aux cloches du village, elles donnaient utilement l'heure jusque dans les labours. Il en va bien autrement aujourd'hui.

On ne supporte plus les coqs « Coco » et « Maurice » à Saint-Pierre-d'Oléron, ailleurs ce sont les batraciens qui font trop de bruit. En Haute-Savoie, les cloches des vaches deviennent insupportables tandis que même les cigales dérangent en plein cœur du Var. Qui sont ces pisses-vinaigres qui veulent faire taire la nature ? Les néoruraux sont pointés du doigt. Ils ont souvent quitté la ville pour ne plus entendre le tohu-bohu de la circulation ou la cacophonie de la promiscuité, ce n'est pas pour supporter à la campagne d'autres décibels désobligeants.

On aurait tort de croire que le malentendu est systématique. Je connais de nombreuses familles faisant retour à la nature pour s'enrichir, notamment les tympans, du concert des bêtes. Mieux, je reçois des messages de désolation quand le chant des mésanges, rouges-gorges et autres chardonnerets s'estompe dans le paysage. Quoi qu'il en soit, la justice, dans sa grande sagesse, a souvent acquitté le charivari des bêtes. Lorsque nos grands-parents ont quitté la campagne pour pénétrer dans les villes, ils ont payé le prix de l'adaptation. Il en sera peut-être de même aujourd'hui pour ceux qui souhaitent retrouver nos racines. En attendant, ne donnons pas raison à la biologiste Rachel Carson qui, en 1962, annonçait un « printemps silencieux » avec la disparition d'une faune victime des pesticides.

20 novembre
Le sort des mal-aimés

J'aime le serpent car il est mal-aimé. Dix fois je fus mordu par des vipères, lorsque je les présentais dans les écoles ou les foires en tous genres. C'est bien peu de chose au regard des nombreuses manipulations que j'ai effectuées.

De cette époque, je retiens le goût du serpent pour la fuite. Plutôt que d'agresser, il préfère s'éclipser. Je constate aussi le rôle considérable qu'il joue en réduisant le nombre de rongeurs. Mais surtout, j'observe que ces braves ophidiens connaissent un déclin catastrophique. Incapables de migrer sur de longues distances, ils sont condamnés à vivre sur leur territoire d'origine. La progression du béton et de l'asphalte ronge leur ultime bastion.

Aujourd'hui, la Société herpétologique de France lance un appel en faveur des reptiles, en déclin de 40 % et des batraciens, de 60 %. Or Élisabeth Borne, ministre de la Transition écologique et solidaire, s'apprête à prendre un arrêté permettant la destruction de la vipère aspic et de la vipère péliade et autorisant la capture de la grenouille rousse. Nous sommes plus d'une vingtaine d'associations naturalistes à afficher notre solidarité pour que vivent les reptiles et les batraciens.

Notre requête ne bouleverse pas l'économie nationale, pas plus qu'elle ne déstabilise quelques bouffeurs de cuisses de grenouilles qui ne mesurent pas les conséquences de leur gourmandise. La ministre sera-t-elle éclairée par la raison ? J'ose croire qu'elle ne passera pas à côté d'un geste simple de mansuétude pour la biodiversité qui en a tant besoin.

22 novembre
L'appel de l'océan

La mer se forme au point de devenir infréquentable. Sa houle avertit, il ne faut pas s'y risquer. Les marins pêcheurs de la côte connaissent le message, les hauturiers le dédaignent. Leurs navires s'accommodent de la colère des eaux. La technologie domine les forces de la nature. Que nous dit l'océan lorsqu'il exhibe sa puissante souveraineté, car je crois qu'il nous interpelle ? Prévient-il : « Laissez-moi en paix », « n'épuisez plus mes ressources halieutiques », « accordez au vivant une convalescence » ? J'imagine d'autres messages demandant grâce.

L'association BLOOM n'a pas attendu ces appels pour s'engager. Sa fondatrice, Claire Nouvian, me parlait déjà de l'urgence d'agir alors que nous étions partis faire un film sur la Grande barrière de corail. Elle avait raison, je le constate davantage aujourd'hui. 69 % des stocks européens de poissons sont jugés en surpêche. Or, le Fonds européen pour les affaires maritimes et de la pêche (FEAMP) s'apprête à répartir plus de 6 milliards d'euros de subventions pour la période 2021-2027. Cette masse financière permettait de construire des navires toujours plus « performants » et favoriserait encore davantage la surpêche européenne.

Pour mesurer l'incroyable disparité des moyens accordés, il faut savoir que pour 1 dollar versé à la pêche artisanale au titre de subventions au gasoil, 187 dollars le sont aux flottes industrielles. Cette perspective annonce-t-elle la fin des ressources ? La FAO veut croire au prodige. Dans un rapport rendu cette semaine, elle considère que les océans pourraient fournir six fois plus de nourriture en 2050, avec un total de trois cent soixante-quatre millions de tonnes de protéines animales. Cette hypothèse garantirait les deux tiers des besoins alimentaires mondiaux estimés à 500 millions de tonnes. La pêche miraculeuse qui se dessine devrait cependant se soumettre à un changement radical de comportement. Il conviendrait, en premier lieu, d'en finir avec la surpêche, met en garde la FAO. Il faudrait également optimiser les captures actuelles et développer des aires marines protégées bénéfiques à la reconstitution des espèces. Chiche ?

24 novembre
Dans l'ombre de la panthère

Refermant le livre de Sylvain Tesson, *La Panthère des neiges*, je conclus à un talent insolent. Ses mérites étouffent l'espérance des nôtres : plus besoin de raconter les paysages, leurs couleurs et leurs odeurs, il nous a admirablement précédés. Je lui en veux mais je m'en réjouis aussi, car la vie sauvage a rarement été aussi joliment décrite.

L'auteur sait reconnaître la beauté de la nature, sa puissance, ses mystères, sa fragilité aussi. Il ne suffit pas que celle-ci soit belle pour être épargnée, il faut diffuser son éclat. L'auteur à la « gueule cassée » s'y emploie divinement et ses écrits vaudront peut-être davantage que nos combats. « Nous marchons, cherchons des traces, embusquons », raconte-t-il, en admettant que sa quête du félin se confond avec un vagabondage cynégétique. « Comment peut-on tuer un tel animal ? » s'insurge la cinéaste Marie Amiguet, compagne du photographe animalier Vincent Munier. « L'amour de la nature est l'argument des chasseurs », rétorque ce dernier avec dérision. Sylvain Tesson s'interroge : « Faut-il laisser les chasseurs entrer au musée [...]. Par amour de l'art, ils lacéreraient un Vélasquez. Mais par amour d'eux-mêmes, étrangement, ils sont peu nombreux à se tirer une balle dans la bouche. »

25 novembre
Des entreprises s'engagent

Au Sénat, les ors de la république illuminent les salons de Boffrand. Bel écrin pour cette remise de prix des Défis RSE (Redonner un Sens à l'Environnement) lancée par Nora Barsali, fondatrice de NEWS RSE. Ce soir, les organisations et entreprises les plus méritantes se verront récompensées.

Devant une assemblée largement composée de chefs d'entreprises et d'élus locaux, Sophie Primas, présidente de la commission des affaires économiques du Sénat, ouvre la cérémonie en plaidant pour une économie plus responsable, capable de générer un monde durable. À mes côtés, je retrouve Valérie Masson-Delmotte, paléoclimatologue et coprésidente du groupe 1 du GIEC. Nous nous connaissons bien, j'apprécie sa force de conviction. Son sourire constant n'efface pas les sommations de ses propos. L'un après l'autre, nous devons éclairer l'assistance sur la situation du climat et celle de la biodiversité. Sur l'estrade, deux chaises nous attendent. S'adressant à moi, Nora Barsali lance : « Vous préférez la position debout ? » Incapable de me retenir, je lui réponds : « Ça dépend des circonstances », en souriant. La salle éclate de rire, un peu de dérision ne fait jamais de mal.

Plus sérieusement, notre message semble passer, si je m'en tiens aux applaudissements. Au hasard des prix décernés et des témoignages de chacun, j'apprends que BNP Paribas ne financera plus de projets liés au charbon à l'horizon 2040. « C'est tard », me souffle Valérie Masson-Delmotte. Le groupe Panzani reçoit le trophée de l'environnement et met en lumière son action agricole dans un secteur délicat, celui des céréaliers. L'entreprise Saint-Gobain, lauréate du trophée ressources humaines, croit en une écologie positive avec son programme OPEN 4. Quant à la ville de Rueil-Malmaison, elle est reconnue pour ses engagements autour de la commission consultative de santé. En tous, neuf prix sont décernés.

Cette cérémonie, très parisienne, ne démérite pas pour autant. Elle prouve qu'une partie du monde de l'entreprise s'engage désormais dans une transition souhaitée par la société.

27 novembre
L'abattage rituel condamné par le CESE

Excédés par l'*agribashing* (dénigrement collectif de l'agriculture conventionnelle), un millier de tracteurs convergent vers Paris. Au même moment, le CESE s'apprête à voter une saisine au titre éloquent : « Les enjeux relatifs aux conditions d'élevage, de transport et d'abattage en matière de bien-être animale (BEA). » S'agit-il d'une nouvelle charge envers le monde agricole ? En partie, même si le président du CESE a pris la précaution de dire sa solidarité avec les paysans.

Quoi qu'il en soit, l'évolution de la société civile a conduit le CESE à donner son point de vue. Des pétitions, portées par les associations Fonds international pour la protection des animaux (IFWA) et Animal Cross, ont rassemblé près de deux cent trente mille signatures. La troisième chambre de la République ne pouvait rester indifférente. Après quelques mois de travail, la saisine finalisée recommande vingt-et-une mesures. Très franchement, j'espérais plus d'ambition dans les vœux du CESE. Le texte proposé ne casse pas trois pattes à un canard, si j'ose dire. Il est même parfois en retrait face à l'indispensable évolution. Ainsi, l'idée de placer des caméras dans les abattoirs, comme c'est le cas dans d'autres pays européens, a été purement et simplement rejetée. Mais d'autres préconisations vont dans le bon sens, notamment la volonté d'en finir avec l'abattage rituel, le refus des accords internationaux du type CETA, Mercosur ou Tafta si la condition animale n'est pas prise en compte, la fin de la castration des porcelets sans anesthésie ou encore l'obligatoire de l'étiquetage permettant aux consommateurs d'apprécier les niveaux de bien-être animal.

Les résultats du vote viennent de tomber : cent cinquante-six conseillers ont voté pour le texte, trois ont voté contre et un seul s'est abstenu. Le CESE se rapproche de la société qui, lors d'un récent sondage, souhaite à 82 % que les animaux soient mieux protégés.

28 novembre
Nice s'engage pour l'animal

Christian Estrosi a tenu à ouvrir le deuxième colloque « Quel avenir pour les animaux ? », organisé par la Ville de Nice. Pendant qu'il égrène les nombreuses actions menées en faveur des animaux, je songe à notre projet avorté.

À l'initiative de Nicolas Sarkozy, nous nous étions retrouvés en principauté de Monaco pour envisager, avec Albert II, l'hypothèse d'une union des nations méditerranéennes. Les questions environnementales devaient constituer les premières pierres de cette initiative à bâtir. Une telle union s'impose tant pour favoriser la paix que pour réoxygéner l'une des mers les plus meurtries de la planète. Les divergences politiques des pays impliqués et peut-être le manque de détermination de la France, ont eu raison de cette alliance.

Autre retrouvaille avec Bertrand Baudin, l'ancien président de la Fédération nationale des chasseurs, mon plus aimable adversaire. Nous avons souvent bataillé, mais dans une forme de respect. Nous nous embrassons spontanément devant des témoins interloqués. Hélène Saliceti-Adroguer, conseillère municipale déléguée à l'animal dans la ville, nous invite à l'ambition. Pragmatique, elle veut multiplier les exemples vertueux pour que de nombreuses communes s'en emparent. Parmi les actions à venir, le secteur scolaire apparaît comme prioritaire. Le message du respect de l'animal doit toucher les enfants. De même, il est prévu de casser les cours de récréation en asphalte pour les revégétaliser.

Durant deux jours, la diversité animale est au cœur des débats. Les chiens guides d'aveugle, Justice pour les animaux, Les chiens du silence, Les trophées Pet Friendly et bien d'autres associations évoquent leur expérience souvent exemplaire. Des maires ont également tenu à faire le déplacement. Aude Lavail-Lagarde me décrit dans le détail l'investissement de sa ville de Drancy. La bonne cohabitation avec l'animal peut être une réponse aux quartiers difficiles. En prenant du recul, je constate combien la question animale ne peut plus être glissée sous le tapis. Beaucoup d'élus ont compris qu'ils ne pouvaient échapper à cette responsabilité et se réjouissent de voir les citoyens apprécier.

Avant de quitter cette assemblée pleine de promesse, je me risque :

– Naturellement, Nice n'accepte plus les cirques avec animaux sauvages ?

Réponse gênée de la déléguée à la condition animale :

– Il nous faudrait une loi pour pouvoir les faire interdire.

– Il vous suffirait d'invoquer le maintien de l'ordre public, suite aux protestations des associations…

– Ça mérite réflexion, conclut-elle.

29 novembre
Le cheval de guerre entre en Seine

Fait de cuir, d'acier et de bois, Joey le cheval de guerre doit surmonter son apparence pour tirer les larmes du spectateur. Je confirme que je n'ai pas pu résister à ses expressions bouleversantes. Lorsque après avoir affronté la mitraille et les barbelés, il retrouve enfin son premier propriétaire, le jeune Albert (interprété par Scott Miller), l'émotion envahit la salle. Avec pudeur, on essuie une larme devant cette mécanique géante de 66 kilos, divinement manipulée par trois marionnettistes. Les oreilles en alerte, le corps en retenue, l'encolure développant sa puissance, une ruade inattendue, Joey le cheval de guerre exprime la vie, la peur et la tendresse avec une vérité saisissante.

Pas étonnant que huit millions de spectateurs soient déjà venus admirer l'adaptation du roman *War horse* de Michael Morpurgo présentée à la Seine Musicale de Boulogne-Billancourt. À ce succès populaire s'ajoutent plus de vingt-cinq prix internationaux. Pourtant, l'auteur raconte avec humilité que les débuts furent douloureux. « En France, avec Gallimard, le livre a même été retiré de la liste des ouvrages disponibles », se souvient-il. Contre toute attente, son histoire inspire pourtant Steven Spielberg et en 2011, Joey crève le grand écran.

En admirant les trente-quatre acteurs et l'habileté des marionnettistes, j'en viens à conclure que la mécanique réincarnée vaut davantage que les chevaux « mécanisés » par un dressage fastidieux. L'animal vivant condamné à l'automatisme en dit moins que son homologue marionnette dont pas un détail ne peut se priver d'expression.

« La cause des animaux passe
avant le souci de me ridiculiser »

ÉMILE ZOLA

2 décembre

Au bonheur des chiens

Effacer les barreaux, laisser une truffe se réfugier dans une main accueillante, plonger les doigts dans une fourrure en mal de caresses puis prendre un chien par la patte pour l'adopter… Les Fondations 30 millions d'amis, Brigitte Bardot, Assistance aux Animaux et de nombreuses autres tentent d'offrir une nouvelle chance aux animaux délaissés en prévenant qu'ils ne peuvent faire office de cadeaux de Noël.

Lors des adoptions, il est rappelé à chacun combien ces animaux en souffrance méritent une attention toute particulière. En proposant un magazine hors-série intitulé « Ce que la science sait des chiens », l'équipe de *Science et Vie* révèle les coulisses du plus vieux compagnon de l'homme, dont l'attachement remonterait à plus de trente mille ans. Le chien a-t-il conservé en mémoire cette prodigieuse saga ? Il est en tout cas doué aujourd'hui de performances incroyables.

En Caroline du Sud, un border collie soumis à des tests a été capable de retenir les noms de mille vingt-deux jouets, tandis que la plupart des chiens ne peuvent apprendre plus d'une centaine de mots. Le plus étonnant reste peut-être les capacités olfactives des canidés : leur bulbe olfactif représenterait 33 % de leur cortex cérébral, contre 5 % seulement chez l'être humain. Et pour capter les odeurs, deux cents millions de récepteurs sont à leur disposition alors que nous sommes limités à cinq millions. Leur flair exceptionnel a été exploité pour la recherche de personnes disparues ou la localisation de drogue mais, désormais, certains chiens peuvent identifier les risques de cancer du sein ou de la prostate. Dernier usage apprécié : la détection des punaises de lit, avec un taux d'efficacité de 95 %.

Côté vision, la performance n'est cependant pas au rendez-vous. L'acuité visuelle du chien est quatre à sept fois plus faible que la nôtre. Lorsque nous percevons un détail à 20 mètres, il ne peut le faire qu'à 5 mètres. Par ailleurs, il ne distinguerait ni le rouge, ni le vert, ce qui, à ses yeux, rendrait le monde plus terne. Il a d'autant plus de mérite à rendre notre monde plus joyeux grâce à sa simple présence.

4 décembre
Les chevaux à la postérité

Le 48e Salon du cheval ouvre ses portes. Aucun animal ne génère une telle économie, on parle de 14 milliards d'euros. Depuis longtemps démocratisée, l'équitation enflamme les passions. Sport très populaire chez les femmes, elles sont 80 % à succomber à la tentation équestre, pour un peu plus de deux millions de pratiquants. Il n'a pas fallu attendre les propos de Buffon pour constater que le cheval était la plus noble conquête de l'homme. Tout au long de l'histoire, des chevaux admirables (et leurs cavaliers) ont marqué leur époque de manière charnelle.

Ainsi, la passion de Ramsès II pour ses deux étalons l'amena à faire graver leur silhouette sur une bague qu'il conservait au doigt. Elle sera ensuite offerte au roi Charles X et figure aujourd'hui dans les collections du Louvre. Plus tard, c'est Bucéphale, le cheval d'Alexandre le Grand, qui restera dans les mémoires. L'histoire raconte qu'à l'origine personne n'arrivait à monter le turbulent cheval noir. C'est en observant attentivement son comportement qu'Alexandre le Grand réussit à l'amadouer. Le futur conquérant n'avait alors que 12 ans, mais il avait compris que Bucéphale avait peur de son ombre. Il fallait par conséquent le monter… face au soleil ! Après une ultime et terrible bataille en Inde et alors qu'ils avaient combattu en toute complicité durant deux décennies, le célèbre cheval succomba à ses blessures. Alexandre le fit enterrer avec les honneurs militaires.

Cette passion pour Bucéphale est pourtant restée mesurée face à celle que Caligula portait à sa monture Incinatus. Il le fit nommer consul, l'installa dans un palais garni de meubles et obligea ses courtisans à s'incliner devant l'animal auréolé de pierres précieuses. Un mot aussi sur Marengo, le cheval préféré de Napoléon, parmi les cent trente que comptait son écurie personnelle. Ramené de la campagne d'Égypte en 1799, il était petit mais infatigable, rapportent les témoins. Capturé à Waterloo en 1815, il mourut en Angleterre à l'âge de 38 ans et son squelette fut publiquement exhibé. On ne sait pas s'il s'agissait de mépris ou d'un hommage rendu à ce cheval d'exception.

6 décembre
Le temps de l'action

« Sans planète, pas de futur », « la Terre se meurt », « ce sommet est une farce » : ainsi s'exprime la foule madrilène lors de la COP 25. Combien sont-ils à clamer leur indignation ? Greta Thunberg évoque cinq cent mille participants.

Après trois semaines de traversée de l'Atlantique en bateau, elle a rejoint les manifestants telle une *superstar*. Cinq cents journalistes se sont pressés à son arrivée pour entendre un message inlassablement répété : « Nous ne pouvons pas attendre plus longtemps car des gens souffrent en raison du changement climatique. » À ses côtés, des manifestants portent un cercueil pour mettre en scène l'enterrement de l'environnement.

Dans sept jours, les cent quatre-vingt-seize pays réunis par les Nations unies se prononceront sur l'avenir de la planète. L'opinion publique international attend que les engagements de l'accord de Paris soient dépassés. Pourtant, l'objectif visant à limiter le réchauffement à 1,5 °C, voire 2 °C, d'ici 2100 semble déjà inatteignable.

Dès lors, plus d'ambition paraît irréaliste. Malgré tout, le slogan retenu pour cette COP 25 est « Time for action ».

7 décembre
Un animal pour cadeau

Après le « Noël des Bêtes Abandonnées », organisé par la Fondation Assistance aux Animaux, c'est au tour de la SPA d'inviter à la solidarité. Ses soixante-deux refuges seront ouverts durant tout un week-end avec l'espoir de placer les quelque cinq mille animaux qui méritent l'affection d'une famille.

Menant une enquête sur le thème des « animaux cadeaux », la Fondation Affinity révèle qu'un Français sur cinq compte offrir un animal de compagnie à un proche. Même si ce chiffre ne correspond qu'à une intention, il montre un engouement inquiétant. En approfondissant le sondage, on constate que 60 % des personnes désireuses d'offrir un animal veulent en faire la surprise. 71 % d'entre elles estiment que l'animal est source de bonheur, qu'il apporte des ondes positives, favorise l'éducation des enfants ou comble un vide affectif. L'euphorie d'accueillir une adorable boule de poils voile les responsabilités qui s'imposent. C'est en moyenne douze à quinze ans de soins qu'il faudra ensuite assumer. Conscientes de ce pacte d'avenir, les associations de protection animale deviennent exigeantes avant de confier leurs protégés. Elles préfèrent même refuser une adoption aujourd'hui plutôt que subir un abandon demain. Sage précaution.

8 décembre
Sur les épaules d'Audubon

En parcourant les allées du 43e Salon national des Artistes Animaliers de Bry-sur-Marne, je mesure la rançon du talent. Chaque œuvre révèle une sensibilité, une recherche, une proximité avec le modèle animal. L'insatisfaction aussi d'un travail que l'artiste juge toujours inachevé. L'inspiration française est désormais reconnue. Les prix des œuvres varient de 200 euros à plus de 40 000 euros, tandis que des noms tels que Stéphane Alsac, qui peint la faune africaine avec hyperréalisme, Maryse Louis, habitée par l'univers félin, Bernard Frigière, recomposant le monde marin, et bien d'autres font référence.

L'un d'entre eux atteindra-t-il les sommets connus par Jean-Jacques Audubon ? On peut en douter, tant l'histoire de ce jeune peintre né à Saint-Domingue (aujourd'hui Haïti) en 1785 a bouleversé l'art animalier. Rejoignant l'Amérique, il se passionne pour l'ornithologie avec cette particularité pour l'époque : il décrit les oiseaux en mouvement et en situation dans leur milieu naturel. Et parfois grandeur nature. Son œuvre, *Les Oiseaux d'Amérique*, compte quatre cent trente-cinq aquarelles réunies dans un ouvrage tiré à deux cents exemplaires. Il n'en reste aujourd'hui que 119, dont l'un est pieusement conservé par le Muséum national d'Histoire naturelle.

En 2010 à Londres, une vente aux enchères a conduit l'œuvre de Jean-Jacques Audubon à s'envoler. Ses fameux oiseaux ont été adjugés à plus de 8,6 millions d'euros, devenant l'un des livres les plus chers à avoir été vendus.

11 décembre
Des raisons d'espérer

Dans cet automne maussade qui s'étire dans le temps, les raisons de se réjouir font défaut. Trop de combats à mener, tant d'espoirs insatisfaits tandis qu'un jour pousse l'autre. La journée qui démarre m'apporte la volupté attendue.

Pour commencer, le conseil d'État annule la prolongation de la chasse aux oies décrétée par le ministère de la Transition écologique. C'est la treizième fois que les associations de protection de la nature gagnent devant la haute cour et, chaque fois, les ministres récidivent sans être davantage sanctionnés. Élisabeth Borne aura-t-elle l'audace de ne pas tenir compte du jugement ? Nous sommes prêts à lancer un référé si nécessaire.

Deuxième raison de se réjouir, le Département de la Dordogne est condamné à suspendre son projet de contournement de Beynac, qui aurait dénaturé l'un des plus beaux villages de France. Il aura fallu trente ans de procédure à l'Association Patrimoine-Environnement pour obtenir gain de cause. Avec Stéphane Bern, Franck Dubosc ou encore Yann Arthus-Bertrand, j'avais soutenu la mobilisation dénonçant un massacre naturel et culturel. En 2017, une pétition d'environ deux cent vingt mille signatures avait été transmise aux ministères de la Culture et de la Transition écologique, sans grand effet. C'est finalement la cour administrative de Bordeaux qui vient de trancher, en condamnant les promoteurs à remettre le site en l'état initial alors que les travaux avaient été engagés.

Dans le lot de bonnes nouvelles, je dois aussi rendre hommage aux magasins Nature et Découvertes. L'enseigne a décidé de sensibiliser sa clientèle aux actions de la LPO. Résultat, dix-huit mille sachets de graines ont été distribués pour le *Fair Friday* et cinquante-sept mille personnes ont accepté de faire un don via « l'arrondi en caisse », tandis que la Fondation Nature et Découverte accorde un budget de 16 000 euros à notre association. Aujourd'hui, les cadeaux s'accumulent sous un sapin d'espoir.

12 décembre
Une catastrophe ornithologique

Il est des anniversaires dont on se passerait bien. Celui de l'*Erika* (vingt ans, déjà !) me renvoie aux heures sombres d'une Bretagne anéantie par le poison noir.

Sur les soixante-quatorze mille volatiles identifiés, trente-six mille ont été recueillis vivants mais seulement deux mille ont finalement pu être relâchés en bonne santé. Le bilan est pitoyable. Injuste au regard de tant d'énergie déployée par les bénévoles des nombreuses associations engagées. Mais la nature du fioul (lourd) et l'éloignement du naufrage (environ 50 kilomètres) ralentissent l'arrivée de victimes sur les côtes, tandis que beaucoup sombrent avant d'atteindre le littoral. En tout, on peut estimer à cent cinquante mille le nombre d'oiseaux (essentiellement des guillemots de Troïl) qui ont succombé à la pollution.

À l'époque, alors que notre moral est au plus bas, un élan national de solidarité éclaire l'horizon. Parmi les soutiens, Alain Souchon et Laurent Voulzy m'accompagnent dans un centre de soins de Loire-Atlantique. Bouleversés, ils partagent le quotidien des bénévoles et deviennent les ambassadeurs de notre engagement. Mais le combat à mener ne se limite pas à la sauvegarde de la faune, il faut aussi agir sur le plan juridique. Or je constate que les indemnisations potentielles sont réservées au « vivant commercial » : en clair, les poissons, crustacés et autres produits de la mer monnayables. Le « vivant non commercial », comme le phoque, l'oiseau ou la tortue, n'est pas pris en compte. Devant cette injustice, je demande à l'avocat de la LPO, François-Xavier Kelidjian, de réfléchir à une mesure compensatoire.

Ainsi naît l'idée du « préjudice écologique » que notre association va défendre jusqu'en Cour de cassation face à Total. Il faudra près de dix ans pour que la LPO obtienne gain de cause et que le principe de « préjudice écologique » entre dans le Code civil par la loi du 8 août 2016 sur la biodiversité. Cette victoire ne compense pas tant de morts, mais elle efface le mépris habituellement réservé aux futures victimes.

13 décembre
Une souffrance à vomir

Alors que j'allais écrire combien je condamne la production de foie gras, l'association L214 publie ce matin des images insoutenables. Tournées au domaine de la Peyrouse rattaché au lycée agricole de Périgueux, l'exploitation mise en cause se flatte d'avoir été récompensée par une médaille d'or au Concours général agricole de 2019, sous l'égide du ministère de l'Agriculture. Dans ses coulisses, on découvre pourtant des traitements inimaginables.

Tout d'abord, il faut savoir que seuls les mâles sont gavés. Les canetons femelles, jugés inaptes après sélection, sont jetés vivants dans un bac d'équarrissage, empilés les uns sur les autres. Ils vont finir par mourir de faim ou d'asphyxie sous le poids des pauvres bêtes entassées. Les œufs non éclos à temps sont jetés dans une autre benne dans laquelle naissent et meurent des canetons sortis trop tardivement. Quant aux canetons mâles, destinés au gavage, leur sort n'est guère plus enviable. On les accroche sur un carrousel permettant de brûler la pointe de leur bec. Après une période d'élevage durant laquelle ils ont accès à l'extérieur, le temps de l'enfermement est venu. Comprimés durant dix jours dans des cages collectives sur sol grillagé, les palmipèdes subissent alors la pompe pneumatique de 25 centimètres conçue pour le gavage. La Fondation Droit Animal Éthique et Science précise que ce traitement multiplie par dix la taille du foie. Le gavage, pratiqué deux fois par jour, génère une mortalité atteignant les 5 %, tandis que les survivants doivent s'accommoder de maladies respiratoires, de troubles locomoteurs, de fractures ou de problèmes digestifs.

Chaque année, en France, ce sont quarante-six millions de canetons que l'on fait naître pour obtenir des foies hypertrophiés. Trente millions de canards sont tués en bout de chaîne. Outre la Wallonie, seuls quatre pays de l'Union européenne pratiquent encore cette tradition industrialisée (France, Espagne, Hongrie, Bulgarie). Je ne peux croire que ceux qui se précipitent sur le foie gras pour les fêtes de fin d'année aient conscience des coulisses de leur gourmandise.

14 décembre
Escale à la Madrague

Les abords de La Madrague ont bien changé. Je ne retrouve plus la petite déchirure dans le mur de La Treille Muscate, la maison de Colette. Elle nous servait de guichet pour nourrir les petits chats à demi-sauvages qui s'épanouissaient de l'autre côté d'une forêt de bambous. Étaient-ils les descendants directs de ceux qui furent caressés par Colette lorsqu'elle acheta la maison en 1925 ? À l'époque, elle résume son havre de paix à « des fleurs, des bêtes, de l'ail et du poisson » mais finit par revendre la propriété au comédien Charles Vanel.

Brigitte Bardot et moi nous arrêtions fidèlement devant cette maison que je n'ai jamais visitée. Avant même que le moteur de la Mini Moke ne soit coupé, une multitude de petits félins se précipitaient vers Brigitte, capable d'identifier chacun d'entre eux. Que sont-ils devenus ? Elle me répond avec un peu de nostalgie : « J'en ai fait stériliser beaucoup, la page est maintenant tournée. » Éclairée de guirlandes de Noël, sa demeure rayonne de bonheur. « Je n'aime pas ce qui brille mais j'adore ce qui scintille », précise Brigitte. L'un des murs du salon faisant face à la mer a été entièrement recouvert d'une multitude de cadres déployant des photos souvenir. Peu de personnages sur les clichés, davantage d'animaux. Je me risque : « Tu aurais pu mettre une photo de moi. » Brigitte se précipite vers le mur d'images et extrait le portrait d'un orang-outang : « Tu vois que je ne t'ai pas oublié », lance-t-elle dans un grand éclat de rire. Son goût pour la dérision et l'humour ne s'exprime pas suffisamment, tant elle est affectée par le poids de son combat.

L'ambiance joyeuse s'estompe lorsque nous abordons le thème de la Cour des comptes qui vient de pointer des dysfonctionnements dans la gouvernance de sa fondation : « Comment peut-on mettre en cause mon intégrité ? », s'insurge Brigitte, qui rappelle : « J'ai tout quitté, tout vendu, tout donné pour créer ma fondation en 1986. Depuis, elle agit en lieu et place des gouvernements qui ne font rien... » Nous avons revisité les dossiers, les souvenirs, les projets qui nous animent. Au-delà de ses postures guerrières, elle reste un fragile petit soldat.

15 décembre
Prodigieux et fragiles insectes

Au Japon, l'entomologiste Jean-Henri Fabre est une star. L'exposition de son petit bureau de travail, de son célèbre chapeau rond et de quelques-uns de ses dessins attire autant de visiteurs qu'un hommage rendu à

Léonard de Vinci à Paris. Chez nous, pas d'engouement pour le petit peuple bourdonnant, ou si peu.

En fêtant son cinquantième anniversaire, l'Office pour les insectes et leur environnement (OPIE) souhaite attirer les regards sur ce monde méconnu dont l'observation donne le vertige. Pour commencer, personne n'est capable d'évaluer le nombre d'espèces fréquentant la planète : on parle d'un million, mais peut-être sont-elles dix millions. Les biologistes résument la situation en indiquant que trois animaux sur quatre sont des insectes, dont le poids total serait trois cents fois supérieur à celui de l'humanité.

Champions du livre des records, ils cumulent les performances. Les termites réalisent la plus haute construction animale avec des termitières approchant les 10 mètres de haut. Le bousier peut soulever mille fois son propre poids, une fourmi déplace cinquante fois le sien. La puce saute à 25 centimètres, ce qui représente cent quatre-vingt fois sa taille. C'est comme si un homme bondissait par-dessus la tour Eiffel. Et que dire du papillon monarque, ce fragile lépidoptère d'un demi-gramme, capable de rallier le Mexique à partir du Canada lors de la migration ?

Côté longévité, des records sont également enregistrés. L'éphémère ne dépasse pas la journée d'existence (même s'il a vécu un an préalablement dans un cocon). Parmi les patriarches, la cigale peut vivre dix-sept ans au stade larvaire et une reine fourmi atteint les trente ans d'existence. Mais au-delà de ces performances, le peuple des insectes demeure d'une extrême fragilité.

En automne dernier, les scientifiques allemands constataient une perte de 76 % des populations d'insectes dans des territoires pourtant protégés. Chez nous, ce sont les libellules qui affichent un déclin alarmant. Plus globalement, les entomologistes estiment que 40 % des insectes disparaissent. Pas sûr que l'humanité puisse se passer de ces indispensables auxiliaires.

16 décembre
La débâcle du climat

Le plus humiliant pour cette grande cause, c'est que son échec n'apparaît même pas. Le climat est tout simplement effacé des écrans après une COP qui a pourtant joué quarante-deux heures de prolongations. On pouvait espérer qu'à l'arraché, après deux semaines de négociations, le devoir d'avenir l'emporterait sur le maintien des vieilles habitudes. Même António Guterres, secrétaire général des Nations unies (ONU), ne cherche pas à voiler le naufrage : « On a perdu une occasion importante de faire preuve d'ambition. »

Qu'est devenue la prise de conscience historique affichée lors de la COP de Paris en 2015 ? Envolée, lointain souvenir, alors que la conférence de Madrid a pourtant brandi « Time for action » pour slogan. En réalité, de pathétiques débats se sont donnés en spectacle. Le Brésil et l'Australie ont rejeté la régulation des marchés carbone, les États-Unis ont confirmé leur désaccord face à la COP 21 de Paris, tandis que l'Arabie Saoudite a même remis en cause l'état de la science.

Les congressistes ont beau jeu de repasser aujourd'hui la patate chaude à la COP 26, prévue en novembre 2020 à Glasgow en Écosse. La main sur le cœur, ils affirment qu'il est encore possible de relever le défi. C'est négliger l'attitude actuelle des États-Unis, de la Chine, de l'Inde, du Brésil, de l'Australie et du Japon, qui figurent parmi les plus grands émetteurs de gaz à effet de serre et qui ne se pressent pas pour changer de modèle. Malgré l'objectif de l'accord de Paris, les derniers rapports des experts climats du GIEC indiquent pour le moment une hausse de température de 3,2 °C d'ici 2100. Emmanuel Macron, adepte de sainte Rita pour les causes désespérées, aurait-il pu déplacer le curseur en venant à Madrid ? J'aurais voulu le voir, tel l'homme de la Mancha, menaçant les faiseurs de vent en soutenant la production éolienne…

19 décembre
Dans les griffes de l'exécutif

De quelle « transition écologique » parle-t-on ? De celle qui porte l'espoir d'une résilience pour la faune ou de celle qui s'acharne à tuer davantage ? L'obsession du ministère en question ne laisse plus de doute. Il vient d'être condamné en appel par le tribunal administratif de Lyon à la suite de la plainte des associations France Nature Environnement, Humanité et Biodiversité et de la LPO. Rappel des faits et des abus du pouvoir.

En septembre 2015, une trentaine d'éleveurs séquestrent durant une nuit et une matinée des agents du parc national de la Vanoise. Leur revendication : obtenir l'autorisation d'abattre cinq loups en plein cœur du sanctuaire. Le 10 septembre, le ministère de la Transition écologique cède à la pression en ajoutant un loup de plus à abattre à l'exigence des éleveurs. La violence est payante. Deux ans plus tard, la justice donne raison aux associations, tandis que le ministère fait appel. Il vient d'être condamné une seconde fois avec, au passage, un rappel des réglementations élémentaires : « Les tirs de prélèvement doivent être utilisés en derniers recours [...] [Ils] ne peuvent être autorisés que s'il y a effectivement des dommages importants et récurrents. » Les associations s'en tiennent à ce bien-fondé en demandant le contrôle des moyens de protection des troupeaux, qui doit conditionner les indemnisations des dommages attribués à ces animaux. En attendant, le ministère « de la vie » a cautionné l'abattage de quatre-vingt-seize loups au cours de l'année.

Qu'ils soient loups, ours, lynx, merles, grives ou vipères, nous nous sommes battus pour qu'ils conservent leur place sur l'échiquier du vivant. Avant que le ministère prenne des arrêtés pour accabler leur avenir, ce dernier a obligation de lancer une « consultation publique » en demandant l'avis des citoyens. Pour chaque dossier, c'est par dizaines de milliers que les témoignages ont marqué leur opposition aux mesures affectant la faune. Cette écrasante majorité a été traitée par le mépris par l'exécutif. C'est pourquoi la LPO s'est tournée vers la Commission nationale du débat public (CNDP) pour comprendre cette incohérence. Chantal Jouanno, présidente de l'institution, vient de me répondre. Son analyse est sans ambiguïté : le dossier pointe « un accès aux consultations compliqué, une majorité des votes exprimés qui n'est pas prise en compte ou encore les questions cynégétiques analysées par le bureau de la chasse ». Cette parodie de démocratie jette en réalité un voile pudique sur les nuisances infligées à la faune.

20 décembre
L'improbable crèche

Un à un, je replace les personnages de la crèche dans leur écrin de verdure. Des branches de sapin, disposées en étoile, remplacent le papier imitant la grotte. Délicatement sculptés en bois d'olivier, les santons m'ont séduit il y a plus de vingt ans à Bethléem, sur les lieux même de la Nativité.

À l'époque, j'avais imaginé reconstituer une crèche vivante dans le cadre de mon émission *Animalia*. L'équipe de production avait tenté de savoir où se situait ce type d'événement en Palestine avant de constater que jamais, en deux mille ans, une crèche vivante n'avait célébré l'événement de Noël. L'idée de réaliser une première m'enthousiasma. Après avoir surmonté de pesantes contraintes logistiques, nous fûmes accueillis au Jardin des bergers par les Franciscains qui approuvèrent la construction d'une crèche. L'académicien Alain Decaux accepta de m'accompagner sur les lieux afin d'apporter un témoignage historique.

Première surprise, rien ne permet de dire que Jésus est né dans une crèche (mangeoire). De même, la présence du bœuf et de l'âne reste incertaine. Certains théologiens suggèrent qu'en naissant auprès des bêtes, l'Église aurait voulu montrer le dépouillement total du Christ, sa grande humilité. Quoi qu'il en soit, les crèches avec la présence d'animaux (valorisées notamment par saint François d'Assise en 1223) n'ont pas toujours été populaires. Au fil des siècles, des intellectuels (écrivains, peintres, philosophes) les condamnent sans réserve. Bossuet considère que l'on accorde trop d'importance aux bêtes. Le Greco efface le bœuf et l'âne de son œuvre, tandis que le Caravage les représente dans l'obscurité, comme s'il voulait les estomper. Quant au peintre Le Brun, il déclare que les animaux s'apparentent à une chimère sans aucun fondement dans les Évangiles. Ce n'est pas faux, puisque leur présence n'est mentionnée que dans un texte du VIe siècle. Ainsi le clergé prend-il ses distances avec le monde animal. Les chiens sont interdits dans les églises et les cimetières et il faudra attendre 1820 pour que le bœuf et l'âne, enfin réhabilités, réapparaissent dans les écrits ecclésiastiques.

On leur reconnaît alors un grand mérite : avoir réchauffé l'enfant Jésus lors de cette froide nuit d'hiver. Pourtant, aucune autre crèche vivante n'a perpétué l'événement à Bethléem, hormis celle d'*Animalia*.

23 décembre
Les convois de la honte

Qui d'entre nous n'a pas souhaité baisser les yeux en croisant un poids lourd bondé de bétail ? On imagine spontanément qu'il s'agit de l'ultime voyage. Au bout du chemin l'abattoir, il y a pire. Le business de l'élevage conduit certains maquignons à penser davantage aux bénéfices potentiels qu'aux souffrances endurées. C'est ainsi que le voyage peut s'éterniser durant quatorze jours afin de rallier l'Algérie, le Liban, la Turquie et bien d'autres pays où les réglementations en faveur des animaux sont inexistantes. La chaleur dépassant parfois les 40 °C, les temps de repos non respectés, l'insuffisance de nourriture ou d'eau font partie des contraintes usuelles.

« Chaque année, plus de trois millions d'animaux sont exportés de l'Union européenne vers des pays tiers », me dit l'association Compassion in World Farming (CIWF) de France, qui précise que notre pays se positionne à la troisième place des exportateurs européens. Au sein de l'Union européenne, cela représente près de deux millions de mammifères et soixante-dix-sept millions de volailles transportés. Hors de l'Union, on évalue la délocalisation de plus de cent cinquante mille bovins et ovins, ainsi que de trente-deux millions de volailles. L'Europe s'est pourtant penchée sur ce commerce meurtrier. En décembre 2004, elle a voté un règlement fixant une série de mesures dont on peut apprécier le laxisme : aucune limitation de durée maximale de transport n'est fixée. Seuls les temps de route successifs sont réglementés, avec des échéances indécentes : vingt-neuf heures pour les bovins, ovins et caprins, vingt-quatre heures pour les chevaux et les porcs, ou encore dix-neuf heures pour les animaux non sevrés.

Il est temps de revoir cette situation inacceptable. « Les transports ne doivent pas excéder huit heures pour les mammifères et quatre heures pour les volailles », plaide la CIWF, qui ajoute la priorité de transporter des carcasses plutôt que des animaux vivants. La Suisse, ne voulant plus être complice, a décidé d'interdire le transit d'animaux par la route sur son territoire pour les animaux de boucherie en provenance de l'Europe. Pas sûr que notre ministère de l'Agriculture, qui s'apprête à prendre des mesures en faveur du bien-être animal, soit aussi radical.

26 décembre
Ne pas désespérer

Est-ce cette période de trêve qui invite à la raison ? Deux dossiers en souffrance pour le monde animal viennent de connaître un épilogue inespéré.

Les dauphins, pour commencer. Victimes de la pêche au chalut pélagique sur le plateau de Rochebonne (au large de l'île de Ré), ils pourront désormais virevolter en toute quiétude. La préfecture de région Nouvelle-Aquitaine a décidé de suspendre la pêche sur cette zone et envisage même d'y créer une réserve naturelle. Je n'osais y croire lorsqu'en février dernier, je m'étais rendu sur place avec François de Rugy. La consultation publique qui a généré plus de quatre mille trois cents contributions, essentiellement favorables à la suppression du chalutage, a sûrement influencé l'exécutif. De même, la mobilisation des associations de protection de la nature, des pêcheurs plaisanciers, des scientifiques et de certains professionnels a également contribué à cette décision salutaire. Les cadavres de dauphins récupérés sur les plages puis autopsiés dans les laboratoires ne seront plus qu'un triste souvenir.

Luc Besson m'avise par texto d'une autre bonne nouvelle : « Les chasseurs ont perdu sur toute la ligne. » Refusant la chasse sur sa propriété de l'Orne, le cinéaste avait été mis en cause par la Fédération départementale des chasseurs, qui le rendait responsable des dégâts faits aux cultures par des cervidés. Le tribunal d'instance d'Argentan en a décidé autrement. « Aucune concentration anormale de cerfs ne peut être imputable à M. Besson », a conclu la présidente. L'affaire pourrait bien faire jurisprudence car de nombreux propriétaires s'opposent à la pratique de la chasse sur leur territoire. Maître Jean-Marc Descoubes a plaidé pour le droit de non-chasse, en soulignant qu'il serait inconcevable d'être condamné pour avoir refusé de donner la mort à un animal sauvage. Il convient cependant de tempérer cette première victoire : les chasseurs ont décidé de faire appel.

31 décembre
En guise de conclusion

Konrad Lorenz fut conforme à sa légende. Il y a plus de vingt ans, lorsqu'il m'accueillit chez lui en Autriche, sa silhouette imposante me semblait déjà familière. Sa canne paraissait davantage l'accompagner que le supporter, tandis que sa chevelure immaculée, coiffant une barbe de couleur identique, encadrait un regard qui avait su voir l'inimaginable. Le grand biologiste avait levé le voile sur l'étude du comportement animal, autrement dit l'éthologie, ce qui lui avait valu d'être honoré du prix Nobel.

Parmi ses découvertes, l'« imprégnation » fut la plus commentée. Ayant constaté que les bébés oies s'attachaient au premier être ou objet qu'ils distinguaient à la naissance, le scientifique était devenu le père d'une multitude de palmipèdes ne le lâchant pas d'une palme. Il m'expliqua, avec la patience d'un naturaliste, cette étrangeté tant de fois racontée. Il accepta aussi de s'égarer vers d'autres particularités animalières propres au monde des corvidés. Tandis que nous échangions, ses chiens le pressaient affectueusement.

– Savez-vous que le chien n'a pas la notion du temps ? me dit soudainement le vieux biologiste, en offrant une caresse au plus proche de ses compagnons.

Devant mon air surpris, il enchaîna :

– Sur un bateau, si un chien a le mal de mer, il ne saura pas que la rive à atteindre est à une demi-heure ou à une heure. Pour lui, l'épreuve durera l'éternité.

Subir l'instant présent ou le vivre, *carpe diem*, comme le recommandait Horace, est-ce une chance ou un handicap ? Pour nous préserver d'un avenir incertain, Karen Blixen, incarnée par Meryl Streep dans *Out of Africa*, livrait cette interrogation avec résignation : « Peut-être que la planète est ronde pour que nous n'ayons pas à voir trop loin notre destin. »

Il me semble que la raison nous dicte de regarder au-delà de l'avant du bateau, bien plus loin que l'horizon arrondi. L'avenir se dessinera selon notre comportement actuel.

Après une année passée à m'attarder sur les événements du quotidien, je mesure le temps perdu, les occasions non saisies reportées à plus tard, alors qu'elles pouvaient soulager les souffrances et limiter la dégradation du vivant. Je souhaite désormais prolonger les instants hors du temps : le lever d'un soleil prometteur, le vol harmonieux des vanneaux huppés, l'odeur des cèpes en rémission de l'orage, la quête des abeilles ou celle des chauves-souris, les naseaux chaleureux d'un trait poitevin, l'errance fugitive d'une couleuvre à collier, le ballet argenté des bécasseaux, le sable chaud et la fraîcheur de l'arbre, la douceur de la vase et la rugosité de l'écorce, le moustique agaçant et le trille apaisant, les premières gouttes d'un grain et un ciel plombé reconquis par l'azur, le silence d'une présence aimée et le murmure d'une absence pesante. Le temps ou plutôt l'urgence, voilà la grande affaire de ce début de millénaire.

Remerciements

Un dernier mot pour dire ma reconnaissance à tous ceux qui ne figurent pas dans ce livre et qui ont pourtant existé dans ma vie. Ainsi que :

Laurence Aulanier
Bruno Barbier
Sanandra Collard
Pierre Fauque
Olivier Godefroy
Paloma Grossi
Coralie Jugan
Bernadette Koenig
Brigitte Ledey
Patricia Martin
Riss
Christèle Sapin
Yves Vérilhac

qui ont contribué, chacun à leur manière, à la réalisation de ce livre.

Table des matières